Kristine Nelson

VOIX DU SIÈCLE

EDITED BY

Eunice Clark Smith

John K. Savacool

WILLIAMS COLLEGE

HARCOURT, BRACE & WORLD, INC.

NEW YORK / CHICAGO / SAN FRANCISCO / ATLANTA

Acknowledgments

Permission to use copyright materials is hereby gratefully acknowledged:

To Librairie Gallimard for permission to use Guillaume Apollinaire's "La Jolie Rousse," taken from his volume entitled *Calligrammes,* and "Sainte Adorata," from *Le Poète assassiné;* Antoine de Saint-Exupéry's "Mozart assassiné," from *Terre des hommes;* Albert Camus' "L'Hôte," from *L'Exil et le royaume;* Jean-Paul Sartre's "Huis clos" from *Théâtre I;* Paul Claudel's "Parabole d'Animus et d'Anima," from *Positions et propositions I;* and André Gide's "Le Retour de l'enfant prodigue."

To Éditions du Rocher for permission to use Jean Cocteau's "Le Menteur," from *Théâtre de poche.*

To Librairie Plon for permission to use the selections by Simone Weil from *La Pesanteur et la grâce.*

To M. Jean-Pierre Giraudoux for permission to use Jean Giraudoux's *L'Apollon de Bellac* as edited by Éditions Bernard Grasset.

Library of Congress Card Catalog Number: 60-8088

ISBN: 0-15-595006-1

Printed in the United States of America

PREFACE

This book of poems, stories, and plays has been planned as an intermediate reader for college students. The materials, organized around three themes characteristic of twentieth-century writing, introduce students to some of the outstanding writers to whom these themes have been matters of deep concern.

As every teacher knows, far too many American students drop the study of French after completing a required two years largely devoted to grammar, pronunciation, vocabulary, and "civilization." Having spent this time in acquiring a tool, most of them never use it thereafter to open up a new world of the mind. This little anthology is designed to invite students to *use* their hard-won skill to explore some of the esthetic, ethical, and religious ideas of our day as they appear in French literature.

The texts have been selected for their brevity and linguistic accessibility as well as for their representative content. None have been altered, and each is a complete work, except the anecdote by Saint-Exupéry, which is taken intact from the last pages of his *Terre des hommes*, and the *pensées* by Simone Weil which are selected from the sections indicated of *La Pesanteur et la grâce*. A special effort has been made to arrange the notes and vocabulary for the greatest convenience to the student reader. The material prefatory to each text aims to introduce the reader to the personality of the writer and to his concerns in the particular selection. The *Questionnaire* poses queries of fact and interpretation and is intended to direct the reader back to the text for re-examination of specified sections of the poems, stories, and plays.

For the convenience of teachers and students, asterisks (*) have been placed in the margin of the longer sections to indicate points where the text has been broken into units for the purpose of the *Questionnaire*.

We wish to acknowledge the assistance of Denis Blaise, who helped prepare the vocabulary, and of Nelson Brooks and Kenneth Douglas of Yale and Alain Seznec of Cornell, who read the manuscript and made many valuable suggestions.

EUNICE CLARK SMITH

JOHN K. SAVACOOL

November, 1959

CONTENTS

INTRODUCTION

"L'Ordre de l'Aventure"

In France, more than in any other Western country, the literary tradition has been shaped collectively by groups rather than by a single towering genius. There is no French Dante, Goethe, or Shakespeare who casts his shadow down the centuries; in France, at least since the Renaissance, it is clusters of writers who command attention. Schools or generations of writers appear, disputing with each other, their predecessors, and their public. These groups are the successive crests of one on-rolling wave of literary activity which for more than three centuries has reflected man's changing portrait of himself through poetry, drama, and the novel.

It is important to realize that in the language of the arts, when one says "France" one means "Paris." For without the peculiarly ideal conditions afforded by this central rendez-vous, French literature would probably not have taken the form of a collective enterprise in a context where disagreements are the dialogue in one continuing drama. Ever since Louis XIV, the social, economic, political, intellectual, academic, and artistic life of the country has been concentrated in the Ile de France, that fertile valley of the middle Seine in the center of which lies Paris, serving as brain and heart for the nation. If a writer or a painter working in the provinces makes his mark, he comes to the capital city—perhaps to stay, perhaps just to charge his battery at this central dynamo of intellectual and spiritual controversy.

The stories, poems, and plays in this collection illustrate the twentieth-century ferment in French writing. They do not afford a full panorama of French letters during the first half of the century —indeed, several of the texts have been drawn from the previous century. But each selection does serve both to introduce an author of major stature and to present a concern typical of the modern period.

The first half of the twentieth century in France has been particularly fertile in literary doctrines and, in retrospect, looks like an age of "isms"—Symbolism, Cubism, Futurism, Unanimism, Dadaism, Surrealism, Existentialism ... But the literature of an age is characterized by its active concerns as well as by its dogmas, and one way of seeing some order in the apparent confusion is to identify those concerns which cut across the organized "isms." The selections in this book are grouped around three themes, each of which has preoccupied both the particular writer and the modern period generally. The themes of the *beautiful lie*, the *trap*, and the *thirst for God* take on different significance and color in the hands of each writer. They do not complement each other or form a progression, but are rather strands of the warp on which these writers have chosen to weave their varying versions of man's nature and his problems.

The multiplicity of literary doctrines has had its parallel in science and the other arts. Like the psychologists, the writers have been exploring in depth, using strange and often disturbing concepts to illuminate the more shadowy regions of the self. Like the physicists they have been devising equations that would enable them to discover more of matter than was previously thought to exist. Like the geometricians, probing macrocosm and microcosm, they have confronted new kinds of space where the old axioms no longer apply. Like the musicians, they have been experimenting with dissonance and learning that there can be more than eight notes in a scale and an almost infinite number of atonal patterns. In literature these multiple explorations have often obscured the accustomed relation of subject to object, fiction to fact, and threatened the traditional clarity of French writing with its classic emphasis on formal discipline, common sense, and clear exposition. Indeed the twentieth-century scene has sometimes resembled a dazzling fireworks display of words and ideas.

Apollinaire's poem, "La Jolie Rousse," which is the opening selection, contains a line that asks for a stay of judgement on these literary adventures. Referring to the form or organizing principle of his own experiments, the poet speaks of *l'Ordre de l'Aventure*. Apollinaire is a wit, and his phrase is a play on words. The *esprit d'ordre* and the *esprit d'aventure* generally suggest incompatible attitudes, especially to a poet like Apollinaire for whom Order and Adventure indicate the traditional poles of French art. Through the centuries they have constituted the two points of reference in the incessant debate between the classicists who value clarity of analysis in an ordered world and the innovators who emphasize intuition and the chaos of experience.

In his poem, Apollinaire speaks as the child of an age dedicated to *aventure*. But, he reminds us, this literary counterpart of modern painting, non-Euclidian geometry, and depth psychology has an order and logic of its own. What on the surface appears strange or fantastic may, with a change in perspective, be seen to hang together meaningfully like the phrases of a foreign language which sounded like nonsense before one was initiated into the idiom.

When they first appeared, most of the texts in this anthology required some such initiation. Thus, the brief introduction that precedes each selection in this book attempts to acquaint the reader with the general trend of the writer's thought and the vocabulary of his ideas. It is the hope of the editors that a study of these sparks which the French literary imagination has struck off from problems characteristic of our age may help to illuminate some of the hidden "logic" in contemporary French writing.

1. Le Beau Mensonge

In an age when life is apt to seem dull, tired, and downright ugly, there are writers whose mission it is to correct the truth with fantasy. They call on the imagination to repair the damage wrought by hard-boiled realism. Such writers are more interested in infusing poetry into living than injecting flesh-and-blood life into literature. Their stock in trade is not the reality of facts, but that of the mind which illuminates them. Their enemy is the world as it is. They fight it with the ironic smile of the beautiful lie.

Guillaume Apollinaire

1880–1918

Guillaume Apollinaire was a poet who spoke for the new trends in art during the decade preceding World War I. As art critic, poet, and bad boy of Bohemia he belongs to the long tradition of *mystificateurs*, those sophisticated pranksters who design masks of folly to be worn over serious intentions. Apollinaire's mask was painted with the carefree smile of Bacchus; his intention was to liberate Man's imagination. His almost childlike sensitivity, combined with a blustering physical presence and a diabolical taste for what is unreasonable and improper, often made him appear as an intellectual buffoon. There was an elegant, yet Bohemian, irreverence in his manner of writing and living. He wrapped his life as well as his poems in mock mystery. Even the identity of his father was carefully kept in doubt—an uncertainty deliberately cultivated by hints that his mother had been keeping company with at least two princes of the Church and the sovereign prince of Monaco.

Apollinaire's name will always be associated with painters. He introduced the Cubist group and doctrine to the general public in 1913 with his book *Les Peintres cubistes*, explaining how the "new" fashion in art would be to concentrate on the interplay of geometric forms and forgo the fashionable Impressionist rendering of reflected light and color. Raoul Dufy, perhaps the most "reproduced" of modern French artists, made his public bow as illustrator of a volume of Apollinaire poems, *Le Bestiaire*, in 1911. Henri Rousseau *(le Douanier)* and Pablo Picasso were his friends. He helped launch the vogue of Negro primitive art. But as discoverer and innovator he was not only interested in painting. He explored the back streets of French literature and edited the first catalogue of pornography and "dangerous" books locked up in the so-called *Enfer* of the French National Library.

As is so often the case with innovators, success came for the wrong reasons to this apostle of the "new," the "naïve," the "out of this world" aspect of art. Although today Apollinaire is enjoyed for his sly gaiety and tender gruffness, his best-known volumes of poetry, *Alcools* (1913) and *Calligrammes* (1918), attracted public attention largely because of their lack of punctuation and their strange typography—some of the poems were printed vertically, like texts in a Chinese newspaper, others enticed the eye by being laid out on the page in the form of circles and arabesques, tracing the fine line between ordered thought and adventurous expression. When the Mona Lisa mysteriously disappeared from the walls of the Louvre, it was not surprising that one of the accusing fingers pointed to this eccentric Pole with a Greek pseudonym who spoke for the lunatic fringe of French Left Bank art.

Even Apollinaire's war wound occurred in a situation which was an absurd mixture of imagination and reality. On March 17, 1916, at four o'clock in the afternoon, artilleryman Kostrowitsky (as he was known to the Army and the Census Bureau) was quietly sitting in a trench, proofreading the latest issue of a literary magazine to which he regularly contributed a column of anecdotes. A shell exploded nearby. A piece of flying shrapnel tore through the reader's helmet and lodged in his skull. When the poet awoke in the hospital, Bohemia had already transformed the raconteur into a hero.

With his head swathed in bandages and his brain buzzing with hospital anecdotes, the soldier was sent home to Paris to convalesce. In the wartime capital he found the fires of imagination burning low. So he took up arms again, this time with his pen. Aiming his verbal artillery at the *inner* enemy, he fired words to light up France's *inner* skies. In this spirit of dead-serious gaiety, Apollinaire produced three new books and a play before he died, a victim of the flu, just a few hours before the armistice in 1918.

The poem which follows, "La Jolie Rousse," is the closing piece in Apollinaire's *Calligrammes,* published shortly before his death. The speaker in the poem is an artist who has lived, fought, and loved. His youth is gone and he feels himself to be in the summer season of life, sometimes called the age of reason. But, for a romantic, even a middle-aged one with a hole in his head, Reason, like the youthful follies that preceded it, comes wearing a mask of adventure and beauty. Thus he expects it to appear in the form of a gorgeous redhead. Go ahead, laugh at me, he says. And you're right, because I dare not tell you why I live on the frontiers of convention, at the point where the real and the unreal overlap. But pity me, too, he adds—because, even if I dared tell you, you wouldn't dare listen.

La Jolie Rousse

POÈME DE GUILLAUME APOLLINAIRE

Me voici devant tous un homme plein de sens
Connaissant la vie et de la mort ce qu'un vivant peut connaître
Ayant éprouvé les douleurs et les joies de l'amour
Ayant su quelquefois imposer ses idées
Connaissant plusieurs langages
Ayant pas mal voyagé
Ayant vu la guerre dans l'Artillerie et l'Infanterie
Blessé à la tête trépané sous le chloroforme
Ayant perdu ses meilleurs amis dans l'effroyable lutte
Je sais d'ancien et de nouveau autant qu'un homme seul pourrait
des deux[1] savoir
Et sans m'inquiéter aujourd'hui de cette guerre

1. des deux = des deux choses: *i.e., l'ancien et le nouveau.*

Entre nous et pour nous mes amis
Je juge cette longue querelle de la tradition et de l'invention
De l'Ordre de l'Aventure
Vous dont la bouche est faite à l'image de celle de Dieu
Bouche qui est l'ordre même
Soyez indulgents quand vous nous comparez
A ceux qui furent la perfection de l'ordre
Nous qui quêtons partout l'aventure

Nous ne sommes pas vos ennemis
Nous voulons vous donner de vastes et d'étranges domaines
Où le mystère en fleurs s'offre à qui[2] veut le cueillir
Il y a là des feux nouveaux des couleurs jamais vues
Mille phantasmes impondérables
Auxquels il faut donner de la réalité
Nous voulons explorer la bonté contrée énorme où tout se tait
Il y a aussi le temps qu'on peut chasser ou faire revenir
Pitié pour nous qui combattons toujours aux frontières
De l'illimité et de l'avenir
Pitié pour nos erreurs pitié pour nos péchés
Voici que vient l'été la saison violente
Et ma jeunesse est morte ainsi que le printemps
O soleil c'est le temps de la Raison ardente
Et j'attends
Pour la suivre toujours la forme noble et douce
Qu'elle prend afin que je l'aime seulement
Elle vient et m'attire ainsi qu'un fer l'aimant[3]
Elle a l'aspect charmant
D'une adorable rousse
Ses cheveux sont d'or on dirait
Un bel éclair qui durerait
Ou ces flammes qui se pavanent
Dans les roses-thé qui se fanent

2. à qui: to whoever *(wants)*. **3. ainsi qu'un fer l'aimant:** just as an iron *(attracts)* the magnet.

Mais riez riez de moi
Hommes de partout surtout gens d'ici
Car il y a tant de choses que je n'ose vous dire
Tant de choses que vous ne me laisseriez pas dire
Ayez pitié de moi

APOLLINAIRE'S TASTE for the scandalous, his delight in the grotesque, his reaching for the new or *inédit* in sensation, are illustrated in the following only slightly irreverent anecdote about a sentimental unbeliever who watches religion perform the function of poetry, changing a woman into a saint. This metamorphosis involves transforming a real-life passion into fiction—which alone, to a man like Apollinaire, has claims on immortality.

Sainte Adorata

ANECDOTE DE GUILLAUME APOLLINAIRE

Je visitai, un jour, la petite église de Szepeny, en Hongrie, et l'on m'y montra une châsse très vénérée.

« Elle contient, me dit le guide, le corps de sainte Adorata. Voilà près de soixante ans qu'on[1] découvrit son tombeau tout près d'ici. Sans doute fut-elle martyrisée aux premiers temps du christianisme,[2] à l'époque de l'occupation romaine, où la région de Szepeny fut évangélisée par le diacre Marcellin, qui avait assisté à la crucifixion de saint Pierre.[3]

1. **Voilà près de soixante ans que:** It's been almost sixty years since. 2. **aux premiers temps du christianisme:** in the first years of Christianity. 3. **saint Pierre:** *St. Peter was crucified in Rome during Nero's reign.*

« Selon toute vraisemblance, sainte Adorata se convertit à la voix du diacre, et après le martyre, des prêtres romains enterrèrent le corps de la bienheureuse. On suppose qu'Adorata n'est que la traduction latine d'un nom païen qui était le sien, car on ne pense pas qu'elle ait reçu d'autre baptême que celui du sang. Un tel nom n'éveille point d'idées chrétiennes; cependant la bonne conservation du corps, qui fut retrouvé intact après tant de siècles où il avait été sous terre, montrait assez qu'il s'agissait d'une des élues qui, mêlées à la troupe des vierges, chantent, dans le paradis, la gloire divine. Et voici dix ans que sainte Adorata a été canonisée à Rome. »

J'écoutai distraitement ces explications. Sainte Adorata ne m'interéssait pas outre mesure et j'allais sortir de l'église quand mon attention fut attirée par un profond soupir qui se mourait auprès de moi. Celui qui l'avait exhalé était un petit vieillard coquettement habillé qui s'appuyait sur une canne à pommeau de corail[4] en regardant fixement la châsse.

Je quittai l'église et le petit vieillard sortit derrière moi. Je me retournai pour apercevoir encore une fois sa silhouette élégante et surannée. Il me sourit. Je le saluai.

— Croyez-vous, Monsieur, aux explications que vous a fournies le sacristain? me demanda-t-il enfin en un français où les R roulaient à la hongroise.

— Mon Dieu! lui répondis-je, je n'ai aucune opinion sur ces questions dévotes.

Il reprit :

« Vous n'êtes que de passage parmi nous, Monsieur, et je désire depuis si longtemps révéler la vérité de tout cela à quelqu'un que je veux vous la dire, sous condition que vous n'en parlerez à personne dans ce pays. »

Ma curiosité s'était éveillée et je promis tout ce qu'il voulut.

« Eh bien! Monsieur, me dit le petit vieillard, sainte Adorata a été ma maîtresse. »

Je me reculai, pensant avoir affaire à un insensé.

4. canne à pommeau de corail: cane with a coral knob on it.

Mon étonnement le fit sourire, tandis qu'il me disait d'une voix un peu tremblante :

« Je ne suis pas fou, Monsieur, et je vous ai dit la vérité. Sainte Adorata a été ma maîtresse!

« Que dis-je! Si elle l'avait voulu, je l'aurais épousée! ...

« J'avais dix-neuf ans quand je la connus. J'en ai aujourd'hui plus de quatre-vingts et je n'ai jamais aimé d'autre femme qu'elle.

« J'étais le fils d'un riche châtelain des environs de Szepeny. J'étudiais la médecine. Et un labeur acharné m'avait épuisé à un tel point que les médecins m'engagèrent à me reposer et à voyager pour changer d'air.

« J'allai en Italie. C'est à Pise que je rencontrai celle à qui aussitôt je donnai ma vie. Elle me suivit à Rome, à Naples. Ce fut un voyage où l'amour embellissait les sites .... Nous remontâmes jusqu'à Gênes et je pensais à l'emmener ici, en Hongrie, pour la présenter à mes parents et l'épouser, lorsqu'un matin je la trouvai morte auprès de moi .... »

Le vieillard interrompit un instant son récit.

Lorsqu'il le reprit, sa voix chevrotait plus qu'auparavant et on l'entendait à peine.

« ... Je parvins à cacher le décès de ma maîtresse aux gens de l'hôtel, mais je n'y parvins qu'en employant des ruses d'assassin. Et quand je pense à tout cela, je frissonne encore. On ne me soupçonnait d'aucun crime et l'on crut que ma compagne était partie le matin de très bonne heure.

« Je ne vous donne pas le détail des heures affreuses passées auprès du corps que j'avais enfermé dans une malle. Bref, je fus si habile que l'opération de l'embaumement passa inaperçue. Le va-et-vient, le nombre important des voyageurs dans un grand hôtel leur laisse une liberté relative, une impersonnalité qui me furent très utiles dans la circonstance.

« Ensuite ce fut le voyage et les difficultés suscitées par la douane, que je pus, grâce au Ciel, franchir sans encombre. C'est une histoire miraculeuse, Monsieur! et quand je fus de retour chez moi, j'étais devenu maigre, pâle, méconnaissable.

« En passant à Vienne, j'avais acheté, chez un antiquaire, un sarcophage de pierre qui provenait de je ne sais plus quelle collection célèbre.[5] Chez moi, on me laissait faire ce que je voulais, sans s'inquiéter de mes desseins, et personne ne s'étonna ni du poids, ni de la quantité des bagages que j'avais rapportés d'Italie.

« Je gravais moi-même l'inscription ADORATA et une croix sur le sarcophage où j'enfermai entouré de bandelettes, le corps de l'adorée . . . .

« Une nuit, par un effort insensé, je transportai mon amour dans un champ voisin, de façon à retrouver l'emplacement que j'étais seul à connaître. Et, seul, je venais chaque jour prier à cet endroit.

Un an s'écoula . . . . Un jour, je dus partir pour Budapest . . . . Et quel ne fut point mon désespoir quand je revins, au bout de deux ans, de voir qu'une usine s'était élevée à la place même où j'avais enterré le trésor que j'aimais plus que ma vie! . . .

« Je devins à peu près fou et je songeais à me tuer lorsque, le soir, le curé étant venu nous visiter, me raconta comment, pendant qu'on creusait le champ voisin pour y établir les fondations de l'usine, on avait trouvé le sarcophage d'une martyre chrétienne de l'époque romaine, nommée Adorata, et que l'on avait transporté cette châsse précieuse dans la modeste église du village.

« D'abord, je fus sur le point de révéler au curé sa méprise. Mais je me ravisai, pensant que, dans l'église, j'aurais mon trésor sous les yeux quand je voudrais.

« Mon amour me disait que l'adorée n'était pas indigne des honneurs dévots qu'on lui rendait. Et, encore aujourd'hui, je l'en crois digne, à cause de sa grande beauté, de sa grâce unique et de l'amour profond qui l'a peut-être fait mourir. Au demeurant, elle était bonne, douce et pieuse, et si elle n'était pas morte, je l'aurais épousée.

5. **je ne sais plus quelle collection célèbre:** from some famous collection or other.

« Je laissais les événements suivre leur cours et mon amour se changea en dévotion.

« Celle que j'avais tant aimée fut déclarée vénérable.[6] Ensuite on la béatifia et, cinquante ans après la découverte de son corps, elle fut canonisée. Je me rendis moi-même à Rome pour assister à la cérémonie, qui est le plus beau spectacle qu'il m'ait été donné de contempler.

« Par cette canonisation, mon amour entrait au ciel. J'étais heureux comme un ange du paradis et vite je m'en revins ici, plein du bonheur le plus sublime et le plus étrange qui soit au monde, prier devant l'autel de sainte Adorata .... »

Les larmes aux yeux, le petit vieillard coquettement vêtu s'éloigna, frappant le sol de sa canne à pommeau de corail et répétant encore : « sainte Adorata! ... sainte Adorata! »

6. *The Roman Catholic Church recognizes three stages in the process of canonization: the "venerable" who are declared worthy of respect, awe, and admiration; the "blessed" who have been beatified and thus are entitled to public religious honors; the "saints" who have been canonized and are thus called upon in prayer to intercede with God.*

Charles Baudelaire

1821–1867

Although Charles Baudelaire died almost a hundred years ago and can be fully understood only in the context of mid-nineteenth-century France, he speaks to the twentieth-century reader as a sympathetic contemporary. In Baudelaire's poems and essays one finds the gamut of present-day neurotic, philosophic, and aesthetic concerns, all expressed with classical control and mastery of language belying the romantic anguish that occasioned them. If Baudelaire finds a place in each section of this anthology, it is partly due to the fact that he has served twentieth-century letters as a fountainhead of ideas, and partly that he looks younger and reads more easily in the company of his literary grandchildren than he did in his own time. Baudelaire is also a great poet whose writings have become one of the most frequently used mirrors into which modern man looks before attempting a self-portrait.

"Le Mauvais Vitrier" is a prose poem. Experimenting with what in the 1860's seemed a new literary genre, Baudelaire saw the prose poëm as almost a contradiction in terms, challenging the author to perform the miracle of being lyric without resorting to the traditional poetic techniques of rime, rhythm, and verse structure.

The theme of this poem is one which Baudelaire raised to a doctrine of quasi-religious significance. It is the notion that the poet's joy is a *divine*, not a *natural*, experience, born of a kind of sorcery which puts man at odds with the world in which he lives. According to this view, life as it comes to man is dull, opaque, and unspiritual. Just as God breathed life into matter, so man must spiritualize his existence by creating works of art. This involves an act of transformation. The natural must be made to appear unnatural, the real made to appear artificial—turning conventional man into a dandy, ugliness into beauty, and fact into metaphor. Only when we treat that which is seen or is stated as a symbol of what *is not* seen or *cannot* be stated are we in the poetic mood. Literal-minded readers are quick to label this flight from reality as neurotic (and the story of Baudelaire's neuroses is among the best documented in literary history), but such flight is nonetheless fertile ground for poetic mood.

Poetic mood, for Baudelaire, is identified with states of *paresse*, *indolence*, and *rêverie*—or daydreaming. Weary of the fruitless banality of *le travail* the poet treats time as a luxury and allows his imagination to float on it to the frontiers of sensitivity where the clear division between thought and feeling breaks down and ideas are *felt* as an experience.

A man susceptible to this poetic mood is by nature irritable. He is prey to mysterious demons who prod him to violent revolts against the everyday world which persistently intrudes on his poetic vision. Thus he is likely to take sudden destructive measures to free himself from the forms of shabby materialism which weigh like a stone about his neck, permitting him only to flap the wings of his imagination without getting off the ground.

In "Le Mauvais Vitrier" the poet opens with the observation that apparently indolent people are often prey to a mysterious burst of energy that is born of boredom and reverie—a kind of energy that can, in a flash, transform a timid soul into a monster or a public buffoon.

What is the principle of such dramatic outbursts? Are there really demons who possess these contemplative souls and drive them to absurdly violent actions? Is it true that, in the case of poetic charlatans, such mad behavior is often carefully calculated for effect? In answer to these questions Baudelaire replies that at least some of the gentle people he knows have, on occasion, seemed quite genuinely driven to impulsive action by a violent inspiration. Doctors have labeled their behavior "hysterical." Wiser men have called it "satanic."

After this long preamble, which evokes the mood for what

André Gide two generations later would call the "gratuitous act," the poet relates the story of a flash inspiration that exploded destructively in his own indolent life. Remembering how this angry gesture had intoxicated him with a strange kind of enthusiasm, he then reflects that one often pays dearly for such mad bursts of temper. But for a lover of beauty, even eternal damnation is a small price to pay for the ecstasy of smashing untinted windows on reality.

Le Mauvais Vitrier

POÈME EN PROSE DE CHARLES BAUDELAIRE

Il y a des natures purement contemplatives et tout à fait impropres à l'action, qui cependant, sous une impulsion mystérieuse et inconnue, agissent quelquefois avec une rapidité dont elles se seraient crues elles-mêmes incapables.

Tel qui,[1] craignant de trouver chez son concierge[2] une nouvelle chagrinante, rôde lâchement une heure devant sa porte sans oser rentrer; tel qui garde quinze jours une lettre sans la décacheter, ou ne se résigne qu'au bout de six mois à opérer une démarche[3] nécessaire depuis un an, se sentent quelquefois brusquement précipités vers l'action par une force irrésistible, comme la flèche d'un arc. Le moraliste et le médecin, qui prétendent tout savoir, ne peuvent pas expliquer d'où vient si subitement une si folle énergie à ces âmes paresseuses et voluptueuses,[4] et comment,

1. **tel qui:** such is he who. 2. **son concierge:** *The concierge, usually a woman, functions as janitor-caretaker-doorman in French apartment houses and thus serves as a relayer of mail and messages. Tenants consider the concierge as a kind of sentry checking on arrivals and departures.* 3. **opérer une démarche:** to take a step, perform an act. 4. **âmes paresseuses et voluptueuses:** *Note that laziness and sensuality are, in Baudelaire's world, positive qualities marking a poetic temperament.*

incapables d'accomplir les choses les plus simples et les plus nécessaires, elles trouvent à une certaine minute un courage de luxe pour exécuter les actes les plus absurdes et souvent même les plus dangereux.

Un de mes amis, le plus inoffensif rêveur qui ait existé, a mis une fois le feu à une forêt pour voir, disait-il, si le feu prenait avec autant de facilité qu'on l'affirme généralement. Dix fois de suite, l'expérience manqua;[5] mais à la onzième, elle réussit beaucoup trop bien.

Un autre allumera un cigare à côté d'un tonneau de poudre, *pour voir, pour savoir, pour tenter* la destinée, pour se contraindre lui-même à faire preuve d'énergie, pour faire le joueur, pour connaître les plaisirs de l'anxiété, pour rien, par caprice, par désœuvrement.

C'est une espèce d'énergie qui jaillit de l'ennui et de la rêverie; et ceux en qui elle se manifeste si opinément sont, en général, comme je l'ai dit, les plus indolents et les plus rêveurs des êtres.

Un autre, timide à ce point qu'il[6] baisse les yeux même devant les regards des hommes, à ce point qu'il lui faut rassembler toute sa pauvre volonté pour entrer dans un café ou passer devant le bureau d'un théâtre, où les contrôleurs[7] lui paraissent investis de la majesté de Minos, d'Éaque et de Rhadamanthe, sautera brusquement au cou[8] d'un vieillard qui passe à côté de lui et l'embrassera avec enthousiasme devant la foule étonnée.

Pourquoi? Parce que ... parce que cette physionomie lui était irrésistiblement sympathique? Peut-être; mais il est plus légitime de supposer que lui-même il ne sait pas pourquoi.

J'ai été plus d'une fois victime de ces crises[9] et de ces élans, qui

5. **l'expérience manqua:** the experiment failed. 6. **à ce point qu'il:** to the extent that he. 7. **contrôleurs:** *In many French theaters tickets are issued at the* **bureau** *(box office) with no seat numbers indicated; the playgoer must have his tickets* **numérotés** *(marked) by the* **contrôleur,** *who sits at a high desk in the lobby and assigns seat positions with an air of cold authority that makes Baudelaire think of the three judges in the classic underworld: Minos, Aeacus, and Rhadamanthus. Note the parallel between Baudelaire's description of the* **contrôleur** *at the theater and the concierge at the apartment house.*
8. **Un autre ... sautera brusquement au cou:** Another ... will wildly embrace.
9. **crise:** *usually a sudden attack of illness, here juxtaposed with* **élan,** *a burst of energy.*

nous autorisent à croire que des Démons[10] malicieux se glissent en nous et nous font accomplir, à notre insu,[11] leurs plus absurdes volontés.

Un matin je m'étais levé maussade, triste, fatigué d'oisiveté, et poussé, me semblait-il, à faire quelque chose de grand, une action d'éclat;[12] et j'ouvris la fenêtre, hélas!

(Observez, je vous prie, que l'esprit de mystification qui, chez quelques personnes, n'est pas le résultat d'un travail ou d'une combinaison, mais d'une inspiration fortuite, participe beaucoup, ne fût-ce que par l'ardeur du désir, de cette humeur, hystérique selon les médecins, satanique selon ceux qui pensent un peu mieux que les médecins, qui nous pousse sans résistance vers une foule d'actions dangereuses ou inconvenantes.)[13]

La première personne que j'aperçus dans la rue, ce fut un vitrier[14] dont le cri perçant, discordant, monta jusqu'à moi à travers la lourde et sale atmosphère parisienne. Il me serait d'ailleurs impossible de dire pourquoi je fus pris à l'égard de ce pauvre homme d'une haine aussi soudaine que despotique.

« —Hé! hé! » et je lui criai de monter. Cependant je réfléchissais, non sans quelque gaieté, que, la chambre étant au sixième étage et l'escalier fort étroit, l'homme devait éprouver quelque peine à opérer son ascension et accrocher en maint endroit les angles de sa fragile marchandise.

Enfin il parut : j'examinai curieusement toutes ses vitres, et je lui dis : « Comment! vous n'avez pas de verres de couleur? des verres roses, rouges, bleus, des vitres magiques, des vitres de paradis? Impudent que vous êtes! vous osez vous promener dans des quartiers pauvres, et vous n'avez pas même de vitres qui

10. Démons: *Note the capital letter, in case one doubts their reality.* **11. à notre insu:** without our knowing it. **12. action d'éclat:** brilliant action or achievement. **13.** *The spine of this long parenthetical sentence is*: **Observez ... que l'esprit de mystification ... participe beaucoup ... de cette humeur ... qui nous pousse ... vers ... d'actions dangereuses ou inconvenantes.** *Note how Baudelaire suspends his thought between modifying clauses which call to mind both rational and irrational interpretations.* **14. vitrier:** maker *or* seller of window glass. *To get the full flavor of Baudelaire's image, one must visualize a French street peddler carrying a supply of windowpanes on an immense wooden rack which he totes precariously on his back like a mountaineer's pack.*

fassent voir la vie en beau! »[15] Et je le poussai vivement vers l'escalier, où il trébucha en grognant.

Je m'approchai du balcon et je me saisis d'un petit pot de fleurs, et quand l'homme reparut au débouché de la porte, je laissai tomber perpendiculairement mon engin de guerre sur le rebord postérieur de ses crochets;[16] et le choc le renversant, il acheva de briser sous son dos toute sa pauvre fortune ambulatoire qui rendit le bruit éclatant d'un palais de cristal crevé par la foudre.

Et, ivre de ma folie, je lui criai furieusement : « La vie en beau! la vie en beau! »

Ces plaisanteries nerveuses ne sont pas sans péril, et on peut souvent les payer cher. Mais qu'importe l'éternité de la damnation à qui[17] a trouvé dans une seconde l'infini de la jouissance?

15. la vie en beau: *a variant of the expression* **voir tout en beau:** to see things through rose-colored spectacles. **16. crochets:** hooks *(holding glass panes in rack on the* **vitrier's** *back).* **17. à qui = à celui qui.**

Jean Cocteau

1889–

Jean Cocteau's reputation has been built on versatility, and there is a hint of the show-off in everything he produces. Still active in the autumn of a brilliant career, he frequently reminds one of a bright young man using his cleverness to astonish a world made up of stodgy adults living on comfortable incomes. This public personality, whose escapades are better known than his writing, is like a graceful juggler coquettishly wooing applause by keeping a half-dozen gilded plates dazzlingly spinning in the air. He is a novelist, poet, and playwright who has written ballets, opera librettos, and several fine movie scenarios—including a pioneer surrealist film, *Le Sang d'un poète*, found in all modern film libraries. Connoisseurs have a taste for his poetry. His paintings attract the cultivated as well as the curious. In recent years, his frescos in the tiny fishermen's chapel at Villefranche on the Côte d'Azur have become a tourist attraction rivaling the stained-glass windows by Matisse in the neighboring town of Vence.

Cocteau has a doctrine to justify his taste and performance: let yourself be astonished. This aesthetics of astonishment has its roots in the surrealism of the 1920's, the period during which French artists and American expatriates were cultivating the strange, the brash, and the shocking. To Cocteau and his surrealist friends, poetry was a way of experiencing life as well as a kind of writing. To them, a man gifted with a poetic imagination had a mission which was to upset, derange, and reorganize all accepted ways of seeing and feeling, thus forcing the mind and the senses into a continuous orgy of shifting perspectives.

Although Cocteau's taste for astonishment is best understood in the context of the surrealist adventure of the 1920's, other aspects of his work separate him from that group which showed more concern for disorganizing experience than for suggesting its harmony. Like his life-long friend, the painter Pablo Picasso, Jean Cocteau reveals in even his most bizarre creations a concern for discipline, form, and good taste—which in themselves can also be astonishing.

There is a surface simplicity in Cocteau's writing, a cultivated naïveté which he uses to open a world of paradox and mystery. As a poet, he unlocks words themselves as well as things and people, finding in the most common of them swarms of secret meanings to be liberated by the artist who can crack the shell of conventional usage. It is in this sense that Cocteau presents himself as a magician, performing a kind of literary sorcery which reveals objects from within and makes words translucent.

The magician's gift cuts two ways. Often the dazzling visions which the poet sees beneath the banal fact or common word are simply not true. Like the spiritualist's ectoplasm, the poet's invisible world is often an obvious fake. But the poet is not dealing with truth. He is hunting down the new, the strange, and the beautiful. With sardonic delight, Cocteau reiterates the old theme that the artist, who has the mission of keeping life fresh for his public, is often a purveyor of lies.

In the following radio monologue, written for the actor Jean Marais, Cocteau plays with the word "liar" and the idea "truth." The word very soon gets in the way of the idea, twisting it out of shape and comprehensibility, until the final formula defines the speaker as a *lie that can tell the truth.*

In the first part of the monologue the speaker confesses that it is his nature to prevaricate, and that he lives in fear of being found out. This fear has been converted to rage against his occasional accusers, and the rage has turned into a general hatred. But, unlike most liars, the speaker has found a solution to his predicament: he confesses his sin in public, forcing his listeners to play the role of judges. Then, attacking his listeners, he accuses them of lying and disqualifies them to judge a crime which they all have committed. "Now, I've got you," says the liar out of his pent-up hatred. Then, twisting the knife, he suggests that his whole confession is a false one, that he only pretended to be a liar in order to get into court and show up the judges' hypocrisy. Now that it is his judges who live in fear and hate, the confessor tries to reinstate the truth of certain kinds of lies . . . But by this time he has so embroiled the words "truth" and "falsehood" that they no longer serve him. He ends up speaking a lie which conveys the truth—this lie, in a Cocteau world, could be a man or a work of art.

Le Menteur

MONOLOGUE DE JEAN COCTEAU

Je voudrais dire la vérité. J'aime la vérité. Mais elle ne m'aime pas. Voilà la vérité vraie : la vérité ne m'aime pas. Dès que je la dis, elle change de figure[1] et se retourne contre moi. J'ai l'air de mentir et tout le monde me regarde de travers.[2] Et pourtant je suis simple et je n'aime pas le mensonge. Je le jure. Le mensonge attire toujours des ennuis épouvantables et on se prend les pieds dedans[3] et on trébuche et on tombe et tout le monde se moque de vous. Si on me demande quelque chose, je veux répondre ce que je pense. Je veux répondre la vérité. La vérité me démange. Mais alors, je ne sais pas ce qui se passe. Je suis pris d'angoisse, de crainte, de la peur d'être ridicule et je mens. Je mens. C'est fait. Il est trop tard pour revenir là-dessus.[4] Et une fois[5] un pied dans le mensonge, il faut que le reste passe. Et ce n'est pas commode, je vous le jure. C'est si facile de dire la vérité. C'est un luxe de paresseux. On est sûr de ne pas se tromper après et de ne plus avoir d'embêtements.

1. **change de figure:** changes face. 2. **me regarde de travers:** looks at me angrily. 3. **on se prend les pieds dedans:** one gets one's feet caught on them. 4. **revenir là-dessus:** take back what one has said before. 5. **Et une fois:** And once you have.

On a les embêtements sur place, vite, à la minute, et ensuite les choses s'arrangent. Tandis que moi! Le diable s'en mêle. Le mensonge n'est pas une pente à pic.[6] Ce sont des montagnes russes[7] qui vous emportent et qui vous coupent le souffle, qui vous arrêtent le cœur et vous le nouent dans la gorge.

Si j'aime, je dis que je n'aime pas et si je n'aime pas je dis que j'aime. Et vous devinez les suites. Autant se tirer un coup de revolver[8] et en finir. Non! J'ai beau me sermonner, me mettre devant l'armoire à glace,[9] me répéter : tu ne mentiras plus. Tu ne mentiras plus. Tu ne mentiras plus. Je mens. Je mens. Je mens. Je mens pour les petites choses et pour les grandes. Et s'il m'arrive de dire la vérité, une fois par hasard . . . par surprise, elle se retourne, elle se recroqueville, elle se ratatine, elle grimace et elle devient mensonge. Les moindres détails se liguent contre moi et prouvent que j'ai menti. Et . . . ce n'est pas que je suis lâche . . . chez moi[10] je trouve toujours ce qu'il faudrait répondre et j'imagine les coups qu'il faudrait donner. Seulement sur place, je me paralyse et je la boucle.[11] Je pourrais répondre : vous mentez. Je n'en trouve pas la force. Je me laisse injurier et je crève de rage. Et c'est cette rage qui s'accumule, qui s'entasse en moi, qui me donne de la haine.

Je ne suis pas méchant. Je suis même bon. Mais il suffit qu'on me traite de menteur[12] pour que la haine m'étouffe. Et ils ont raison. Je sais qu'ils ont raison, que je mérite les insultes. Mais voilà. Je ne voulais pas mentir et je ne peux pas supporter qu'on ne comprenne pas que je mens malgré moi et que le diable me pousse. Oh! je changerai. J'ai déjà changé. Je ne mentirai plus. Je trouverai un système pour ne plus mentir, pour ne plus vivre dans le désordre épouvantable du mensonge. On dirait une chambre pas faite,[13] des fils de fer barbelés la nuit, des couloirs et des couloirs du rêve. Je guérirai. J'en sortirai. Et, du reste, je vous en donne la

6. une pente à pic: isolated mountain peak (*literally*: steep slope). **7. montagnes russes:** scenic railway, roller coaster. **8. Autant se tirer un coup de revolver:** Might as well shoot oneself. **9. armoire à glace:** wardrobe with mirror on it. **10. chez moi:** in my case. **11. je la boucle:** I shut up (*literally*: I lock (buckle) my mouth). **12. on me traite de menteur:** they call me a liar. **13. une chambre pas faite:** not done *or* cleaned *by the chambermaid.*

preuve. Ici, en public, je m'accuse de mes crimes et j'étale mon vice. Et n'allez pas croire que j'aime étaler mon vice et que c'est encore le comble du vice que ma franchise.[14] Non, non. J'ai honte. Je déteste mes mensonges et j'irais au bout du monde pour ne pas être obligé de faire ma confession. Et vous dites-vous la vérité? Êtes-vous dignes de m'entendre? Au fait, je m'accuse et je ne me suis pas demandé si le tribunal était en mesure de[15] me juger, de me condamner, de m'absoudre.

Vous devez mentir![16] Vous devez mentir tous, mentir sans cesse et aimer mentir et croire que vous ne mentez pas. Vous devez vous mentir à vous-mêmes. Tout est là![17] Moi je ne me mens pas à moi-même. Moi j'ai la franchise de m'avouer que je mens, que je suis un menteur. Vous, vous êtes des lâches. Vous m'écoutiez, vous disiez : quel pauvre type! et vous profitiez de ma franchise pour dissimuler vos mensonges. Je vous tiens.[18] Savez-vous, Mesdames, Messieurs, pourquoi je vous ai raconté que je mentais, que j'aimais le mensonge? Ce n'était pas vrai. C'était à seule fin[19] de vous attirer dans un piège et de me rendre compte, de comprendre. Je ne mens pas. Je ne mens jamais. Je déteste le mensonge et le mensonge me déteste. Je n'ai menti que pour vous dire que je mentais.

Et maintenant je vois vos visages qui se décomposent. Chacun voudrait quitter sa place et redoute d'être interpellé par moi.

Madame, vous avez dit à votre mari que vous étiez hier chez votre modiste. Monsieur, vous avez dit à votre femme que vous dîniez à votre cercle. C'est faux. Faux. Faux. Osez me donner un démenti. Osez me répondre que je mens. Osez me traiter de menteur. Personne ne bouge? Parfait. Je savais à quoi m'en tenir.[20] Il est facile d'accuser les autres. Facile de les mettre en mauvaise posture. Vous me dites que je mens et vous mentez! C'est admirable. Je ne mens jamais. Vous entendez! Jamais. Et s'il m'arrive de

14. que ma franchise = **ce** *of* **c'est encore.** **15. en mesure de:** capable of, in a position to. **16. Vous devez mentir:** You must be lying *(You probably are).* **17. Tout est là:** That's the crux of it. **18. Je vous tiens:** I've caught you. **19. à seule fin:** for the sole purpose. **20. Je savais à quoi m'en tenir:** I knew what I was dealing with.

mentir c'est pour rendre service ... pour éviter de faire de la peine ... pour éviter un drame.[21] De pieux mensonges. Forcément, il faut mentir. Mentir un peu ... de temps à autre.[22] Quoi? Vous dites? Ah! je croyais ... non ... parce que ... je trouverais étrange qu'on me reprochât ce genre de mensonge. Venant de vous ce serait drôle. De vous qui mentez à moi qui ne mens jamais.

Tenez,[23] l'autre jour — mais non, vous ne me croiriez pas. Du reste, le mensonge ... le mensonge, c'est magnifique. Dites ... imaginer un monde irréel et y faire croire[24] — mentir! Il est vrai que la vérité a son poids dur et qu'elle m'épate. La vérité. Les deux se valent.[25] Peut-être que le mensonge l'emporte ... bien que je ne mente jamais. Hein? J'ai menti? Certes. J'ai menti en vous disant que je mentais. Ai-je menti en vous disant que je mentais ou en vous disant que je ne mens pas? Un menteur! Moi? Au fond je ne sais plus. Je m'embrouille. Quelle drôle d'époque.[26] Suis-je un menteur? Je vous le demande. Je suis plutôt un mensonge. Un mensonge qui dit toujours la vérité.

21. **drame:** disaster, catastrophe. 22. **de temps à autre:** from time to time. 23. **Tenez:** *equivalent to the English* look here *or* for example. 24. **et y faire croire:** and make people believe it. 25. **Les deux se valent (valoir):** One is as good as the other. 26. **Quelle drôle d'époque:** What strange times we live in.

Jean Giraudoux

1882–1944

At the age of forty-six Jean Giraudoux, a career diplomat who had amused himself and a select reading public with a series of esoteric novels, turned to the stage. The extravagance of his style and his irrepressible imagination brought to the theater a kind of poetry that had been missing in French dramatic literature since the advent of realism at the turn of the century. With the success of his plays, elegance of language came back into fashion after a period devoted to the unarticulated anguishes of the "dramatic silence." Between the presentation of his first play, *Siegfried*, in 1928, and the posthumous productions of *La Folle de Chaillot* and *Pour Lucrèce* after World War II, Giraudoux offered the theater public about a dozen witty fantasies on both comic and tragic subjects. These plays, which are the product of a playful and highly sophisticated intellect, often irritate that large section of the theater public which anchors its imagination to common sense and travels only the well-trodden lanes of thought. The author seems to be more interested in amusing his public with artful hints of a situation's poetic possibilities than in leading the spectator to come to grips with its dramatic or psychological elements. His plays often appear more like improvisations than dramatic constructions. His emphasis on manner often obscures the serious nature of their content.

Although in his plays Giraudoux has treated a variety of the great traditional subjects—war in *La Guerre de Troie n'aura pas lieu (Tiger at the Gates)*, the nature of God's relation to man in *Judith*—one underlying theme runs through all his work. This is the theme of the battle of the sexes. In Giraudoux's hands, all other human concerns become but metaphors for these eternal disputes. In the theater they become plays; in life we dramatize them as different forms of love.

Love in a Giraudoux play is portrayed as a creative act of the imagination. It is a way of seeing. It involves the projection of mystery, wonder, and beauty into another person and indicates a departure from the common-sense view of life. Indeed, under the spell of love, any reasonable, practical, analyzable view of life seems both artificial and comic. This is as it should be, for love, like a good play in the theater, is an aesthetic exercise in which man "irons the wrinkles out of his soul" and releases the tensions of the intellect by allowing himself to treat objects as if they were human and humans as if they were gods. In this world created on the stage for an evening's distraction from the workaday procession of facts, profits, and systems, the poetic becomes a norm against which everything nonpoetic is temporarily revealed as ridiculous.

It is characteristic of French theater that these plays of Giraudoux are confections whipped up for a highly literate audience and make no concessions to the general public. The language has a kind of playful, self-conscious elegance that is often labeled "precious," meaning that the author's image-laden sentences twist and turn around an idea without ever really touching it. References to art, history, mythology, botany, and anatomy drop off the tongue with the playful casualness of a bright young man's cocktail conversation when he draws on material amassed for his senior examinations. And although it is true that this writer has a kind of snob appeal for people whose taste in art begins where general understanding leaves off, Giraudoux was not addressing himself to those who make a cult of the obscure. To get the full flavor of Giraudoux, one must simply like language and be familiar with the world of ideas and books. But the American student, reading Giraudoux for the first time, should remember that references to Bayard, Bernard Palissy, Turenne, and Boulanger are not really esoteric. These people are dramatis personae in the pageant of French cultural history.

In *L'Apollon de Bellac* the theme is, once more, *le beau mensonge*, the creative lie that, like a color projector in the theater, makes objects and people seem illuminated from within with a magic glow. Agnès, whose only talents are youthful good looks and good will, is applying for a job in an office which here serves as a parody of any impersonal, chrome-plated corporation. In this case, the business of the corporation is to analyze, categorize, and merchandize big and little inventions—in short, this looks like one of those reasonable and ridiculous institutions whose "business" is to domesticate what the poets call "imagination." How is untamed, untouched, untalented Agnès to get a job? The *deus ex machina* is already on stage to greet her when she enters. His name is Apollo and he comes from Giraudoux's home town in the province of Limousin. He tells her the secret formula which opens all doors for women in a world of men.

This little fable about how Agnès learns the way of the world is not a lesson in how to win friends and influence people. Nor is it a comedy about the male ego glowing in the warm sun of female attention. It is an apologue about the *raison d'être* of man and woman in a world where beauty is unreal, coming to us only in dreams and yearning. Only gods with names such as "Apollo" are really beautiful—and since they don't really exist, they cannot be caressed, even with words. To each of us, the opposite sex, although hardly more than a vague reminder of the way a god might look, is an opportunity for delight, provided one proceeds with imagination. When a woman looks at a man she knows that he is capable of conversation, that he can be caressed, and that he can be brought magically alive by worshipful attention. *Le beau mensonge* enables women to become women by giving man a god's due. It enables men to become men by accepting it.

Not everyone has a taste for whimsy and banter, and although his plays are produced all over the Western world, Giraudoux is still a controversial dramatist. The texts are encrusted with a superabundance of ideas and images that glitter like rhinestones behind the footlights. The words pass by the ear so quickly that after the show one remembers the sparkle but cannot recall what caused it. This, according to the dramatist, is the way things should be in the theater—which Giraudoux saw as a place where people go *not* to learn about life, but to take the kinks out of the mind and rekindle the capacity for delight and wonder which the earnest business of everyday living has all but extinguished in the heart.[1]

1. In his one-act play *L'Impromptu de Paris,* Giraudoux dramatizes a rehearsal during which Louis Jouvet's troupe is interrupted by a member of the Chamber of Deputies on an investigating mission. The deputy wants to know the function of theater and how it contributes to an understanding of the world we live in. During the discussion, Giraudoux has the actors explain: "*Le mot comprendre n'existe pas au théâtre. . . . Ceux qui veulent comprendre au théâtre sont ceux qui ne comprennent pas le théâtre.*" Later, when the Deputy suggests that the State would hesitate to subsidize such an irresponsible activity, Jouvet replies: "*Il s'agit de savoir si l'État voudra enfin comprendre qu'un peuple n'a une vie réelle grande que s'il a une vie irréelle puissante. Que la force d'un peuple est son imagination, et que le soir, quand la nuit avec sa fraîcheur l'amène doucement au repos et au rêve, il ne suffit pas de colorer à l'électricité les monuments de son passé. C'est très bien d'illuminer la Tour Eiffel, mais ne crois-tu pas que c'est encore mieux d'illuminer les cerveaux?*"

L'Apollon de Bellac

PIÈCE EN UN ACTE DE JEAN GIRAUDOUX

Personnages par ordre d'entrée en scène

LE MONSIEUR DE BELLAC
L'HUISSIER
AGNÈS
LE SECRÉTAIRE GÉNÉRAL
MONSIEUR DE CRACHETON
MONSIEUR LEPÉDURA
MONSIEUR RASEMUTTE
MONSIEUR SCHULZE
LE PRÉSIDENT
MADEMOISELLE CHÈVRE-DENT
THÉRÈSE

L'Apollon de Bellac[1] *a été créé par Louis Jouvet et sa troupe le 16 juin 1942 au théâtre municipal de Rio de Janeiro, sous le titre* l'Apollon de Marsac.

Sous ce même titre, la pièce a été reprise à Paris par la Compagnie Louis Jouvet et représentée pour la première fois au théâtre de l'Athénée, le 19 avril 1947.

Décor

La salle d'attente à l'Office
des Grands et Petits inventeurs.

Scène I

AGNÈS. L'HUISSIER. LE MONSIEUR DE BELLAC.

AGNÈS. C'est bien ici[2] l'Office des Grands et Petits inventeurs?
L'HUISSIER. Ici même.[3]
AGNÈS. Je voudrais voir le Président.

1. **L'Apollon de Bellac:** *The title has the sense of* Bellac's Apollo *or* Bellac's image of Apollo. *Just as a statue of Venus was found at Milo, perhaps an image of Apollo could be found at Bellac, in Limousin—Giraudoux's birthplace.* 2. **C'est bien ici:** Is this really the place. 3. **Ici même:** This very spot.

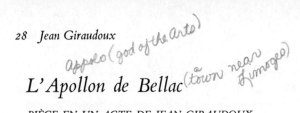

L'HUISSIER. Invention petite, moyenne, ou grande?

AGNÈS. Je ne saurais trop dire.[4]

L'HUISSIER. Petite? C'est le secrétaire général. Revenez jeudi.

LE MONSIEUR DE BELLAC. Et qui vous dit, huissier, que l'invention de Mademoiselle soit si petite que cela?

L'HUISSIER. De quoi vous mêlez-vous?[5]

LE MONSIEUR DE BELLAC. La caractéristique de l'inventeur, c'est qu'il est modeste. L'orgueil a été inventé par les non-inventeurs. A la modestie créatrice Mademoiselle joint la modestie de son aimable sexe. Mais qui vous dit qu'elle ne vient pas vous proposer une invention destinée à bouleverser le monde!

AGNÈS. Monsieur ...

L'HUISSIER. Pour les bouleversements du monde, c'est bien le Président. Il reçoit les lundis, de onze à douze heures.

LE MONSIEUR DE BELLAC. Nous sommes mardi!

L'HUISSIER. Si Mademoiselle n'a pas inventé de faire du mardi le jour qui précède le lundi, je n'y puis rien.[6]

LE MONSIEUR DE BELLAC. Gabegie![7] L'humanité attend dans l'angoisse l'invention qui permettra d'adapter à notre vie courante les lois de l'attraction des étoiles pour les envois postaux et la cicatrisation des brûlures ...[8] Peut-être que Mademoiselle ... Mademoiselle comment?

AGNÈS. Mademoiselle Agnès.

LE MONSIEUR DE BELLAC. Peut-être que Mademoiselle Agnès nous l'apporte .... Non, elle devra attendre lundi!

L'HUISSIER. Je vous prie de vous taire ...

LE MONSIEUR DE BELLAC. Je ne me tairai pas. Je me tais le lundi. Et le légume unique! Cinq continents se dessèchent dans l'espérance du légume unique, qui rendra ridicule cette spécialisation du poireau, du raisin, ou du cerfeuil,[9] qui sera la viande et le

4. Je ne saurais trop dire: I'm not sure (**trop** *following a negative has the sense of* hardly). **5. De quoi vous mêlez-vous?** What business is it of yours? **6. je n'y puis rien:** there's nothing I can do about it. **7. Gabegie!** *complicated administrative procedure which fosters fraud.* **8. d'adapter ... la cicatrisation des brûlures:** to adapt the laws of stellar gravity for everyday use in sending letters through the mail and forming scar tissue on burns. **9. le poireau, le cerfeuil:** leek, chervil, *common herbs used for making soup.*

pain universels, le vin et le chocolat, qui donnera à volonté la potasse,[10] le coton, l'ivoire et la laine. Mademoiselle Agnès vous l'apporte elle-même. Ce que Paracelse[11] et Turpin[12] n'ont même pas imaginé, elle l'a découvert. Les pépins du légume unique sont là, dans ce sachet au tiède sur sa gorge,[13] prêts à se déchaîner, le brevet une fois paraphé[14] par votre Président, vers la germination et la prolifération. Non, ils devront attendre lundi.

AGNÈS. Monsieur ...

L'HUISSIER. Le registre est sur la table. Qu'elle s'inscrive pour lundi!

LE MONSIEUR DE BELLAC. Et voilà! Lundi, à la première heure, les crétins qui ont inventé le clou sans pointe ou la colle à musique[15] seront reçus illico par le Président, mais pendant une semaine la pauvre humanité aura continué à se plonger jusqu'aux fesses dans la boue des rizières, à crever ses yeux pour séparer les graines du radis ménager de celles du radis fourrager,[16] et à soigner ses blessures à la rapure de pommes de terre, alors que le légume unique est là ... et le firmament! ... Mademoiselle Agnès ne s'inscrira pas ...

L'HUISSIER. Peu me chaut.[17]

LE MONSIEUR DE BELLAC. Vous dites?

L'HUISSIER. Je dis : peu me chaut ... Vous ne comprenez pas?

LE MONSIEUR DE BELLAC. Si. Et Bernard Palissy[18] aussi a compris, quand, à sa demande de subvention, l'intendant du roi répondit : Peu me chaut, et l'obligea à brûler pour son four ses superbes meubles Henri II ...[19]

10. potasse: potassium. **11. Paracelse:** *medieval alchemist.* **12. Turpin:** *the French chemist, inventor of melinite, a high explosive used in ordinary shells in World War I.* **13. ce sachet au tiède sur sa gorge:** in that little sack hung *(like a talisman)* around her neck where the seeds are kept warm. **14. une fois paraphé:** once the President has initialed the patent. **15. clou sans pointe ou la colle à musique:** nail without a point or musical glue *(the sort of senseless inventions that a* **crétin** *would try to patent).* **16. radis ménager ... radis fourrager:** radishes for household use ... radishes for fodder. **17. Peu me chaut:** *an elegant way of saying* it doesn't matter **(chaloir)**. **18. Bernard Palissy:** *founder of French ceramic industry (sixteenth century) who was obliged to burn his furniture in order to fire his kiln.* **19. meubles Henri II:** *Henri II (1547–1559), king of France whose name identifies a particularly graceless style of furniture long affected by French middle class for dining-room sets.*

L'HUISSIER. Ses meubles Henri II? Vous me rappelez que j'ai à préparer la salle du conseil. *(Il sort.)*

Scène II

AGNÈS. LE MONSIEUR DE BELLAC.

AGNÈS. Je vous remercie, Monsieur. Mais je ne suis pas l'inventeur du légume unique.

LE MONSIEUR DE BELLAC. Je le savais. C'est moi.

AGNÈS. Je cherche une place. Voilà tout.

LE MONSIEUR DE BELLAC. Vous êtes dactylographe?

AGNÈS. Dactylographe? Qu'est-ce que c'est?

LE MONSIEUR DE BELLAC. Sténographe?

AGNÈS. Pas que je sache.

LE MONSIEUR DE BELLAC. Polyglotte, rédactrice, classeuse? Arrêtez-moi à votre spécialité.

AGNÈS. Vous pourriez énumérer le dictionnaire des emplois. Jamais je n'aurais à vous interrompre.

LE MONSIEUR DE BELLAC. Alors coquette, dévouée, gourmande, douce, voluptueuse, naïve?

AGNÈS. C'est plutôt mon rayon.[20]

LE MONSIEUR DE BELLAC. Tant mieux. C'est la promesse d'une heureuse carrière.

AGNÈS. Non. J'ai peur des hommes ...

LE MONSIEUR DE BELLAC. De quels hommes?

AGNÈS. A les voir, je défaille.

LE MONSIEUR DE BELLAC. Peur de l'huissier?

AGNÈS. De tous. Des huissiers, des présidents, des militaires. Là où il y a un homme, je suis comme une voleuse dans un grand magasin qui sent sur son cou le souffle de l'inspecteur.

LE MONSIER DE BELLAC. Voleuse de quoi?

AGNÈS. J'ai envie de me débarrasser à toute force[21] de l'objet volé et de le lui lancer en criant : Laissez-moi fuir!

20. C'est plutôt mon rayon: *(in answer to* **naïve***)* That's more like my department.
21. à toute force: at any price.

LE MONSIEUR DE BELLAC. Quel objet?

AGNÈS. Je ne me le demande même pas. Je le recèle. J'ai peur.

LE MONSIEUR DE BELLAC. Leur costume sans doute vous impressionne? Leurs chausses et leurs grègues?[22]

AGNÈS. Je me suis trouvée avec des nageurs. Leurs grègues étaient à terre.[23] L'objet[24] me pesait tout autant.

LE MONSIEUR DE BELLAC. Peut-être ils vous déplaisent, tout simplement.

AGNÈS. Je ne crois pas. Leurs yeux de chien me plaisent, leur poil, leurs grands pieds. Et ils ont des organes bien à eux[25] qui m'attendrissent, leur pomme d'Adam au repas par exemple. Mais dès qu'ils me regardent ou me parlent, je défaille.

LE MONSIEUR DE BELLAC. Cela vous intéresserait de ne plus défaillir?

AGNÈS. Vous dites?

LE MONSIEUR DE BELLAC. Cela vous intéresserait de les mener à votre guise, de tout obtenir d'eux, de faire plonger les présidents, grimper[26] les nageurs?

AGNÈS. Il y a des recettes?

LE MONSIEUR DE BELLAC. Une seule, infaillible!

AGNÈS. Pourquoi me le diriez-vous! Vous êtes un homme...[27]

LE MONSIEUR DE BELLAC. Ignorez-la, et vous aurez une vie sordide! Recourez à elle, et vous serez reine du monde!

AGNÈS. Reine du monde! Ah! que faut-il leur dire! ...

LE MONSIEUR DE BELLAC. Aucun d'eux n'écoute?

AGNÈS. Personne ...

LE MONSIEUR DE BELLAC. Dites-leur qu'ils sont beaux!

AGNÈS. Leur dire qu'ils sont beaux, intelligents, sensibles?

LE MONSIEUR DE BELLAC. Non! Qu'ils sont beaux. Pour l'intelligence et le cœur, ils savent s'en tirer[28] eux-mêmes. Qu'ils sont beaux ...

22. **Leurs chausses et leurs grègues:** Their medieval tights and breeches. 23. **Leurs grègues étaient à terre:** They'd left their breeches on the shore. 24. **l'objet:** *i.e., l'objet volé.* 25. **bien à eux:** peculiar to them. 26. *Note the delight the author takes in interchanging the verbs* **plonger** *and* **grimper,** *and the implication that climbing up is as natural to presidents as diving is to swimmers.* 27. **Vous êtes un homme:** *i.e., Why should you, a man, betray the secret of your sex's weakness?* 28. **s'en tirer:** to take care of that.

AGNÈS. A tous? A ceux qui ont du talent, du génie? Dire à un académicien[29] qu'il est beau, jamais je n'oserai . . .

LE MONSIEUR DE BELLAC. Essayez voir![30] A tous! Aux modestes, aux vieillards, aux emphysémateux.[31] Dites-le au professeur de philosophie, et vous aurez votre diplôme. Au boucher, et il lui restera du filet dans sa resserre.[32] Au Président d'ici, et vous aurez la place.

AGNÈS. Cela suppose tant d'intimité, avant de trouver l'occasion de le leur dire . . .

LE MONSIEUR DE BELLAC. Dites-le d'emblée. Qu'à défaut de votre voix, votre premier regard le dise, dès la seconde où il va vous questionner sur Spinoza[33] ou vous refiler de la vache.[34]

AGNÈS. Il faut attendre qu'ils soient seuls! Être seule à seul avec eux . . .

LE MONSIEUR DE BELLAC. Dites-leur qu'ils sont beaux en plein tramway, en pleine salle d'examens, dans la boucherie comble. Au contraire. Les témoins seront vos garants!

AGNÈS. Et s'ils ne sont pas beaux, qu'est-ce que je leur dis? C'est le plus fréquent, hélas!

LE MONSIEUR DE BELLAC. Seriez-vous bornée, Agnès? Dites qu'ils sont beaux aux laids, aux bancals, aux pustuleux . . .

AGNÈS. Ils ne le croiront pas!

LE MONSIEUR DE BELLAC. Tous le croiront. Tous le croient d'avance. Chaque homme, même le plus laid, nourrit en soi une amorce et un secret[35] par lequel il se relie directement à la beauté même. Il entendra simplement prononcer tout haut le mot que sa complaisance lui répète tout bas. Ceux qui ne le croient pas, s'il s'en

29. académicien: member of the **Académie Française,** *the official French learned society whose forty members are known, with mock respect for their dignity, as the* "*immortals.*" **30. Essayez voir!** Just try it! **31. emphysémateux:** *medical term for men suffering from swollen body tissues. Note the author's playful insertion of a pedantic, technical word following Agnès' reference to an* **académicien. 32. il lui restera du filet dans sa resserre:** and he will still have a choice cut of beef set aside *(for himself or for special customers).* **33. Spinoza:** *17th-century Dutch philosopher.* **34. vous refiler de la vache:** give you a tough piece of meat. **35. une amorce et un secret:** a secret self-flattery *(***amorce** *literally means* fuse, bait, *or* that which triggers an action).

trouve,[36] sont même les plus flattés. Ils croient qu'ils sont laids, mais qu'il est[37] une femme qui peut les voir beaux, ils s'accrochent à elle. Elle est pour eux le lorgnon enchanté et le régulateur d'un univers à yeux déformants.[38] Ils ne la quittent plus.[39] Quand vous voyez une femme escortée en tous lieux d'un état-major de servants,[40] ce n'est pas tant qu'ils la trouvent belle, c'est qu'elle leur a dit qu'ils sont beaux . . .

AGNÈS. Ah, il est déjà des femmes qui savent la recette?

LE MONSIEUR DE BELLAC. Elles la savent mal. Elles biaisent. Elles disent au bossu qu'il est généreux, au couperosé qu'il est tendre. C'est sans profit. J'ai vu une femme perdre millions, perles et rivières, parce qu'elle avait dit à un pied tourné[41] qu'il marchait vite. Il fallait lui dire, il faut leur dire qu'ils sont beaux . . . Allez-y. Le Président n'a pas de jour[42] pour s'entendre dire qu'il est beau . . .

AGNÈS. Non. Non. Je reviendrai. Laissez-moi d'abord m'entraîner. J'ai un cousin qui n'est pas mal.[43] Je vais m'exercer avec lui.

LE MONSIEUR DE BELLAC. Vous allez vous exercer tout de suite. Et sur l'huissier!

AGNÈS. Sur ce monstre?

LE MONSIEUR DE BELLAC. Le monstre est parfait pour l'entraînement. Puis sur le secrétaire général. Excellent aussi. Je le connais. Il est plus affreux encore.[44] Puis sur le Président . . .

L'HUISSIER *apparaît, hésite, et rentre dans la salle du conseil.*

AGNÈS. Commencer par l'huissier, jamais!

LE MONSIEUR DE BELLAC. Très bien, commencez par ce buste! . . .

AGNÈS. C'est le buste de qui?

LE MONSIEUR DE BELLAC. Peu importe. C'est un buste d'homme. Il est tout oreilles.

36. s'il s'en trouve: if there are any. **37. qu'il est = qu'il y a.** **38. à yeux déformants:** whose eyes deform what they see. **39. Ils ne la quittent plus:** They refuse to leave her. **40. un état-major de servants:** a whole staff of admirers (*i.e., cavaliers servants*). **41. un pied tourné = un homme au pied tourné.** **42. n'a pas de jour:** has no special day set aside. **43. qui n'est pas mal:** who is fairly good-looking (**pas mal** *often has the sense of* pretty good). **44. plus affreux encore:** even more frightful.

AGNÈS. Il n'a pas de barbe. Il n'y a que la barbe chez les hommes qui me donne confiance …

LE MONSIEUR DE BELLAC. Eh bien, parlez à n'importe qui, à n'importe quoi! A cette chaise, à cette pendule!

AGNÈS. Elles sont du féminin.

LE MONSIEUR DE BELLAC. A ce papillon! Le voilà sur votre main. Il s'est arraché aux jasmins et aux roses pour venir pomper sa louange.[45] Allez-y.

AGNÈS. Comme il est beau!

LE MONSIEUR DE BELLAC. Dites-le à lui-même.

AGNÈS. Comme tu es beau!

LE MONSIEUR DE BELLAC. Vous voyez : il remue les ailes. Brodez un peu. Ornez un peu. De quoi est-ce spécialement fier, un papillon!

AGNÈS. De son corselet, je pense. De sa trompe.

LE MONSIEUR DE BELLAC. Alors, allez-y! Comme ton corselet est beau! …

AGNÈS. Comme ton corselet est beau, Papillon! Tu es en velours de Gênes![46] Ce que c'est beau, le jaune et le noir! Et ta trompe! Jamais on ne me fera croire qu'une fleur comme toi a une trompe! C'est un pistil!

LE MONSIEUR DE BELLAC. Pas mal du tout. Voilà l'huissier! Chassez-le.

AGNÈS. Il se cramponne!

LE MONSIEUR DE BELLAC. Dites-lui que vous préférez le rouge. Et maintenant, vous m'entendez, même méthode pour l'huissier que pour le papillon avec, bien entendu, l'équivalent pour les huissiers du corselet et du pistil!

AGNÈS. Laissez-moi lui parler du temps, d'abord. Regardez-le, ciel!

LE MONSIEUR DE BELLAC. Non, que votre premier mot soit le mot, sans préambule, sans préface!

AGNÈS. Quel mot?

45. pomper sa louange: fish for compliments *(like sucking nectar)*. **46. velours de Gênes:** *a type of velvet originally made in Genoa.*

LE MONSIEUR DE BELLAC. Vous pataugerez après, tant pis. Il sera dit!

AGNÈS. Quel mot?

LE MONSIEUR DE BELLAC. Faut-il vous le répéter cent fois! ... Comme vous êtes beau! ...

Scène III

AGNÈS. L'HUISSIER.

AGNÈS *(après mille hésitations).* Comme vous êtes beau!

L'HUISSIER. Vous dites?

AGNÈS. Je dis : comme vous êtes beau!

L'HUISSIER. Cela vous prend souvent?

AGNÈS. C'est la première fois de ma vie ...

L'HUISSIER. Que vous dites qu'il est beau à une tête de gorille?

AGNÈS. Beau n'est peut-être pas le mot. Moi je ne juge pas les gens sur la transparence de la narine ou l'écart de l'œil.[47] Je juge sur l'ensemble.

L'HUISSIER. En somme voici ce que vous me dites : tous vos détails sont laids et votre ensemble est beau?

AGNÈS. Si vous voulez! Laissez-moi tranquille! Vous pensez bien[48] que ce n'est pas pour flatter un sale huissier comme vous que je lui dis que je le trouve beau.

L'HUISSIER. Calmez-vous! Calmez-vous! ...

AGNÈS. C'est la première fois que je le dis à un homme. Cela ne m'arrivera plus.

L'HUISSIER. Je sais bien qu'à votre âge on dit ce qu'on pense. Mais pourquoi vous exprimez-vous si mal?

La tête du MONSIEUR DE BELLAC
apparaît et encourage AGNÈS.

AGNÈS. Je ne m'exprime pas mal. Je trouve que vous êtes beau. Je vous dis que vous êtes beau. Je puis me tromper. Tout le monde n'a pas de goût.

47. l'écart de l'œil: distance between the eyes. **48. Vous pensez bien:** You may be sure.

L'HUISSIER. Vous ne me trouvez pas beau. Je connais les femmes. Elles ne voient rien. Ce que je peux avoir de passable, elles ne le voient même pas. Qu'est-ce que j'ai de beau? Ma silhouette? ... Vous ne l'avez même pas remarquée ...

AGNÈS. Votre silhouette? Ah! Vous croyez! Quand vous avez relevé la corbeille à papier, elle ne s'est pas penchée avec vous, votre silhouette? Et vous l'avez mise dans votre poche, votre silhouette, quand vous avez traversé la salle pour aller au conseil?[49]

L'HUISSIER. Vous la voyez maintenant parce que j'ai attiré votre œil sur elle ...

AGNÈS. Vous avez parfaitement raison. Vous n'êtes pas beau. Je croyais vous voir et j'ai vu votre silhouette.

L'HUISSIER. Alors dites : Quelle belle silhouette! Ne dites pas quel bel huissier!

AGNÈS. Je ne dirai plus rien.

L'HUISSIER. Ne vous fâchez pas! J'ai le droit de vous mettre en garde. J'ai une fille, moi aussi, ma petite; et je sais ce qu'elles sont, les filles, à votre âge. Parce que tout d'un coup la silhouette d'un homme leur paraît agréable, elles le trouvent beau. Beau des pieds à la tête. Et en effet, c'est rare, une belle silhouette. C'est avec les silhouettes que les Japonais ont fait ce qu'ils ont de mieux, les ombres chinoises.[50] Et une silhouette dure. On a sa silhouette jusqu'à la mort. Et après. Le squelette a sa silhouette. Mais ces nigaudes confondent silhouette et corps, et si l'autre niais prête tant soit peu l'oreille,[51] c'est fait, elles se gâchent la vie, les imbéciles ... On ne vit pas avec des silhouettes, mon enfant!

La tête du MONSIEUR DE BELLAC *apparaît.*

AGNÈS. Comme vous êtes beau, quand vous vous mettez en colère! Vous ne me ferez pas croire qu'elles sont à votre silhouette, ces dents-là?

49. conseil = salle de conseil. **50. ombres chinoises:** shadow puppets *(which one sees in silhouette on a sheet).* **51. prête tant soit peu l'oreille:** listens ever so little. *Sentence reads*: But those stupid girls confuse silhouette and body, and if the other ninny *(a man)* listens to them ever so little, that's the end, the girls spoil their lives, the fools.

L'HUISSIER. C'est vrai. Quand je me mets en colère, je montre la seule chose que j'ai de parfait, mes dents. Je ne fume pas. Je n'ai aucun mérite. Et je ne sais pas si vous avez remarqué que la canine était double.[52] Pas la fausse en ciment.[53] Celle de droite . . . Tenez, c'est le secrétaire général qui sonne . . . Je vais faire en sorte qu'il[54] vous reçoive . . . Je lui dirai que vous êtes ma nièce.

AGNÈS. Qu'elle est belle, quand vous vous redressez! On dirait celle du Penseur de Rodin . . .[55]

L'HUISSIER. Oui, oui. Cela suffit. Si vous étiez ma fille, vous * recevriez une belle calotte!

Scène IV

AGNÈS. L'HUISSIER. LE MONSIEUR DE BELLAC.

LE MONSIEUR DE BELLAC. C'est un début.

AGNÈS. Un mauvais début. Je réussis mieux avec le papillon qu'avec l'huissier.

LE MONSIEUR DE BELLAC. Parce que vous vous entêtez à joindre l'idée de caresse[56] à l'idée de beauté. Vous êtes comme toutes les femmes. Une femme qui trouve le ciel beau, c'est une femme qui caresse le ciel. Ce ne sont pas vos mains qui ont à parler, ni vos lèvres, ni votre joue, c'est votre cerveau.

AGNÈS. Il a bien manqué ne pas me croire.[57]

LE MONSIEUR DE BELLAC. Parce que vous biaisiez. Il vous a eue, avec sa silhouette. Vous n'êtes pas encore au point pour un secrétaire général.

AGNÈS. Comment m'entraîner! Il arrive.

LE MONSIEUR DE BELLAC. Essayez sur moi . . .

AGNÈS. Vous dire à vous que vous êtes beau?

LE MONSIEUR DE BELLAC. C'est si difficile que cela?

AGNÈS. Pas du tout.

52. la canine était double: the canine tooth had two points. **53. Pas la fausse en ciment:** *i.e., Pas la dent fausse.* **54. faire en sorte qu'il:** fix it so that he. **55. celle du Penseur de Rodin:** silhouette of The Thinker (*statue*) by Rodin (*1840–1917*). *The statue is in a seated pose.* **56. caresse:** a demonstration (*verbal or physical*) of affection. **57. Il a bien manqué ne pas me croire:** He almost didn't believe me.

LE MONSIEUR DF BELLAC. Songez bien à ce que vous allez dire . . .

AGNÈS. Vous n'êtes pas mal du tout, quand vous vous moquez ainsi de moi . . .

LE MONSIEUR DE BELLAC. Faible. Vous biaisez! Vous biaisez! Et pourquoi quand je me moque? Je ne suis pas beau autrement?

AGNÈS. Oh, si! Magnifique!

LE MONSIEUR DE BELLAC. Voilà! Voilà! Vous y êtes . . .[58] Ce ne sont plus vos mains qui parlent.

AGNÈS. Devant vous, elles murmurent quand même un petit peu . . .

LE MONSIEUR DE BELLAC. Parfait!

AGNÈS. Le volume de votre corps est beau. La tête m'importe peu. Le contour de votre corps est beau.

LE MONSIEUR DE BELLAC. La tête vous importe peu? Qu'est-ce à dire?[59]

AGNÈS. Pas plus que la tête du Penseur de Rodin.

LE MONSIEUR DE BELLAC. Ses pieds évidemment ont plus d'importance . . . Écoutez, Agnès. C'est très ingénieux, ces allusions à une statue célèbre, mais le Penseur de Rodin est-elle la seule que vous connaissiez?

AGNÈS. La seule. Avec la Vénus de Milo.[60] Mais celle-là ne peut guère me servir pour les hommes.

LE MONSIEUR DE BELLAC. C'est à voir. Il est urgent en tout cas que vous doubliez votre répertoire. Dites l'Esclave de Michel-Ange.[61] Dites l'Apollon de Bellac.

AGNÈS. L'Apollon de Bellac?

LE MONSIEUR DE BELLAC. Oui. Il n'existe pas. C'est moi qui l'extrais en ce moment à votre usage du terreau et du soleil antiques. Personne ne vous le contestera . . .

AGNÈS. Comment est-il?

LE MONSIEUR DE BELLAC. Un peu comme moi, sans doute.

58. Vous y êtes: You've caught on. **59. Qu'est-ce à dire?** *i.e., Qu'est-ce que cela veut dire?* **60. la Vénus de Milo:** *celebrated armless statue of Venus found at Melos and now in the Louvre.* **61. l'Esclave de Michel-Ange:** The Slave, *statue by Michelangelo, now in the Louvre.*

Je suis né à Bellac. C'est un bourg du Limousin.

AGNÈS. On dit que les Limousins sont si laids. Comment se fait-il que vous soyez si beau? . . .

LE MONSIEUR DE BELLAC. Mon père était très beau . . . Que je suis bête! Bravo, vous m'avez pris . . .

AGNÈS. Je n'ai pas cherché à vous prendre. C'est vous qui m'avez donné la recette. Avec vous je suis franche.

LE MONSIEUR DE BELLAC. Voilà! Elle a compris.

L'HUISSIER *entre.* LE MONSIEUR DE BELLAC *se dissimule dans un réduit.*

L'HUISSIER. Le Secrétaire général vient vous voir ici une minute, Mademoiselle. Inutile de vous mettre en frais.[62] Pour voir une silhouette pareille, il faut se payer une visite au Musée de l'Homme.[63]

Il sort. AGNÈS *au* MONSIEUR DE BELLAC, *qui passe la tête.*[64]

AGNÈS. Vous entendez. C'est terrible! . . .

LE MONSIEUR DE BELLAC. Entraînez-vous!

AGNÈS. Sur qui? Sur quoi?

LE MONSIEUR DE BELLAC. Sur tout ce qui est là. Les choses non plus ne résistent pas à qui leur dit qu'elles sont belles . . . Sur le téléphone . . .

Elle parle au téléphone, puis le touche.

AGNÈS. Comme tu es beau, mon petit téléphone . . .

LE MONSIEUR DE BELLAC. Pas les mains . . .

AGNÈS. Cela m'aide tellement!

LE MONSIEUR DE BELLAC. Au lustre! Vous ne le toucherez pas . . .

AGNÈS. Comme tu es beau, mon petit, mon grand lustre! Plus beau quand tu es allumé? Ne dis pas cela . . . Les autres lustres, oui. Les lampadaires, les becs de gaz, toi pas. Regarde, le soleil joue sur toi, tu es le lustre à soleil.[65] La lampe pigeon[66] a besoin d'être allumée, ou l'étoile. Toi pas. Voilà ce que je voulais

62. de vous mettre en frais: to put yourself out. **63. Musée de l'Homme:** *anthropological museum in Paris.* **64. qui passe la tête:** who sticks his head out. **65. lustre à soleil:** sunshine chandelier. **66. lampe pigeon:** small kerosene lamp.

dire. Tu es beau comme une constellation, comme une constellation le serait, si, au lieu d'être un faux lustre, pendu dans l'éternité, avec ses feux mal distants,[67] elle était ce monument de merveilleux laiton, de splendide carton huilé,[68] de bobèches[69] en faux Baccarat[70] des Vosges et des montagnes disposées à espace égal qui sont ton visage et ton corps.[71]

Le lustre s'allume de lui-même.

LE MONSIEUR DE BELLAC. Bravo!

Scène V

AGNÈS. LE SECRÉTAIRE GÉNÉRAL.
L'HUISSIER. LE MONSIEUR DE BELLAC.

LE SECRÉTAIRE GÉNÉRAL. Une minute, Mademoiselle. Je dispose d'une minute . . .[72] Qu'avez-vous?[73]

AGNÈS. Moi? Rien . . .

LE SECRÉTAIRE GÉNÉRAL. Qu'avez-vous à me regarder ainsi? Vous avez suivi aux Arts et Métiers[74] mon cours sur les inventions dans le rêve? Vous me connaissez?

AGNÈS. Oh, non! Au contraire . . .

LE SECRÉTAIRE GÉNÉRAL. Au contraire? Que veut dire au contraire?

AGNÈS. J'attendais un Secrétaire général, comme ils ont coutume d'être, un être voûté ou ventripotent, boiteux ou maigrelet, et je vous vois!

LE SECRÉTAIRE GÉNÉRAL. Je suis comme je suis.

67. **mal distants:** at unequal distance from each other. 68. **carton huilé:** heavy oiled paper *(fake parchment)* for lampshades. 69. **bobèche:** glass cup at base of candle to catch dripping wax. 70. **Baccarat:** *city in the Vosges known for fine crystal.* 71. **Translation:** You are as beautiful as a constellation—*(or)* as a constellation would be if, instead of being a cheap *(fake)* chandelier with badly spaced lamps hung in eternity, it were this monument made of marvelous brass, splendid imitation parchment, fake crystal tallow catchers and geometrically spaced mountains *(of light)* which make up your face and your body. *This inflated sentence, a playful caricature of preciosity, is climaxed by the gag of the chandelier glowing with light generated by its own delight.* 72. **Je dispose d'une minute:** I have one minute to spare. 73. **Qu'avez-vous?** What is the matter with you? 74. **Arts et Métiers:** *advanced school of arts and crafts.*

La tête du MONSIEUR DE BELLAC *apparaît.*

AGNÈS. Oui. Vous êtes beau.

LE SECRÉTAIRE GÉNÉRAL. Vous dites?

AGNÈS. Je ne dis rien. Je n'ai rien dit.

LE SECRÉTAIRE GÉNÉRAL. Si. Vous avez dit que j'étais beau. Je l'ai entendu clairement, et je dois dire que j'en éprouve quelque surprise. Si je l'étais, on me l'aurait déjà dit.

AGNÈS. Quelles idiotes!

LE SECRÉTAIRE GÉNÉRAL. Qui est idiote? Ma sœur, ma mère, ma nièce?

AGNÈS. Monsieur le Secrétaire général, j'ai appris par une amie d'un membre de votre conseil, Monsieur Lepédura . . .

LE SECRÉTAIRE GÉNÉRAL. Laissez Monsieur Lepédura tranquille. Nous parlons de ma beauté. Je suis spécialiste du rêve, Mademoiselle. C'est à moi que s'adressent ceux[75] des inventeurs qui ne font leurs trouvailles qu'en rêve, et j'ai réussi à retirer des songes des inventions aussi remarquables que le briquet-fourchette[76] ou le livre qui se lit lui-même, qui n'auraient été sans moi que des épaves du sommeil.[77] Si en rêve vous m'aviez dit que je suis beau, j'aurais compris. Mais nous sommes en état de veille.[78] Du moins je le suppose. Permettez que je me pince pour nous en assurer. Et que je vous pince. *(Il lui prend la main.)*

AGNÈS. Hou là!

LE SECRÉTAIRE GÉNÉRAL *(qui a gardé la main d'Agnès).* . Nous ne rêvons pas. Alors pourquoi vous m'avez dit que j'étais beau, cela m'échappe. Pour gagner ma faveur? L'explication serait grossière. Pour vous moquer? Votre œil est courtois, votre lèvre amène . . .

AGNÈS. Je l'ai dit parce que je vous trouve beau. Si Madame votre mère vous trouve hideux, cela la regarde.[79]

LE SECRÉTAIRE GÉNÉRAL. Hideux est beaucoup dire, et je ne permettrai pas que vous ayez de ma mère cette opinion défavorable.

75. ceux: *i.e., those among the inventors.* **76. briquet-fourchette:** dual-purpose fork and cigarette lighter. **77. épaves du sommeil:** wrecked bits of sleep. **78. en état de veille:** wide awake. **79. cela la regarde:** that's her business.

Ma mère, même quand j'avais cinq ans, m'a toujours trouvé des mains d'évêque.[80]

AGNÈS. Si votre nièce vous préfère Valentino,[81] ce n'est pas à son honneur.

LE SECRÉTAIRE GÉNÉRAL. Ma nièce n'est pas une imbécile. Elle prétendait encore hier que j'ai l'arcade sourcilière[82] dessinée par Le Nôtre.[83]

AGNÈS. Si votre sœur ...

LE SECRÉTAIRE GÉNÉRAL. Vous tombez mal avec ma sœur. Elle sait bien que je ne suis pas beau, mais elle a toujours prétendu que j'avais un type, et ce type, un de nos amis, agrégé[84] d'histoire italienne, l'a récemment identifié. Et c'est un type célèbre. C'est à s'y méprendre, dit-il, celui de Galéas Sforza.[85]

AGNÈS. De Galéas Sforza. Jamais! De l'Apollon de Bellac, oui.

LE SECRÉTAIRE GÉNÉRAL. De l'Apollon de Bellac?

AGNÈS. Vous ne trouvez pas?

LE SECRÉTAIRE GÉNÉRAL. Si vous y tenez tant que cela,[86] Mademoiselle! Vous savez que le type de Galéas est curieux. J'ai vu des gravures ...

AGNÈS. A l'Apollon de Bellac habillé, évidemment! Car, pour votre vêtement, je fais des réserves. Vous vous habillez mal, Monsieur le Secrétaire général. Moi, je suis franche. Vous ne me ferez jamais dire ce que je ne pense pas. Vous avez le travers des hommes vraiment beaux, de Boulanger,[87] de Nijinsky.[88] Vous vous habillez au Marché aux Puces.[89]

80. m'a toujours trouvé des mains d'évêque: always thought I had hands worthy of a bishop. **81. Valentino:** *Rudolph Valentino, movie idol of the 1920's.* If your niece prefers the handsome movie star to you, this preference does no credit to her taste. **82. arcade sourcilière:** *literally*: eyebrow arch. **83. Le Nôtre:** *celebrated 17th-century landscape architect who designed the gardens of Versailles.* **84. agrégé:** *title given to person who has passed the "agrégation," a competitive examination assuring the* **agrégé** *a position in a "lycée" or "faculté."* **85. C'est à s'y méprendre ... celui de Galéas Sforza:** It *(this type)* is exactly like the one of Galeas Sforza, *15th-century duke of Milan—i.e., handsome, aristocratic type of the Italian Renaissance.* **86. Si vous y tenez tant que cela:** If it means that much to you. **87. Boulanger:** *popular French general who had plans for a coup d'état to overturn the Third Republic in the 1880's.* **88. Nijinsky:** *celebrated Russian ballet dancer, known for his astonishing leaps in "L'Après-midi d'un faune."* **89. Marché aux Puces:** flea market *(open-air market for second-hand merchandise of all descriptions).*

LE SECRÉTAIRE GÉNÉRAL. Ce qu'il faut s'entendre dire![90] Et par une jeune personne qui dit au premier venu qu'il est beau!

AGNÈS. Je ne l'ai dit qu'à deux hommes dans ma vie. Vous êtes le second.

L'HUISSIER *est entré.*

LE SECRÉTAIRE GÉNÉRAL. Personne évidemment ne ressemble à tout le monde, et moi, hélas, moins que personne. *(A* L'HUISSIER.*)* Que voulez-vous! Vous ne voyez pas que nous sommes occupés!

L'HUISSIER. Ces Messieurs du Conseil montent l'escalier. Je les annonce?

LE SECRÉTAIRE GÉNÉRAL. Mademoiselle, le Conseil me réclame. Mais me feriez-vous le plaisir de venir demain poursuivre cet intéressant entretien? D'autant que la dactylographe qui travaille dans mon bureau entasse les fautes de frappe, et que je songe à l'écarter. Je suis sûr que vous êtes artiste, vous, en machine à écrire?

AGNÈS. Hélas, non. Je ne sais que le piano.

LE SECRÉTAIRE GÉNÉRAL. Parfait. C'est beaucoup plus rare. Vous prenez la dictée?

AGNÈS. Lentement.

LE SECRÉTAIRE GÉNÉRAL. Tant mieux. Cette autre allait trop vite, et semblait me donner la leçon.[91]

AGNÈS. Et je relis mal mon écriture.

LE SECRÉTAIRE GÉNÉRAL. Parfait. L'autre était l'indiscrétion même. A demain donc, Mademoiselle. Vous acceptez?

AGNÈS. Avec reconnaissance, mais à une condition.

LE SECRÉTAIRE GÉNÉRAL. Vous posez des conditions à votre chef?

AGNÈS. A la condition que je ne vous verrai plus avec cette ignoble jaquette. Imaginer ces deux harmonieuses épaules dans cette chrysalide, ce me serait insupportable . . .

LE SECRÉTAIRE GÉNÉRAL. J'ai un complet en tussor beige. Mais il est d'été et m'enrhume.

90. Ce qu'il faut s'entendre dire: The things one must hear said! **91. semblait me donner la leçon:** seemed to be showing me how to do it.

AGNÈS. C'est à prendre ou à laisser.[92] J'adore le tussor beige.

LE SECRÉTAIRE GÉNÉRAL. A demain ... Ma sœur et ma mère le détacheront cet après-midi. Je l'aurai.

Il part. La tête du MONSIEUR DE BELLAC *reparaît.*

AGNÈS. Alors?

LE MONSIEUR DE BELLAC. Pas mal. Mais vous biaisez toujours.

AGNÈS. Pourtant mes mains étaient bien loin. J'ai du mal à les rattacher.

LE MONSIEUR DE BELLAC. Ne perdez pas de temps. Les magots montent l'escalier. Entraînez-vous encore ...

AGNÈS. Sur le premier?

LE MONSIEUR DE BELLAC. Sur tous!

Scène VI

AGNÈS. L'HUISSIER. LES MEMBRES DU CONSEIL.[93] LE MONSIEUR DE BELLAC.

L'HUISSIER *(annonçant à travers la salle les personnages qui traversent).* Monsieur de Cracheton.

AGNÈS. Comme il est beau, celui-là!

M. DE CRACHETON *(à demi-voix).* Charmante enfant. *(Il entre dans la salle du conseil.)*

L'HUISSIER. Monsieur Lepédura ...

M. LEPÉDURA *(s'approchant d'Agnès).* Salut, jolie personne ...

AGNÈS. Ce que vous êtes beau!

M. LEPÉDURA. Comment le savez-vous?

AGNÈS. Par l'amie de votre femme, la baronne Chagrobis. Elle vous trouve magnifique.

M. LEPÉDURA. Ah! Elle me trouve magnifique, la baronne Chagrobis? Dites-lui le bonjour, en attendant que je le lui dise

92. C'est à prendre ou à laisser: Take it or leave it. **93. membres du conseil:** *Note the puns in these names of the members of the board:* **Cracheton = ce qu'on crache, Lepédura = le pet du rat,** *and later* **Mlle Chèvredent = dent de chèvre. Chagrobis,** *to French ears, evokes the name of the cat* **Raminagrobis** *in La Fontaine's fable "Le Chat, la belette et le petit lapin."*

moi-même. Il est vrai qu'elle n'est pas gâtée, avec le baron. Elle habite toujours cité Volney?[94]

AGNÈS. Au 28.[95] Je lui dirai que vous êtes toujours aussi beau.

M. LEPÉDURA. N'exagérez rien ... *(A demi-voix.)* Elle est délicieuse! *(Il entre dans la salle du conseil.)*

L'HUISSIER. Messieurs Rasemutte et Schulze.

AGNÈS. Ce qu'il est beau!

M. RASEMUTTE. Peut-on savoir, Mademoiselle, auquel des deux votre phrase s'adresse?

AGNÈS. Regardez-vous l'un l'autre. Vous le saurez.

Ils se regardent.

M. SCHULZE, M. RASEMUTTE. Elle est charmante!

Ils entrent dans la salle du conseil.

La tête du MONSIEUR DE BELLAC *apparaît.*

AGNÈS. Vous avez l'air triste. Cela ne va pas?

LE MONSIEUR DE BELLAC. Cela va trop bien. J'ai déchaîné le diable. J'aurais dû me méfier de votre prénom.[96] Mes lectures du XVIIIe [97] auraient dû me rappeler que c'est avec les naïves qu'on fait en un jour les monstres ...

L'HUISSIER *annonce.*

L'HUISSIER. Monsieur le Président! ...

Scène VII

AGNÈS. LE PRÉSIDENT. MLLE CHÈVREDENT.

LE PRÉSIDENT. C'est vous, le phénomène?

AGNÈS. Je suis Mademoiselle Agnès.

LE PRÉSIDENT. Qu'est-ce que vous leur faites, Mademoiselle Agnès? Cette maison que je préside croupissait jusqu'à ce matin dans la tristesse, dans la paresse, et dans la crasse. Vous l'avez

94. cité Volney: the Volney housing development. **95. au 28: au numéro 28.** **96. prénom:** *Agnès is the name of Molière's seemingly innocent, but wily ingenue in his play "L'École des femmes."* **97. XVIIIe = dix-huitième siècle,** *a period rich in pornographic literature of which a favorite theme is the innocent maiden who turns into a libertine.*

effleurée, et je ne la connais plus. Mon huissier est devenu poli au point de saluer son ombre sur le mur. Mon Secrétaire général entend assister au conseil en bras de chemise.[98] Comme les taches de soleil au printemps, de toutes les poches de ces messieurs surgissent des miroirs où Monsieur Lepédura contemple avec orgueil la pomme d'Adam de Monsieur Lepédura, Monsieur Rasemutte avec volupté la verrue de Monsieur Rasemutte; que leur avez-vous fait? J'achète à votre prix votre recette. Elle est inestimable. Que leur avez-vous dit?

AGNÈS. Comme vous êtes beau!

LE PRÉSIDENT. Comment?

AGNÈS. Je leur ai dit, j'ai dit à chacun : Comme vous êtes beau!

LE PRÉSIDENT. Par des sourires, des minauderies, des promesses?

AGNÈS. Non, à haute et intelligible voix ... Comme vous êtes beau!

LE PRÉSIDENT. Merci pour eux. Ainsi les enfants remontent leur poupée mécanique. Mes fantoches sont remontés de frais[99] dans la joie de vivre. Écoutez ces applaudissements. C'est Monsieur de Cracheton qui met aux voix l'achat pour le lavabo d'un miroir à trois faces. Mademoiselle Agnès, merci!

AGNÈS. De rien,[1] je vous assure.

LE PRÉSIDENT. Et le Président, Mademoiselle? D'où vient que vous ne le dites pas du Président?

AGNÈS. Qu'il est beau?

LE PRÉSIDENT. Parce qu'il ne vous paraît pas en mériter la peine?

AGNÈS. Certes non!

LE PRÉSIDENT. Parce que c'est assez joué aujourd'hui avec la vanité des hommes?

AGNÈS. Voyons, Monsieur le Président! Vous le savez bien!

LE PRÉSIDENT. Non. Je l'ignore.

98. en bras de chemise: in shirtsleeves. **99. remontés de frais:** have just been wound up. **1. De rien:** But I've done nothing to merit your thanks.

AGNÈS. Parce qu'il n'est pas besoin de vous le dire. Parce que vous êtes beau!

LE PRÉSIDENT. Répétez, je vous prie!

AGNÈS. Parce que vous êtes beau.

LE PRÉSIDENT. Réfléchissez bien, Mademoiselle . . . L'instant est grave. Vous êtes bien sûre que vous me trouvez beau?

AGNÈS. Je ne vous vois pas beau. Vous êtes beau.

LE PRÉSIDENT. Vous seriez prête à le redire devant témoins? Devant l'huissier? Réfléchissez. J'ai à prendre aujourd'hui une série de décisions qui me mèneront aux pôles les plus contraires, selon que je suis beau ou laid.

AGNÈS. A le redire. A l'affirmer. Certainement.

LE PRÉSIDENT. Merci, mon Dieu. *(Il appelle.)* Mademoiselle Chèvredent!

Entre MLLE CHÈVREDENT.

LE PRÉSIDENT. Chèvredent, depuis trois ans vous exercez les hautes fonctions de secrétaire particulière. Depuis trois ans, il ne s'est point écoulé de matin et d'après-midi où la perspective de vous trouver dans mon bureau ne m'ait donné la nausée. Ce n'est point seulement que la maussaderie pousse sur votre peau comme l'agaric sur l'écorce, infiniment plus douce au toucher d'ailleurs, du châtaignier. Parce que vous étiez laide, j'ai eu le faible de vous croire généreuse. Or vous reprenez deux francs dans la sébile de l'aveugle contre votre pièce de vingt sous.[2] Ne niez pas. C'est lui qui me l'a dit. Parce que vous avez une moustache, j'ai cru que vous aviez du cœur. Or ces aboiements déchirants de mon fox endormi sur votre table, que vous m'expliquiez par ses rêves de chasse à la panthère, étaient provoqués en fait par vos pinçons. Mille jours j'ai supporté de vivre avec quelqu'un qui me déteste, me méprise, et me trouve laid. Car vous me trouvez laid, n'est-ce pas?

MLLE CHÈVREDENT. Oui. Un singe.

LE PRÉSIDENT. Parfait. Maintenant écoutez. Les yeux de

2. **pièce de vingt sous:** *a* **sou** *was formerly a twentieth part of a franc. Thus Mlle Chèvredent puts one franc* (**vingt sous**) *in the blind man's begging bowl and draws out two francs change.*

Mademoiselle paraissent à première vue mieux qualifiés que les vôtres pour voir. La paupière n'en est point rouge, la prunelle délavée, le cil chassieux. Le soleil l'habite, et l'eau des sources. Or comment suis-je réellement, Mademoiselle Agnès?

AGNÈS. Beau! Très beau!

MLLE CHÈVREDENT. Quelle imposture!

LE PRÉSIDENT. Taisez-vous, Chèvredent. Jetez un dernier regard sur moi. Cette appréciation désintéressée de mon charme d'homme n'a pas modifié la vôtre?

MLLE CHÈVREDENT. Vous voulez rire!

LE PRÉSIDENT. J'en prends note. Voici donc le problème tel qu'il se pose : j'ai le choix de passer ma journée entre une personne affreuse qui me trouve laid et une personne ravissante qui me trouve beau. Tirez les conséquences. Choisissez pour moi . . .

MLLE CHÈVREDENT. Cette folle me remplace?

LE PRÉSIDENT. A l'instant. Si elle le désire.

MLLE CHÈVREDENT. Quelle honte! Je monte prévenir Mademoiselle.

LE PRÉSIDENT. Prévenez-la. Je l'attends de pied ferme.

MLLE CHÈVREDENT. Si vous tenez à vos potiches en cloisonné, vous ferez mieux de me suivre.

LE PRÉSIDENT. J'ai fait le deuil de mes potiches :[3] vous venez de le voir.

Exit MLLE CHÈVREDENT.

AGNÈS. Je regrette, Monsieur le Président!

LE PRÉSIDENT. Félicitez-moi. Vous arrivez en archange au moment crucial de ma vie, car j'apportais à cette dame dont Mademoiselle Chèvredent me menace une bague de fiançailles . . . C'est ce diamant . . . Est-ce qu'il vous plaît?

AGNÈS. Comme il est beau!

LE PRÉSIDENT. Étonnant! Je vous surveillais. Vous avez dit comme il est beau pour le diamant avec la même conviction que pour moi! Est-ce qu'il serait terne, et plein de crapauds?

3. J'ai fait le deuil de mes potiches: I've given up my vases as lost.

AGNÈS. Il est magnifique. Vous aussi.

On entend THÉRÈSE *qui vient.*

LE PRÉSIDENT. Je dois l'être déjà un tout petit peu moins : voici Thérèse.

Scène VIII

AGNÈS. LE PRÉSIDENT. THÉRÈSE.
LE MONSIEUR DE BELLAC.

LE PRÉSIDENT. Que je vous présente![4]

THÉRÈSE. Présentation inutile et sans le moindre avenir ... Sortez, Mademoiselle!

LE PRÉSIDENT. Agnès remplace Chèvredent, et restera.

THÉRÈSE. Agnès? En dix minutes, le prénom de Mademoiselle est déjà tout nu?

LE PRÉSIDENT. Tout nu et virginal. C'est le privilège de ce prénom.[5]

THÉRÈSE. Et peut-on savoir pourquoi Agnès remplace Chèvredent?

LE PRÉSIDENT. Parce qu'elle me trouve beau.

THÉRÈSE. Tu deviens fou?

LE PRÉSIDENT. Non. Je deviens beau.

THÉRÈSE. Tu sais ce que tu étais ce matin?

LE PRÉSIDENT. Ce matin, j'étais un homme à jambes légèrement arquées, au teint blafard, à la dent molle. J'étais ce que tu me voyais.

THÉRÈSE. Je te vois encore.

LE PRÉSIDENT. Oui, mais Agnès me voit aussi. Je préfère son œil. Du moins j'espère que malgré ta présence elle continue à me voir aussi beau.

AGNÈS. Je dois dire que l'animation vous embellit encore!

THÉRÈSE. Quelle éhontée!

4. Que je vous présente: Allow me to introduce you. **5.** *Giraudoux, like Molière, chose the name "Agnès" for his heroine in part because it is derived from the Greek word meaning "chaste, pure."*

LE PRÉSIDENT. Tu entends! Je ne lui ai pas fait dire. L'animation m'embellit encore, dit Agnès. Et l'on sent que si j'étais près d'Agnès endormi, ou rageur, ou transpirant, Agnès trouverait que l'inconscience, la hargne, ou la sueur m'embellissent encore. Vous souriez, Agnès?

AGNÈS. Oui, c'est beau, un homme intelligent qui est brave.

THÉRÈSE. Cela le fait ressembler à s'y méprendre à Turenne[6] et à Bayard,[7] sans doute?

AGNÈS. Oh, non! Monsieur le Président est plus classique : A l'Apollon de Bellac, tout simplement.

THÉRÈSE. Quelle femme! C'est faux!

LE PRÉSIDENT. Quelle femme! La vraie femme! Entends-moi bien, Thérèse, pour la dernière fois. Les femmes sont en ce bas monde[8] pour nous dire ce qu'Agnès nous dit. On ne les a pas arrachées au fer de notre propre côte,[9] pour qu'elles achètent des bas sans tickets, se lamentent sur la mauvaise foi des dissolvants pour ongles, ou médisent de leurs sœurs les femmes. Elles sont sur terre pour dire aux hommes qu'ils sont beaux. Et celles qui doivent le plus dire aux hommes qu'ils sont beaux, ce sont les plus belles. Et ce sont celles-là d'ailleurs qui le disent. Cette jeune femme me dit que je suis beau. C'est qu'elle est belle. Tu me répètes que je suis laid. Je m'en suis toujours douté : tu es une horreur!

LE MONSIEUR DE BELLAC *sort de son réduit.*

LE MONSIEUR DE BELLAC. Bravo! Bravo!

THÉRÈSE. Quel est cet autre fou!

LE MONSIEUR DE BELLAC. Bravo, Président, et pardon si j'interviens. Mais quand ce débat touche au cœur même de la vie humaine, comment me retenir! Depuis Adam et Ève, Samson et Dalila, Antoine et Cléopâtre, la question homme–femme reste entière et pendante entre les sexes.[10] Si nous pouvons la régler une

6. Turenne: *celebrated French 17th-century general.* **7. Bayard:** *a French national hero, the 16th-century "chevalier sans peur et sans reproche."* **8. en ce bas monde:** here on earth. **9. On ne les a ... propre côte:** They *(women)* have not been torn with forceps from our ribs ... *According to the Bible story God made woman from one of Adam's ribs.* **10. la question ... entre les sexes:** the man–woman question has remained hanging in the air, entirely unsolved.

fois pour toutes[11] aujourd'hui, ce sera tout bénéfice pour l'humanité!

THÉRÈSE. Et nous sommes sur la voie, d'après vous? Et la solution ne peut pas être remise à demain? Car je suis très pressée, Monsieur. On m'attend là-haut pour ma fourrure de fiançailles![12]

LE MONSIEUR DE BELLAC. Nous sommes sur la voie. Et le Président vient de poser superbement le problème!

AGNÈS. Superbement!

THÉRÈSE. En homme superbe, voulez-vous dire sans doute, Mademoiselle?

AGNÈS. Je ne l'ai pas dit, mais je peux le dire. Je dis ce que je pense!

THÉRÈSE. Quelle menteuse!

LE PRÉSIDENT. Je t'interdis d'insulter Agnès!

THÉRÈSE. C'est elle qui m'insulte.

LE PRÉSIDENT. On t'insulte quand on me trouve beau! Tu viens de révéler le fond de ton âme!

LE MONSIEUR DE BELLAC. Agnès n'a pas menti avec le Président. Et Cléopâtre a dit la vérité à César, et Dalila à Samson. Et la vérité c'est qu'ils sont tous beaux, les hommes, et toujours beaux, et c'est la femme qui le leur dit qui ne ment pas.

THÉRÈSE. Bref, c'est moi la menteuse!

LE MONSIEUR DE BELLAC. C'est vous l'aveugle. Car il suffit vraiment, pour les trouver beaux, de regarder les hommes dans leur souffle et leur exercice. Et chacun a sa beauté, ses beautés. Sa beauté de corps : ceux qui sont massifs tiennent bien à la terre. Ceux qui sont dégingandés pendent bien du ciel. Sa beauté d'occasion :[13] le bossu sur le faîte de Notre-Dame[14] est un chef-d'œuvre et ruisselle de beauté gothique. Il suffit de l'y amener.[15] Sa beauté d'emploi[16] enfin : le déménageur a sa beauté de déménageur. Le Président de Président.[17] Le seul mécompte, c'est quand

11. une fois pour toutes: once and for all. **12. fourrure de fiançailles:** engagement present of furs, *given by the parents.* **13. beauté d'occasion:** *After physical beauty,* **beauté de corps,** *comes* beauty fitting the circumstances, locale, or occasion. **14. Notre-Dame:** *cathedral of Paris. Reference is to one of the gargoyles which spout water draining from the roof.* **15. Il suffit de l'y amener:** It suffices to put him (*the hunchback*) there (*in the Gothic setting*). **16. beauté d'emploi:** beauty of profession. **17. Le Président de Président:** The President (*has*) a presidential beauty.

ils les échangent, quand le déménageur prend la beauté du Président, le Président du déménageur.

AGNÈS. Mais ce n'est pas le cas.

THÉRÈSE. Non. Il a plutôt celle du ramasseur de mégots.

LE PRÉSIDENT. Thérèse, je sais aussi bien que toi à quoi m'en tenir sur[18] mes avantages physiques!

THÉRÈSE. Tu es laid!

LE PRÉSIDENT. Tais-toi.

THÉRÈSE. Tu es laid. Tout mon être te le crie. Cette femme, elle arrive juste à[19] forcer sa bouche à proférer son mensonge. Mais tout de moi : mon cœur, mes artères, mes bras, te crient la vérité! Mes jambes!

LE PRÉSIDENT. La bouche d'Agnès vaut ton tibia . . .

LE MONSIEUR DE BELLAC. Elle vient d'avouer![20]

THÉRÈSE. Mais qu'est-ce qu'ils ont tous contre moi! Qu'est-ce que je viens d'avouer!

LE MONSIEUR DE BELLAC. Votre faute! Votre crime! Comment voulez-vous que le Président soit beau avec un entourage, dans un décor qui lui ressasse qu'il est laid!

LE PRÉSIDENT. Un décor! Bravo, je comprends!

THÉRÈSE. Tu comprends quoi!

LE PRÉSIDENT. Cette gêne qui me prenait non seulement devant toi, mais devant tout ce qui est toi ou à toi, tes vêtements, tes objets. Ton jupon oublié sur un dos de fauteuil me raccourcissait de dix centimètres l'échine,[21] comment aurais-je eu mes vraies dimensions? Tes bas sur un guéridon,[22] et je me sentais une jambe plus courte que l'autre. Ta lime à ongles sur la table, et il me manquait un doigt : ils me disaient que j'étais laid. Et ta pendule en onyx des Alpes me le répétait chaque seconde. Et ton Gaulois mourant[23] sur la cheminée! Pourquoi avais-je froid, à regarder le

18. à quoi m'en tenir sur: how to evaluate, make use of. **19. elle arrive juste à:** she barely succeeds in. **20. Elle vient d'avouer:** She has just admitted it. **21. me raccourcissait de dix centimètres l'échine:** used to make my spine shrink ten centimeters. **22. Tes bas sur un guéridon:** *(I saw)* Your stockings on a table. **23. Gaulois mourant:** *miniature of statue* "*The Dying Gaul.*"

feu? C'est que ton Gaulois mourant me répétait dans son râle que j'étais laid. Il disparaîtra dès ce soir. Je ne tiendrai plus mes vérités et mon teint que de la flamme![24]

THÉRÈSE. Tu ne toucheras pas à mon Gaulois mourant.

LE PRÉSIDENT. Il sera ce soir à la fonte.[25] Avec les autres conjurés. Avec ton page florentin,[26] qui de ses cuisses gantées[27] insultait les miennes, avec ta bayadère à la grenouille[28] qui de son ombilic tournait mon pauvre nombril en dérision.[29] Jusqu'à tes chaises Directoire à dessus de crin[30] qui disaient à mon derrière que je suis laid, et en le grattant. A l'Hôtel des Ventes![31]

THÉRÈSE. Tu ne vendras pas mes chaises Directoire!

LE PRÉSIDENT. Bien? Je les donnerai. Comment est-ce, chez vous, Agnès?

AGNÈS. Mes chaises? Elles sont en velours.

LE PRÉSIDENT. Merci, velours. Et sur la table?

AGNÈS. Sur la table, j'ai des fleurs. Aujourd'hui des roses.

LE PRÉSIDENT. Merci, roses! Merci, anémones! Merci, glycines et ricins sauvages![32] Et sur la cheminée?

AGNÈS. Un miroir.

LE PRÉSIDENT. Merci, miroirs. Merci, reflets. Merci à tout ce qui me renverra désormais mon image ou ma voix. Merci, bassins de Versailles![33] Merci, écho!

THÉRÈSE. J'avais laissé Oscar.[34] Je retrouve Narcisse.[35]

LE MONSIEUR DE BELLAC. Le seul Narcisse coupable est celui

24. Je ne tiendrai plus mes vérités et mon teint que de la flamme: I shall henceforth take my truths and the color (of my skin) only from the flames *(in the fireplace).* **25. à la fonte:** sent to the foundry. **26. page florentin:** Florentine page boy. **27. cuisses gantées:** thighs in skin-tight pants (gloved). **28. bayadère à la grenouille:** *miniature statue of a dancing maiden with her legs bent like a frog about to jump.* **29. qui de son ombilic tournait mon pauvre nombril en dérision:** who with her umbilicus *(in a belly dance)* made my own navel look ridiculous. **30. chaises Directoire à dessus de crin:** Directoire-style chairs with horsehair upholstery. **31. A l'Hôtel des Ventes!** To the auction block! **32. anémones ... glycines ... ricins sauvages:** anemones *(flower)* ... wisteria ... castor plants *(for castor oil).* **33.** *In thanking the pools at Versailles (celebrated for its decorative garden) and the phenomenon of the echo, the President is thanking everything which reflects his own image and his own voice.* **34. Oscar:** *Oscar might be understood as the President's first name; but it is also, in popular speech, a term for an ordinary fellow, probably with more muscle than brain.* **35. Narcisse:** *mythical Greek youth, so handsome that he fell in love with his own image and was turned into a flower.*

qui trouve les autres laids. Voyons, Madame, comment le Président pouvait-il être inspiré pour ses dictées ou pour ses notes sous des yeux aussi peu indulgents!

LE PRÉSIDENT. C'est seul, sous les yeux de mon pauvre chien, que j'ai rédigé mes meilleures circulaires.

LE MONSIEUR DE BELLAC. Parce que l'œil du chien est fidèle et vous voit tel que vous êtes. Et un lion vous aurait inspiré des circulaires plus éloquentes encore, car le lion voit trois fois grandeur nature et à double relief.[36]

THÉRÈSE. Ne continuez pas. Il va mettre des lions dans notre appartement.

LE PRÉSIDENT. Je n'y mettrai pas de lion. Mais le cheval du Gaulois mourant et la grenouille de la bayadère vont en sortir[37] par les fenêtres.

THÉRÈSE. Si tu les touches, c'est moi qui pars.

LE PRÉSIDENT. A ta guise!

THÉRÈSE. Mais enfin, quels sont ces bourreaux! Je t'ai donné sans réserve ma vie et mes talents. Je partage un lit dont j'ai brodé la courtepointe et égalisé la laine.[38] Est-ce que tu glisses, dans ton lit? Tu n'as jamais eu un rôti trop grillé, un café trop clair.[39] Tu es, grâce à moi, un des rares hommes dont on puisse assurer que son mouchoir est du jour,[40] que son orteil n'est pas nu dans son soulier, est-ce qu'il y est nu, ton orteil, et les mites, aux abords de l'hiver,[41] cherchent en vain au-dessus de tes complets la tache d'huile ou de graisse qui leur permettrait d'atterrir ... Quel est ce procès que vous faites à l'honneur des femmes et des ménages!

LE PRÉSIDENT. Un mot. Me dis-tu que je suis laid, parce que tu me trouves laid, ou parce que cela t'amuse et te venge de me le dire?

THÉRÈSE. Parce que tu es laid.

LE PRÉSIDENT. Bon, continue ...

36. voit trois fois grandeur nature et à double relief: sees things three times the natural size and double the usual relief. **37. vont en sortir = sortir de l'appartement.** **38. j'ai brodé la courtepointe et égalisé la laine:** I embroidered the tufted bedspread and smoothed out the woolen batting. **39. café trop clair:** coffee that is too light *(weak)*. **40. du jour:** fresh every day. **41. aux abords de l'hiver:** at the approach of winter.

THÉRÈSE. Et voici que survient cette femme. Du premier coup d'œil on devine le lot de l'homme qui vivra avec elle. Des pantoufles dont la semelle intérieure gondole. La lecture au soir dans le lit avec un seul coupe-papier[42] qu'on se dispute, et une lampe de chevet[43] qu'on allume de la porte.[44] Des vêtements qui jamais ne seront sondés à leur point défaillant.[45] Des jours d'entérite sans bismuth,[46] de froid sans bouillotte, de moustiques sans citronnelle . . .

LE PRÉSIDENT. Agnès, me dites-vous que je suis beau, parce que vous me trouvez beau, ou pour rire de moi?

AGNÈS. Parce que vous êtes beau.

THÉRÈSE. Épousez-le, alors, si vous le trouvez si beau! Vous savez qu'il est riche!

AGNÈS. Eût-il des millions, cela ne m'empêchera pas de le trouver beau.

THÉRÈSE. Et toi, qu'attends-tu pour lui offrir ta main!

LE PRÉSIDENT. Je n'attends plus rien. Je la lui offre. Et je n'ai aucun remords. Jésus aussi a préféré Madeleine.[47]

THÉRÈSE. Prenez-la, car moi j'y renonce. Prenez-la, si vous aimez les ronflements la nuit.

AGNÈS. Vous ronflez! Quelle chance. Dans mes insomnies j'ai si peur du silence.

THÉRÈSE. Si vous aimez les rotules proéminentes.[48]

AGNÈS. Je n'aime pas en tout cas les jambes trop pareilles. Je n'aime pas les quilles.

THÉRÈSE. Et les poitrines de clochard.

AGNÈS. Oh, Madame! Quel mensonge! Je suis tout ce qu'il y a de plus difficile pour [49] les poitrines.

42. coupe-papier: *Most French books are published paper-bound and with the pages uncut, so that the reader needs a knife to cut the pages.* **43. lampe de chevet:** bedside light. **44. qu'on allume de la porte:** whose switch is by the door *(far from the bed where one has been reading).* **45. sondés à leur point défaillant:** probed to discover places where the cloth is wearing thin *(and needs repair).* **46. entérite sans bismuth:** diarrhea without bismuth *(a medicine to alleviate diarrhea).* **47. Madeleine:** Mary Magdalene. **48. rotules proéminentes:** protruding knee-caps. **49. Je suis tout ce qu'il y a de plus difficile pour** . . . I am particularly difficult to please on the subject of . . .

THÉRÈSE. Il n'a pas la poitrine d'un clochard?

AGNÈS. Non, Madame. D'un croisé.

THÉRÈSE. Et ce front, ce front de goitreux, c'est le front d'un Burgrave?[50]

AGNÈS. Ah! certes, non! D'un Roi.

THÉRÈSE. C'en est trop.[51] Adieu. Je me réfugie dans le monde où la laideur existe.

LE PRÉSIDENT. Tu l'emportes avec toi. Tu l'as en pellicule sur l'âme et sur les yeux ... *(Exit* THÉRÈSE.*)* Et maintenant, Agnès, en gage d'un heureux avenir, acceptez ce diamant. Puisque vous voulez bien comparer ma beauté à la sienne, je saurai moi aussi m'éclairer et miroiter sous vos regards. Je vous demande une minute. Je vais annoncer nos fiançailles au conseil. Huissier, descendez et raflez tous les camélias du dix-huitième[52] pour toutes nos boutonnières et vous, Monsieur, à qui je dois tant aujourd'hui, j'espère que vous voudrez bien partager notre repas ... Embrassez-moi, ma douce Agnès ... Vous hésitez?

AGNÈS. J'hésite aussi à regarder mon diamant.

LE PRÉSIDENT. A tout de suite.[53] Agnès du[54] plus heureux des hommes!

AGNÈS. Du plus beau ...

Exit LE PRÉSIDENT.

Scène IX

AGNÈS. LE MONSIEUR DE BELLAC. LE PRÉSIDENT.
L'HUISSIER. LES MEMBRES DU CONSEIL.

LE MONSIEUR DE BELLAC. Une place, un mari, un diamant! Je puis vous quitter, Agnès. Il ne vous manque plus rien.

AGNÈS. Si.

LE MONSIEUR DE BELLAC. Vous êtes insatiable ...

AGNÈS. Regardez-moi. Je n'ai pas changé depuis ce matin?

50. Burgrave: Burgomaster, *evokes image of middle-class, middle-aged city official.*
51. C'en est trop: That's going too far. **52. dix-huitième:** 18th arrondissement, *one of the 20 administrative divisions of Paris.* **53. à tout de suite:** I'll be right back.
54. Agnès du ... Agnes who belongs to ...

LE MONSIEUR DE BELLAC. Vous êtes un petit peu plus émue, un petit peu plus grasse, un petit peu plus tendre . . .

AGNÈS. C'est votre faute. A force de répéter votre mot, j'ai gagné une envie.[55] Pourquoi m'avoir forcée à dire qu'ils sont beaux à tous ces gens si laids? Je me sens à point pour dire qu'il est beau à quelqu'un de vraiment beau, j'ai besoin de cette récompense et de cette punition. Trouvez-le moi.

LE MONSIEUR DE BELLAC. Le jour est beau. L'automne est beau.

AGNÈS. Ils sont si loin de moi. Et on ne touche pas le jour. Et on n'étreint pas l'automne. Je voudrais dire qu'elle est belle à la plus belle forme humaine.

LE MONSIEUR DE BELLAC. Et la caresser un tout petit peu?

AGNÈS. Et la caresser.

LE MONSIEUR DE BELLAC. Vous avez l'Apollon de Bellac . . .

AGNÈS. Mais il n'existe pas!

LE MONSIEUR DE BELLAC. Vous en demandez trop.[56] Qu'il existe ou non, il est la suprême beauté.

AGNÈS. Vous avez raison. Je ne vois bien que ce que je touche. Je n'ai pas d'imagination.

LE MONSIEUR DE BELLAC. Apprenez votre pensée à toucher. Supposez qu'il nous arrive ce qui arrive dans les pièces qui ont de la tradition,[57] ce qui devrait arriver dans une vie qui se respecte . . .

AGNÈS. Que soudain vous soyez beau?

LE MONSIEUR DE BELLAC. Merci. C'est presque cela . . . Que c'est le dieu de la beauté même qui vous ait visitée ce matin. Peut-être d'ailleurs est-ce vrai. C'est ce qui vous a vernie,[58] et vous émeut, et vous oppresse . . . Et que soudain il se dévoile. Et que c'est moi. Et que je vous apparaisse dans ma vérité et mon soleil. Regardez-moi, Agnès. Regardez l'Apollon de Bellac.

AGNÈS. Je ferme les yeux pour vous voir, n'est-ce pas?

LE MONSIEUR DE BELLAC. Vous comprenez tout. Hélas, oui!

55. j'ai gagné une envie: I have acquired a desire. **56. Vous en demandez trop:** You expect too much. **57. pièces qui ont de la tradition:** plays in the grand tradition. **58. ce qui vous a vernie:** what has charmed you.

AGNÈS. Parlez. Comment êtes-vous?

LE MONSIEUR DE BELLAC. Tutoyez-moi. Apollon exige le suprême respect.

AGNÈS. Comment es-tu?

LE MONSIEUR DE BELLAC. Des détails, naturellement? En voici : ma taille est une fois et demie la taille humaine. Ma tête est petite, et mesure le septième de mon corps. L'idée de l'équerre est venue aux géomètres de mes épaules, et l'idée de l'arc à Diane[59] de mes sourcils. Je suis nu, et l'idée des cuirasses est venue aux orfèvres de cette nudité ...

AGNÈS. Avec des ailes à tes pieds?

LE MONSIEUR DE BELLAC. Non. Celui qui a des ailes aux pieds, c'est l'Hermès de Saint-Yrieix.[60]

AGNÈS. Je n'arrive pas à te voir. Ni tes yeux. Ni tes pieds ...

LE MONSIEUR DE BELLAC. Pour les yeux, tu y gagnes. Les yeux de la beauté sont implacables. Mes yeux sont d'or blanc et mes prunelles de graphite. L'idée de la mort est venue aux hommes des yeux de la beauté. Mais les pieds de la beauté sont ravissants. Ils sont ce qui ne marche pas, ce qui ne touche pas terre, ce qui n'est jamais maculé. Jamais prisonnier.[61] Les doigts en sont annelés et fuselés.[62] Le second[63] avance extraordinairement sur l'orteil, et, de la cambrure, l'idée est venue aux poètes de l'orbe et de la dignité. Tu me vois, maintenant?

AGNÈS. Mal. Moi, j'ai de pauvres yeux d'agate et d'éponge. Tu leur fais jouer un jeu cruel. Ils ne sont pas faits pour voir la beauté suprême. Elle leur fait plutôt mal.

LE MONSIEUR DE BELLAC. Ton cœur en tout cas en profite.

AGNÈS. J'en doute. Ne compte pas trop sur moi, beauté suprême. Tu sais, j'ai une petite vie. Ma journée est médiocre, et chaque fois que je gagne ma chambre, j'ai cinq étages à monter

59. l'arc à Diane: bow; *Diana the huntress, daughter of Jupiter, is conventionally pictured with bow and arrows.* **60. Hermès de Saint-Yrieix:** *The author imagines a statue of Hermes (messenger of the Greek gods) found at Saint-Yrieix, a small town near Bellac.* **61. prisonnier:** *i.e., imprisoned in shoes.* **62. Les doigts en sont annelés et fuselés:** Their toes **(doigts de pied)** are ringed at the joints and tapered. **63. Le second:** The second one *(toe).*

dans la pénombre et le graillon. A mon travail ou mon repos toujours il y a cette préface de cinq étages et ce que j'y suis seule![64] Parfois heureusement un chat attend à une porte. Je le caresse. Une bouteille de lait est renversée. Je la redresse. Si cela sent le gaz, j'alerte le concierge.[65] Il y a entre le second et le troisième[66] un tournant où les marches sont inclinées par le tassement et par l'âge. A ce tournant, l'espoir vous abandonne. A ce tournant, mon pauvre équilibre balance, et je souffle de cette peine que les plus fortunés ont à la poupe des vaisseaux. Voilà ma vie! Elle est d'ombre[67] et de chair compressée, un peu meurtrie. Voilà ma conscience : c'est une cage d'escalier. Alors, que j'hésite[68] à t'imaginer tel que tu es, c'est pour ma défense. Ne m'en veuille pas . . .[69]

LE MONSIEUR DE BELLAC. Tu vas être désormais une des heureuses du monde, Agnès.

AGNÈS. Oui. Dans la cage d'escalier d'ici, les paillassons sont neufs et ont des initiales. Les vasistas[70] sont de vitraux de fleurs ou d'oiseaux où le ventre de l'ibis s'ouvre[71] pour l'aération. Et aucune marche ne flanche. Et le bâtiment ne se dérobe jamais sous vos pieds dans le roulis du soir et de la ville.[72] Mais y monter avec toi serait plus dur encore. Alors, ne me rends pas la tâche trop dure. Va-t'en pour toujours! Ah! si tu étais seulement un bel homme, bien dense en chair et en âme, ce que je te prendrais dans mes bras![73] Ce que je te serrerais! Je te vois en ce moment à peu près tel que tu dois être, distendu de beauté, avec tes hanches minces d'où l'idée est venue aux femmes d'avoir des garçons, tes frisons au haut des joues d'où leur est venue l'idée des filles, et ce halo

64. ce que j'y suis seule: how lonely I am during it *(the climbing)*. **65. concierge:** *traditional janitor-caretaker-doorman of French buildings.* **66. le second et le troisième:** the second and third *(American third and fourth)* floors. **67. Elle est de** = **ma vie est faite de.** **68. Alors, que j'hésite:** So, if I hesitate. **69. Ne m'en veuille pas:** Don't be angry with me *(***veuille** *is 2nd person singular, imperative of* **vouloir***)*. **70. vasistas:** transom *(ventilator in window over a doorway)*, fanlight. **71. le ventre de l'ibis s'ouvre:** *The fanlights in this office building are made of colored glass, figuring flowers or birds. On each fanlight there is an image of the ibis (exotic bird) and at the bird's belly there is a small part of the glass window which can be opened for ventilation.* **72. . . . le roulis du soir et de la ville:** on the sea of evening and city the ship never rolls and rocks. *Note that* **bâtiment** *means both* building *and* ship. **73. ce que je te prendrais dans mes bras!** how I'd embrace you!

autour de toi, d'où leur est venue l'idée des pleurs, mais tu es trop brillant et trop grand pour mon escalier. Celui que je ne peux pas serrer contre moi dans mon escalier n'est pas pour moi. J'y[74] regarderai mon diamant. Un diamant va même dans un ascenseur. Va-t'en, Apollon! Disparais quand j'ouvrirai les yeux.

LE MONSIEUR DE BELLAC. Si je disparais, tu retrouveras un humain médiocre comme toi, des peaux autour des yeux, des peaux autour du corps.

AGNÈS. C'est mon lot. Je le préfère. Laisse-moi t'embrasser. Et disparais.

Ils s'embrassent.

LE MONSIEUR DE BELLAC. Voilà. Apollon est parti, et je pars . . .

AGNÈS. Comme vous êtes beau!

LE MONSIEUR DE BELLAC. Chère Agnès.

AGNÈS. Comme c'est beau la vie dans un homme, quand on vient de voir la beauté dans un chromo . . .[75] Et vous me laissez, et vous croyez que je vais épouser le Président?

LE MONSIEUR DE BELLAC. Il est bon. Il est riche. Adieu.

AGNÈS. Vous allez l'être aussi. Je vais lui ordonner d'acheter à son prix l'invention du légume unique. Restez!

LE MONSIEUR DE BELLAC. Elle n'est pas encore au point. Son pépin est invisible, sa tige monte à la hauteur du sapin, et il a goût d'alun. Je reviendrai dès qu'il sera parfait.

Il disparaît au moment où LE PRÉSIDENT *entre, camélia à la boutonnière.*

AGNÈS. Vous le jurez.

LE MONSIEUR DE BELLAC. Le matin même. Nous le sèmerons ensemble, je vous le jure!

AGNÈS. J'achète le jardin.

LE PRÉSIDENT. Agnès, bonne nouvelle! Le Conseil, délirant à la nouvelle que la question de la lutte des sexes est enfin résolue, décrète de changer le tapis rayé de l'escalier contre une moquette

74. y = dans mon escalier. **75. un chromo:** colored lithograph, *usually a cheap reproduction of a painting. The word* **chromo** *has come to symbolize lurid art.*

de Roubaix, en simili-carrelage à bordure de dessins persans.[76] C'est son cadeau de fiançailles. Comment! Vous êtes seule! Notre ami n'est pas là?

AGNÈS. A l'instant il s'en va.

LE PRÉSIDENT. Appelez-le. Il déjeune avec nous ... Vous savez son nom?

AGNÈS. Son prénom seulement ... Apollon.

LE PRÉSIDENT *(à la porte).* Apollon! Apollon! *(*LES MEMBRES DU CONSEIL *et* L'HUISSIER *arrivent tous fleuris de camélias.)* Appelez avec moi! Il faut qu'il remonte!

L'HUISSIER *(dans l'escalier),* MM. RASEMUTTE *et* SCHULZE *(aux fenêtres),* M. DE CRACHETON *(dans une porte).* Apollon! Apollon!

M. LEPÉDURA *(qui entre, à Agnès).* Apollon est ici?

AGNÈS. Non ... Il est passé! ...[77]

RIDEAU

76. changer le tapis ... dessins persans: exchange the striped rug on the stairway for a soft nap carpet manufactured in Roubaix with a tile pattern and a Persian border design. **77. il est passé:** he's gone *(but also*: he's passed away).

2. Le Piège à Rats

A man caught in a trap is a pathetic figure. When the trap is one that he stupidly or selfishly made for himself, he becomes a candidate for comedy. But when the trap that imprisons him has the form of his own nature, the limits of his own mind or of his society and environment, then his howls of protest are tinged with tragedy—for he is caught in the meshes of his own identity. He can escape only by refusing to be what he is.

At the foundation of the great religions lies the idea that, on all levels, man is a frustrated creature, and that the spiritual demands of human nature are basically irreconcilable with the world into which he is born. In the name of God, religion urges man to escape the trap by renouncing the view that he is the measure of all things. But for many people this appeal to a higher reality is poetic camouflage disguising cruel fact. For them, spiritual frustration is not only the first, but also the final, state of man. They make acceptance of God's silence a dominant theme in contemporary French literature, and they remind us that, although France is often called the eldest daughter of the Church and the monuments and paraphernalia of Roman Catholic culture are everywhere in evidence, a significant part of the French intelligensia is not only anticlerical but also anti-Christian. For these writers God is dead, man is free—and alone. With no recourse to absolutes of good and evil, this free man howls his woe in the trap of his own limited nature. For him the essential fact of existence is that the values and certainties man wants in life are forever beyond the cage of his mind—and can, in principle, never be attained. This predicament is often called *la condition humaine*. It is an anguished awareness that we have appetites like gods and stomachs like men, that we hunger for absolutes and digest only finites. It is the very shape of man's mind when he reaches for justice and dignity, and grasps only a description of his reaching.

Charles Baudelaire

1821–1867

Charles Baudelaire's major work was a book of poems called *Les Fleurs du mal*, which was the subject of a sensational trial in 1857 when six of the poems were judged immoral, the book censored, and both author and publisher fined. The poem "Abel et Caïn" occurs in a section of this book called "Révolte." It is included here as a poetic expression of evil, which for many modern writers has become almost a mystical theme.

Cain, Adam's first-born son, was a tiller of the soil. His younger brother, Abel, was a keeper of sheep. When God had regard for young Abel's offering of slain lambs but no regard for Cain's offering of the fruit of the earth, Cain rose up against his brother and killed him. As a literary theme, the Bible story is given many interpretations. Baudelaire treats it as a parable of divine injustice and the horrible hunger that gnaws the hearts of the unblessed.

In the first section of the poem the poet evokes the contrasting images of two "races"—the blessed and the unblessed, the fortuned and the disinherited. This might be a metaphor for two kinds of men, or for two aspects of Man. At any rate, one lives on misery, hunger, and hatred, while the other flourishes in prosperity and love.

Between sections I and II the Cains of the world revolt and massacre the race of Abel. Then in section II the poet taunts the race of Abel, whose bodies will soon be fertilizing the soil tilled by the Cains. He calls them a race of iron (warriors?), shamefully vanquished by men with wooden spears (hunters?). To the Cains the poet says: "You haven't completed the job. It remains for you to climb all the way to heaven and cast God down to earth!"

Abel et Caïn

POÈME DE CHARLES BAUDELAIRE

I

Race d'Abel, dors, bois et mange;
Dieu te sourit complaisamment.

Race de Caïn,[1] dans la fange
Rampe et meurs misérablement.

Race d'Abel, ton sacrifice
Flatte le nez du Séraphin!

Race de Caïn, ton supplice
Aura-t-il jamais une fin?

Race d'Abel, vois tes semailles
Et ton bétail venir à bien;[2]

Race de Caïn, tes entrailles
Hurlent la faim comme un vieux chien.

Race d'Abel, chauffe ton ventre
A ton foyer patriarcal;

Race de Caïn, dans ton antre
Tremble de froid, pauvre chacal!

Race d'Abel, aime et pullule!
Ton or fait aussi des petits.

Race de Caïn, cœur qui brûle,
Prends garde à ces grands appétits.

Race d'Abel, tu croîs et broutes
Comme les punaises des bois!

1. Caïn: *in French the word has two syllables—ca-in.* **2. venir à bien:** flourish.

Race de Caïn, sur les routes
Traîne ta famille aux abois.

II

Ah! race d'Abel, ta charogne
Engraissera le sol fumant!

Race de Caïn, ta besogne
N'est pas faite suffisamment;

Race d'Abel, voici ta honte :
Le fer est vaincu par l'épieu![3]

Race de Caïn, au ciel monte,
Et sur la terre jette Dieu!

3. le fer est vaincu par l'épieu: the warrior's sword *(of iron)* is vanquished by the hunter's spear—*i.e., the strong has lost to the weak, the civilized to the primitive.*

Antoine de Saint-Exupéry

1900–1944

Novelist Antoine de Saint-Exupéry was an airmail pilot during the heroic years of aviation in the 1920's, a period when the infant airlines were probing the skies with a paucity of means and an abundance of courage reminiscent of the great sea explorations of the Renaissance. His first novel, *Courrier sud*, was published in 1929, succeeded by *Vol de nuit*, *Terre des hommes*, and *Pilote de guerre*, all books about the grandeur of man's airborne struggle against weather, geography, and the night.

Although much of the excitement in reading Saint-Exupéry's description of early commercial and military aviation comes from the epic nature of pioneer flights over African deserts, the South Atlantic, and the Andes, he is more likely to be remembered as a student of human nature than as an aviator-hero. In an age when the machine and increasing social collectivization seemed to be closing the gates to individual adventure, Saint-Exupéry's heroes took on a kind of mythological significance in their persistent greatness of heart and dedication to each other and to their profession. Looking down from the clouds on the clustered pinpoints of light which signify factories and camps, the aviator would reflect on the impersonal machine in which his fellow men were caught, and would ask: What makes man free? What gives man his dignity in a world whose social and natural forces conspire to break his spirit? Saint-Exupéry answers: responsibility and comradeship.

In the following anecdote, which forms the last section of *Terre des hommes*, the writer is on a train crowded with Polish factory workers being shipped back to their homeland, dumb victims of economic changes in a system too vast for them to understand. He is struck by the dehumanized aspect of these men and women who through misery have all been made to look alike, as if what were once individuals had been standardized into anonymity by a giant punch press. Then he notices a child with a sensitive face. If this were a garden and if that promising face were a new flower, a responsible gardener would isolate the plant, give it special cultivation in order to favor the bloom. But, he observes, there seems to be no gardener for men . . .

Mozart assassiné

ANECDOTE D'ANTOINE DE SAINT-EXUPÉRY

Il y a quelques années, au cours d'un long voyage en chemin de fer, j'ai voulu visiter la patrie en marche[1] où je m'enfermais pour trois jours, prisonnier pour trois jours de ce bruit de galets roulés par la mer,[2] et je me suis levé. J'ai traversé vers une heure du matin le train dans toute sa longueur. Les sleepings étaient vides. Les voitures de première[3] étaient vides.

Mais les voitures de troisième[4] abritaient des centaines d'ouvriers polonais congédiés de France et qui regagnaient leur Pologne. Et je remontais les couloirs[5] en enjambant des corps. Je m'arrêtai pour regarder. Debout sous les veilleuses, j'apercevais dans ce wagon sans divisions, et qui ressemblait à une chambrée, qui

1. patrie en marche: *The* **patrie** *is the train which has been* **en marche** *for three days.* **2. ce bruit de galets roulés par la mer:** *The rumble of the train is like the noise of sea water lapping pebbles on the beach.* **3. voitures de première:** first-class cars. **4. de troisième:** third class. **5. les couloirs:** *Most European trains are laid out in a series of small compartments which open onto a narrow corridor running the length of the car. In crowded trains these corridors become choked with passengers who could not squeeze into the compartments. Thus, the author literally had to step over bodies in what looks to him like a long narrow barracks. In many of the old third-class cars, the seats were simple wood benches and the compartments were* **sans divisions,** *having no walls to close them in.*

sentait la caserne ou le commissariat, toute une population confuse et barattée par les mouvements du rapide.[6] Tout un peuple enfoncé dans les mauvais songes et qui regagnait sa misère. De grosses têtes rasées roulaient sur le bois des banquettes. Hommes, femmes, enfants, tous se retournaient de droite à gauche, comme attaqués par tous ces bruits, toutes ces secousses qui les menaçaient dans leur oubli. Ils n'avaient point trouvé l'hospitalité d'un bon sommeil.

Et voici qu'ils me semblaient avoir à demi perdu qualité humaine, ballottés d'un bout de l'Europe à l'autre par les courants économiques, arrachés à la petite maison du Nord,[7] au minuscule jardin, aux trois pots de géranium[8] que j'avais remarqués autrefois à la fenêtre des mineurs polonais. Ils n'avaient rassemblé que les ustensiles de cuisine, les couvertures et les rideaux, dans des paquets mal ficelés et crevés de hernies. Mais tout ce qu'ils avaient caressé ou charmé, tout ce qu'ils avaient réussi à apprivoiser en quatre ou cinq années de séjour en France, le chat, le chien et le géranium, ils avaient dû les sacrifier et ils n'emportaient avec eux que ces batteries de cuisine.

Un enfant tétait une mère si lasse qu'elle paraissait endormie. La vie se transmettait dans l'absurde et le désordre de ce voyage. Je regardai le père. Un crâne pesant et nu comme une pierre. Un corps plié dans l'inconfortable sommeil, emprisonné dans les vêtements de travail, fait de bosses et de creux. L'homme était pareil à un tas de glaise. Ainsi, la nuit, des épaves qui n'ont plus de forme, pèsent sur les bancs des halles.[9] Et je pensai : le problème ne réside point dans cette misère, dans cette saleté, ni dans cette laideur. Mais ce même homme et cette même femme se sont connus un jour et l'homme a souri sans doute à la femme : il lui a, sans doute, après le travail, apporté des fleurs. Timide et gauche, il tremblait peut-être de se voir dédaigné. Mais la femme, par coquetterie naturelle, la femme sûre de sa grâce, se plaisait peut-

6. rapide: express train. **7. Nord:** the northern part of France, *a mining and industrial area.* **8. au minuscule jardin, aux trois pots de géranium:** with a small garden, with three pots of geranium. **9. Ainsi, la nuit, des épaves . . . des halles:** In such a manner, at night, formless wrecks *(of men)* lie heavily on marketplace benches.

être à l'inquiéter. Et l'autre, qui n'est plus aujourd'hui qu'une machine à piocher[10] ou à cogner, éprouvait ainsi dans son cœur l'angoisse délicieuse. Le mystère, c'est qu'ils soient devenus ces paquets de glaise. Dans quel moule terrible ont-ils passé, marqués par lui comme par une machine à emboutir?[11] Un animal vieilli conserve sa grâce. Pourquoi cette belle argile humaine est-elle abîmée?

Et je poursuivis mon voyage parmi ce peuple dont le sommeil était trouble comme un mauvais lieu.[12] Il flottait un bruit vague fait de ronflements rauques, de plaintes obscures, du raclement des godillots de ceux qui, brisés d'un côté, essayaient l'autre. Et toujours en sourdine cet intarissable accompagnement de galets retournés par la mer.

Je m'assis en face d'un couple. Entre l'homme et la femme, l'enfant, tant bien que mal,[13] avait fait son creux, et il dormait. Mais il se retourna dans le sommeil, et son visage m'apparut sous la veilleuse. Ah! quel adorable visage! Il était né de ce couple-là une sorte de fruit doré. Il était né de ces lourdes hardes cette réussite de charme et de grâce. Je me penchai sur ce front lisse, sur cette douce moue des lèvres, et je me dis : voici un visage de musicien, voici Mozart[14] enfant, voici une belle promesse de la vie! Les petits princes[15] des légendes n'étaient point différents de lui : protégé, entouré, cultivé, que ne saurait-il devenir! Quand il naît[16] par mutation dans les jardins une rose nouvelle, voilà tous les jardiniers qui s'émeuvent. On isole la rose, on cultive la rose, on la favorise. Mais il n'est point[17] de jardinier pour les hommes. Mozart enfant sera marqué comme les autres par la machine à emboutir. Mozart fera ses plus hautes joies de musique pourrie, dans la puanteur des cafés-concerts.[18] Mozart est condamné.

10. machine à piocher: digging machine. **11. machine à emboutir:** sheet-metal press. **12. mauvais lieu:** dangerous or sinful place. **13. tant bien que mal:** some way or other. **14. Mozart:** *Mozart started to play the piano at three, gave his first public concert at six, and had an opera produced in Milan at fifteen.* **15. petits princes:** *Saint-Exupéry was later to write a child's book (enjoyed by adults) called "Le Petit Prince."* **16. Quand il naît** . . . When there is born . . . **17. Mais il n'est point** . . . But there is no . . . **18. cafés-concerts:** cafés with music or entertainment.

Et je regagnai mon wagon. Je me disais : ces gens ne souffrent guère de leur sort. Et ce n'est point la charité ici qui me tourmente. Il ne s'agit point de s'attendrir sur une plaie éternellement rouverte. Ceux qui la portent ne la sentent pas. C'est quelque chose comme l'espèce humaine et non l'individu qui est blessé ici, qui est lésé. Je ne crois guère à la pitié. Ce qui me tourmente, c'est le point de vue du jardinier. Ce qui me tourmente ce n'est point cette misère, dans laquelle, après tout, on s'installe aussi bien que dans la paresse. Des générations d'Orientaux vivent dans la crasse et s'y plaisent. Ce qui me tourmente, les soupes populaires ne le guérissent point. Ce qui me tourmente, ce ne sont ni ces creux, ni ces bosses, ni cette laideur. C'est un peu, dans chacun de ces hommes, Mozart assassiné.

Albert Camus

1913–1960

When Albert Camus, at forty-four, received the Nobel Prize for literature, thousands of newspaper readers, with no more than a passing interest in the arts, felt themselves attracted by the quiet strength, humor, and honesty that photographs revealed on the writer's face—which was at the same time troubled, questioning, and intense. This photogenic essayist, dramatist, and novelist was already known to the younger generation in France, or rather to that sizable part of it that lives and thinks outside the Church. To them he was the contemporary conscience. Through the heroes of his books they had faced the inhuman structure of modern society. And with the author they had refused to abandon faith in man's goodness and moral intelligence, no matter how inevitable may be the defeat of these "old-fashioned" values.

During the Existentialist surge of the late 1940's, Jean-Paul Sartre, a philosophy teacher turned novelist and playwright, had a similar appeal for this generation growing out of World War II. Camus, a contemporary of Sartre, is often linked with the Existentialist movement and the Existential concern for judging man's behavior in a godless world where, a priori, no real moral criteria exist. In their writing both men revolt against the old creeds and both describe the "absurdity" of man's position in a world which he can neither understand nor control. But where Sartre presents a carefully defined metaphysical position which ties him to the main stream of philosophic thought, Camus has consistently balked at being classified with any school or doctrine. The two writers differ also in their moral positions. Where Sartre sees each man as a solitary individual who is seeking his own salvation and "exists" only in the act of creating "essence" for himself, Camus portrays man as a *révolté* who joins hands with his fellows in a struggle against those forces, within and without himself, which would dehumanize life.

Like André Gide, who was dean of French letters for the preceding generation, Albert Camus grew up in the crosscurrents of modern French thought. As a *Français d'Algérie* he is caught between two worlds, with loyalties to both North Africa and metropolitan France. Although he belongs to the intellectual elite and was raised in Algiers' class-conscious semicolonial society, he has always identified himself with what in American political mythology we call the "common man." His father, an agricultural laborer, had been killed at the front in 1914, and Camus grew up in poverty. This did not prevent him from continuing his studies at the University of Algiers. With traditional French concern for intellectual analysis, the agricultural laborer's son chose to study philosophy, and especially the Greeks, who appealed to him for their humanist perspective and their sense of proportion, or *mesure*: "*Je me sens un cœur grec.*"

In addition to *mesure*, Camus delights in another aspect of his Mediterranean outlook: a sensuous pagan enjoyment of natural beauty and physical well-being. He has spoken of "the sunlight, the delight in life, the freedom" in which he grew up, which more than compensated for the poverty of his childhood. At seventeen, this young pagan hedonist recognized the symptoms of tuberculosis. Since then, although hospitalization brought the disease under control, he has never ceased to be haunted by death. It is an obsession which his sunlit imagination has transformed into a dramatic statement of how man can find the meaning of his existence in the very impermanence of life.

While still a student at the University, Camus worked as actor and resident playwright in an avant-garde theatrical troupe with ambitions to be considered a "people's theater"—in the style of the social reformers of the 1930's. When war broke out in 1939, he was in Paris writing for a newspaper. After the fall of France he joined the *Résistance* in what seemed to him a glorious and hopeless struggle against a force that had clamped itself on the country with the murderous tenacity of an absolute idea. After the war, like many French writers, he was active in politics, but soon withdrew when he observed that commitment to an ideology involved loyalties that were incompatible with his independence of thought.

All great novelists, says Camus, have been philosophical writers, but as artists they have dealt in concretes, not abstractions. Their thought shines through their fiction but is not explicit in it. A literary work has a flesh and blood reality of its own. It embodies a drama of the intelligence but affirms its idea only indirectly. It should be, says Camus, a "*morceau taillé dans l'expérience, une facette du diamant où l'éclat intérieur se résume sans se limiter.*"[1] In Camus' own writing this "inner brilliance" comprises, among other notions, the concept of absurdity. "Absurdity" is his word for the relation between man and the world—where man's mind is rational and just, and thus frustrated by a world which remains deaf to these human demands: "*Ce monde en lui-même n'est pas raisonnable .... Ce qui est absurde, c'est la confrontation de cet irrationnel et ce désir éperdu de clarté dont l'appel résonne au plus profond de l'homme.*"[2]

Outside France, Camus is best known for his novels published in English as *The Plague*, *The Stranger*, and *The Fall (La Peste, L'Étranger*, and *La Chute)*. The philosophic problems underlying these books are more fully developed in his long essays *The Myth of Sisyphus* and *The Rebel (Le Mythe de Sisyphe* and *L'Homme révolté)*. "L'Hôte" is taken from his collection of short stories called *L'Exil et le royaume*. In this story Camus describes a situation which evokes in the reader the *feeling* (as opposed to the *idea*) of the discrepancy between man and his milieu. He is also calling

1. TRANSLATION: A piece cut out of experience, a facet of the diamond in which the inner brilliance is present in its entirety without being explicitly stated. (**se limiter** = to define one's limits, *thus: to state the form of one's being or thought.)* **2.** TRANSLATION: This world, as such, is not rational ... What is absurd is the situation in which this nonrational *(world)* is confronted by *(man's)* desperate desire for clear understanding, a desire whose call resounds in the deepest recesses *(of the heart)* of man.

attention to the conduct of his hero as he becomes conscious of this discrepancy. This man is a French schoolmaster running a one-room schoolhouse in the middle of a desolate Algerian plateau at a time when the country is threatened by civil war. He is charged with the job of escorting an Arab murderer to prison. Underlying the plot is a series of unasked questions. Should the schoolmaster try to save the Arab's life? If he does, will the Arab understand his reasons? If he does nothing to help the prisoner escape, is he not implicated in the eye-for-an-eye justice of the law? Without ever formulating these questions, the schoolmaster answers them with a gesture that stands as an "absurd" assertion of human dignity in the face of death. By this gesture he protests against the absurdity of a situation in which men, striving for human decency, are lead to assert their own dignity at the expense of their neighbor's humiliation. Like the schoolmaster, Camus has persistently refused to affirm or deny these ideals that drive men to kill in the name of law, or to murder in the name of a just revolution. For, although he recognizes the grandeur of revolt, he shrinks from the inhuman lack of *mesure* that drenches revolt in the blood of revolution.

Camus' books testify that we cannot win dignity through revolution. Dignity implies freedom, and this is what Man is denying every time he takes up the sword of action to fight for an ideal—since *in action* one man's freedom can be affirmed only at the expense of another's. And yet we must act, we must assert good against evil. Grandeur comes when we recognize this predicament without losing faith in the values we shall never realize. Camus finds a myth for this plight in the Greek story of Sisyphus, and in the shadow of every problem he presents is the image of this legendary man who was condemned to hopeless labor for his scorn of the gods, his hatred of death, and his passion for life. Sisyphus' punishment was to roll a heavy rock up a hill eternally. Every time the rock reached the crest it would automatically tumble back down the valley, so that he must start his labor again. "This," says Camus, "is the price that must be paid for the passions of the earth.... If this myth is tragic, it is because its hero is conscious... Sisyphus, proletarian of the gods, powerless, and rebellious, knows the whole extent of his wretched condition. And that is what he thinks about during his descent from the crest. This lucidity which the gods thought would constitute his torture is what crowns his victory. For there is no fate that cannot be surmounted by scorn." In the final line of his essay about Sisyphus' absurd labors in a world that conspires against him, Camus writes: "*La lutte elle-même vers les sommets suffit à remplir un cœur d'homme. Il faut imaginer Sisyphe heureux.*"

Albert Camus was killed in an automobile accident on January 4, 1960. *L'Exile et le royaume,* from which this story, "L'Hôte," was taken, was his last work of fiction to be published before his death.

L'Hôte

CONTE D'ALBERT CAMUS

L'instituteur regardait les deux hommes monter vers lui. L'un était à cheval, l'autre à pied. Ils n'avaient pas encore entamé le raidillon[1] abrupt qui menait à l'école, bâtie au flanc d'une colline. Ils peinaient, progressant lentement dans la neige, entre les pierres, sur l'immense étendue du haut plateau désert. De temps en temps, le cheval bronchait visiblement. On ne l'entendait pas encore, mais on voyait le jet de vapeur qui sortait alors de ses naseaux. L'un des hommes, au moins, connaissait le pays. Ils suivaient la piste qui avait pourtant disparu depuis plusieurs jours sous une couche blanche et sale. L'instituteur calcula qu'ils ne seraient pas sur la colline avant une demi-heure. Il faisait froid; il rentra dans l'école pour chercher un chandail.

Il traversa la salle de classe, vide et glacée. Sur le tableau noir les quatre fleuves de France, dessinés avec quatre craies de couleurs différentes, coulaient vers leur estuaire depuis trois jours. La neige

1. raidillon: steep path.

était tombée brutalement à la mi-octobre, après huit mois de sécheresse, sans que la pluie eût apporté[2] une transition, et la vingtaine d'élèves qui habitaient dans les villages disséminés sur le plateau ne venaient plus. Il fallait attendre le beau temps. Daru ne chauffait plus que l'unique pièce qui constituait son logement, attenant à la classe, et ouvrant aussi sur le plateau à l'est. Une fenêtre donnait encore, comme celles de la classe, sur le midi. De ce côté, l'école se trouvait à quelques kilomètres de l'endroit où le plateau commençait à descendre vers le sud. Par temps clair, on pouvait apercevoir les masses violettes du contrefort montagneux où s'ouvrait la porte du désert.

Un peu réchauffé, Daru retourna à la fenêtre d'où il avait, pour la première fois, aperçu les deux hommes. On ne les voyait plus. Ils avaient donc attaqué le raidillon. Le ciel était moins foncé : dans la nuit, la neige avait cessé de tomber. Le matin s'était levé sur une lumière sale qui s'était à peine renforcée à mesure que le plafond de nuages remontait. A deux heures de l'après-midi, on eût dit[3] que la journée commençait seulement. Mais cela valait mieux que ces trois jours où l'épaisse neige tombait au milieu des ténèbres incessantes, avec de petites sautes de vent qui venaient secouer la double porte de la classe. Daru patientait alors de longues heures dans sa chambre dont il ne sortait que pour aller sous l'appentis,[4] soigner les poules et puiser dans la provision de charbon. Heureusement, la camionnette de Tadjid, le village le plus proche au nord, avait apporté le ravitaillement deux jours avant la tourmente. Elle reviendrait dans quarante-huit heures.

Il avait d'ailleurs de quoi[5] soutenir un siège, avec les sacs de blé qui encombraient la petite chambre et que l'administration[6] lui laissait en réserve pour distribuer à ceux de ses élèves dont les familles avaient été victimes de la sécheresse. En réalité, le malheur les avait tous atteints puisque tous étaient pauvres. Chaque jour, Daru distribuait une ration aux petits. Elle leur avait manqué,[7]

2. **sans que la pluie eût apporté:** without the rain having brought. 3. **on eût dit = on aurait dit.** 4. **l'appentis:** lean-to. 5. **de quoi:** enough. 6. **l'administration:** administration of the local government *(the department).* 7. **Elle leur avait manqué:** They had missed it (**elle = la ration**).

il le savait bien, pendant ces mauvais jours. Peut-être un des pères ou des grands frères viendrait ce soir et il pourrait les ravitailler en grains. Il fallait faire la soudure[8] avec la prochaine récolte, voilà tout. Des navires de blé arrivaient maintenant de France, le plus dur était passé. Mais il serait difficile d'oublier cette misère, cette armée de fantômes haillonneux errant dans le soleil, les plateaux calcinés mois après mois, la terre recroquevillée peu à peu, littéralement torréfiée, chaque pierre éclatant en poussière sous le pied. Les moutons mouraient alors par milliers et quelques hommes, çà et là, sans qu'on puisse toujours le savoir.

Devant cette misère, lui qui vivait presque en moine dans son école perdue, content d'ailleurs du peu qu'il avait, et de cette vie rude, s'était senti un seigneur, avec ses murs crépis, son divan étroit, ses étagères de bois blanc, son puits, et son ravitaillement hebdomadaire en eau et en nourriture. Et, tout d'un coup, cette neige, sans avertissement, sans la détente de la pluie. Le pays était ainsi, cruel à vivre,[9] même sans les hommes, qui, pourtant, n'arrangeaient rien.[10] Mais Daru y était né. Partout ailleurs, il se sentait exilé.

Il sortit et avança sur le terre-plein[11] devant l'école. Les deux hommes étaient maintenant à mi-pente. Il reconnut dans le cavalier, Balducci, le vieux gendarme qu'il connaissait depuis longtemps. Balducci tenait au bout d'une corde un Arabe qui avançait derrière lui, les mains liées, le front baissé. Le gendarme fit un geste de salutation auquel Daru ne répondit pas, tout entier occupé à regarder l'Arabe vêtu d'une djellabah[12] autrefois bleue, les pieds dans des sandales, mais couverts de chaussettes en grosse laine grège, la tête coiffée d'un chèche[13] étroit et court. Ils approchaient. Balducci maintenait sa bête au pas pour ne pas blesser l'Arabe et le groupe avançait lentement.

A portée de voix, Balducci cria : « Une heure pour faire les trois kilomètres d'El Ameur ici ! » Daru ne répondit pas. Court

8. faire la soudure: tide them over. **9. cruel à vivre:** a cruel place to live. **10. n'arrangeait rien:** didn't settle anything. **11. terre-plein:** open space, terrace. **12. djellabah:** *grand manteau vague porté par les Arabes.* **13. chèche:** *foulard porté par les Arabes autour de la tête et du cou.*

et carré dans son chandail épais, il les regardait monter. Pas une seule fois, L'Arabe n'avait levé la tête. « Salut, dit Daru, quand ils débouchèrent sur le terre-plein. Entrez vous réchauffer. » Balducci descendit péniblement de sa bête, sans lâcher la corde. Il sourit à l'instituteur sous ses moustaches hérissées. Ses petits yeux sombres, très enfoncés sous le front basané, et sa bouche entourée de rides, lui donnaient un air attentif et appliqué. Daru prit la bride, conduisit la bête vers l'appentis, et revint vers les deux hommes qui l'attendaient maintenant dans l'école. Il les fit pénétrer dans sa chambre. « Je vais chauffer la salle de classe, dit-il. Nous y serons plus à l'aise. » Quand il entra de nouveau dans la chambre, Balducci était sur le divan. Il avait dénoué la corde qui le liait à l'Arabe et celui-ci s'était accroupi près du poêle. Les mains toujours liées, le chèche maintenant poussé en arrière, il regardait vers la fenêtre. Daru ne vit d'abord que ses énormes lèvres, pleines, lisses, presque négroïdes; le nez cependant était droit, les yeux sombres, pleins de fièvre. Le chèche découvrait un front buté et, sous la peau recuite[14] mais un peu décolorée[15] par le froid, tout le visage avait un air à la fois inquiet et rebelle qui frappa Daru quand l'Arabe, tournant son visage vers lui, le regarda droit dans les yeux. « Passez à côté, dit l'instituteur, je vais vous faire du thé à la menthe. — Merci, dit Balducci. Quelle corvée! Vivement la retraite. »[16] Et s'adressant en arabe à son prisonnier : « Viens, toi. » L'Arabe se leva et, lentement, tenant ses poignets joints devant lui, passa dans l'école.

Avec le thé, Daru apporta une chaise. Mais Balducci trônait[17] déjà sur la première table d'élève et l'Arabe s'était accroupi contre l'estrade du maître, face au poêle qui se trouvait entre le bureau et la fenêtre. Quand il tendit le verre de thé au prisonnier, Daru hésita devant ses mains liées. « On peut le délier, peut-être. — Sûr, dit Balducci. C'était pour le voyage. » Il fit mine de se lever. Mais Daru, posant le verre sur le sol, s'était agenouillé près de l'Arabe. Celui-ci, sans rien dire, le regardait faire de ses yeux fiévreux. Les

14. recuite: many times baked *(by the sun)*. **15. décoloré:** bleached, *i.e.*, *gray with cold.* **16. Vivement la retraite = Que la retraite** (retirement) **vienne vite! 17. trônait = était assis comme sur un trône.**

mains libres, il frotta l'un contre l'autre ses poignets gonflés, prit le verre de thé et aspira le liquide brûlant, à petites gorgées rapides.

« Bon, dit Daru. Et comme ça, où allez-vous? »

Balducci retira sa moustache du thé : « Ici, fils.

— Drôle d'élèves! Vous couchez ici?

— Non. Je vais retourner à El Ameur. Et toi, tu livreras le camarade à Tinguit. On l'attend à la commune mixte. »[18]

Balducci regardait Daru avec un petit sourire d'amitié.

« Qu'est-ce que tu racontes, dit l'instituteur. Tu te fous de moi?[19]

— Non, fils. Ce sont les ordres.

— Les ordres? Je ne suis pas ... » Daru hésita; il ne voulait pas peiner le vieux Corse. « Enfin, ce n'est pas mon métier.

— Eh! Qu'est-ce que ça veut dire? A la guerre, on fait tous les métiers.

— Alors, j'attendrai la déclaration de guerre! »

Balducci approuva de la tête.

« Bon. Mais les ordres sont là et ils te concernent aussi. Ça bouge, paraît-il. On parle de révolte prochaine. Nous sommes mobilisés, dans un sens. »

Daru gardait son air buté.

« Écoute, fils, dit Balducci. Je t'aime bien, il faut comprendre. Nous sommes une douzaine à El Ameur pour patrouiller dans le territoire d'un petit département et je dois rentrer. On m'a dit de te confier ce zèbre[20] et de rentrer sans tarder. On ne pouvait pas le garder là-bas. Son village s'agitait, ils voulaient le reprendre. Tu dois le mener à Tinguit dans la journée de demain. Ce n'est pas une vingtaine de kilomètres qui font peur à un costaud comme toi. Après, ce sera fini. Tu retrouveras tes élèves et la bonne vie. »

Derrière le mur, on entendit le cheval s'ébrouer et frapper du sabot. Daru regardait par la fenêtre. Le temps se levait décidément, la lumière s'élargissait sur le plateau neigeux. Quand toute la neige serait fondue, le soleil régnerait de nouveau et brûlerait une fois de

18. commune mixte: joint *(i.e., Arab and European)* municipality, *a technical term for a form of administration.* **19. Tu te fous de moi:** *(slang)* What do you take me for? **20. zèbre:** *(slang)* guy.

plus les champs de pierre. Pendant des jours, encore, le ciel inaltérable déverserait sa lumière sèche sur l'étendue solitaire où rien ne rappelait l'homme.

« Enfin, dit-il en se retournant vers Balducci, qu'est-ce qu'il a fait? » Et il demanda, avant que le gendarme ait ouvert la bouche : « Il parle français?

— Non, pas un mot. On le recherchait depuis un mois, mais ils le cachaient. Il a tué son cousin.

— Il est contre nous?

— Je ne crois pas. Mais on ne peut jamais savoir.

— Pourquoi a-t-il tué?

— Des affaires de famille, je crois. L'un devait du grain à l'autre, paraît-il. Ça n'est pas clair. Enfin, bref, il a tué le cousin d'un coup de serpe. Tu sais, comme au mouton, zic!... »

Balducci fit le geste de passer une lame sur sa gorge et l'Arabe, son attention attirée, le regardait avec une sorte d'inquiétude. Une colère subite vint à Daru contre cet homme, contre tous les hommes et leur sale méchanceté, leurs haines inlassables, leur folie du sang.

Mais la bouilloire chantait sur le poêle. Il resservit du thé à Balducci, hésita, puis servit à nouveau l'Arabe qui, une seconde fois, but avec avidité. Ses bras soulevés entrebâillaient maintenant la djellabah et l'instituteur aperçut sa poitrine maigre et musclée.

« Merci, petit, dit Balducci. Et maintenant, je file. »

Il se leva et se dirigea vers l'Arabe, en tirant une cordelette de sa poche.

« Qu'est-ce que tu fais? » demanda sèchement Daru.

Balducci, interdit, lui montra la corde.

« Ce n'est pas la peine. »

Le vieux gendarme hésita :

« Comme tu voudras. Naturellement, tu es armé?

— J'ai mon fusil de chasse.

— Où?

— Dans la malle.

— Tu devrais l'avoir près de ton lit.

— Pourquoi? Je n'ai rien à craindre.

— Tu es sonné,[21] fils. S'ils se soulèvent, personne n'est à l'abri, nous sommes tous dans le même sac.

— Je me défendrai. J'ai le temps de les voir arriver. »

Balducci se mit à rire, puis la moustache vint soudain recouvrir les dents encore blanches.

« Tu as le temps? Bon. C'est ce que je disais. Tu as toujours été un peu fêlé. C'est pour ça que je t'aime bien, mon fils était comme ça. »

Il tirait en même temps son revolver et le posait sur le bureau.

« Garde-le, je n'ai pas besoin de deux armes d'ici El Ameur. » [22]

Le revolver brillait sur la peinture noire de la table. Quand le gendarme se retourna vers lui, l'instituteur sentit son odeur de cuir et de cheval.

« Écoute, Balducci, dit Daru soudainement, tout ça me dégoûte, et ton gars le premier. Mais je ne le livrerai pas.[23] Me battre, oui, s'il le faut. Mais pas ça. »

Le vieux gendarme se tenait devant lui et le regardait avec sévérité.

« Tu fais des bêtises, dit-il lentement. Moi non plus, je n'aime pas ça. Mettre une corde à un homme, malgré les années, on ne s'y habitue pas et même, oui, on a honte. Mais on ne peut pas les[24] laisser faire.

— Je ne le livrerai pas, répéta Daru.

— C'est un ordre, fils. Je te le répète.

— C'est ça. Répète-leur[25] ce que je t'ai dit : je ne le livrerai pas. »

Balducci faisait un visible effort de réflexion. Il regardait l'Arabe et Daru. Il se décida enfin.

« Non. Je ne leur dirai rien. Si tu veux nous lâcher, à ton aise,[26] je ne te dénoncerai pas. J'ai l'ordre de livrer le prisonnier : je le fais. Tu vas maintenant me signer le papier.

— C'est inutile. Je ne nierai pas que tu me l'as laissé.

— Ne sois pas méchant avec moi. Je sais que tu diras la vérité.

21. sonné: *(slang)* crazy, nuts. **22. d'ici El Ameur = d'ici jusqu'à El Ameur. 23. livrerai pas:** will not hand over *(to the police)*. **24. les = les Arabes. 25. leur = aux gendarmes. 26. à ton aise:** you are free to do it.

Tu es d'ici,[27] tu es un homme. Mais tu dois signer, c'est la règle. »

Daru ouvrit son tiroir, tira une petite bouteille carrée d'encre violette, le porte-plume de bois rouge avec la plume *sergent-major* qui lui servait à tracer les modèles d'écriture et il signa. Le gendarme plia soigneusement le papier et le mit dans son portefeuille. Puis il se dirigea vers la porte.

« Je vais t'accompagner, dit Daru.

— Non, dit Balducci. Ce n'est pas la peine d'être poli. Tu m'as fait un affront. »

Il regarda l'Arabe, immobile, à la même place, renifla d'un air chagrin et se détourna vers la porte : « Adieu, fils, » dit-il. La porte battit derrière lui. Balducci surgit devant la fenêtre puis disparut. Ses pas étaient étouffés par la neige. Le cheval s'agita derrière la cloison, des poules s'effarèrent. Un moment après, Balducci repassa devant la fenêtre tirant le cheval par la bride. Il avançait vers le raidillon sans se retourner, disparut le premier et le cheval le suivit. On entendit une grosse pierre rouler mollement. Daru revint vers le prisonnier qui n'avait pas bougé, mais ne le quittait pas des yeux. « Attends, » dit l'instituteur en arabe, et il se dirigea vers la chambre. Au moment de passer le seuil, il se ravisa, alla au bureau, prit le revolver et le fourra dans sa poche. Puis, sans se retourner, il entra dans sa chambre.

*

Longtemps, il resta étendu sur son divan à regarder le ciel se fermer peu à peu, à écouter le silence. C'était ce silence qui lui avait paru pénible les premiers jours de son arrivée, après la guerre. Il avait demandé un poste dans la petite ville au pied des contreforts qui séparent du désert les hauts plateaux.[28] Là, des murailles rocheuses, vertes et noires au nord, roses ou mauves au sud, marquaient la frontière de l'éternel été. On l'avait nommé à un poste plus au nord, sur le plateau même. Au début, la solitude et le silence lui avaient été durs sur ces terres ingrates, habitées seulement par des pierres. Parfois, des sillons faisaient croire à[29] des cultures,

27. d'ici = d'Algérie. **28. qui séparent du désert les hauts plateaux = qui séparent les hauts plateaux du désert.** **29. faisaient croire à:** made one believe in.

mais ils avaient été creusés pour mettre au jour une certaine pierre, propice à la construction. On ne labourait ici que pour récolter des cailloux. D'autres fois, on grattait quelques copeaux de terre, accumulée dans des creux, dont on engraisserait les maigres jardins des villages. C'était ainsi, le caillou seul couvrait les trois quarts de ce pays. Les villes y naissaient, brillaient, puis disparaissaient; les hommes y passaient, s'aimaient ou se mordaient à la gorge, puis mouraient. Dans ce désert, personne, ni lui ni son hôte n'étaient rien. Et pourtant, hors de ce désert, ni l'un ni l'autre, Daru le savait, n'auraient pu vivre vraiment.

Quand il se leva, aucun bruit ne venait de la salle de classe. Il s'étonna de cette joie franche qui lui venait à la seule pensée que l'Arabe avait pu fuir et qu'il allait se retrouver seul sans avoir rien à décider. Mais le prisonnier était là. Il s'était seulement couché de tout son long entre le poêle et le bureau. Les yeux ouverts, il regardait le plafond. Dans cette position, on voyait surtout ses lèvres épaisses qui lui donnaient un air boudeur. « Viens, » dit Daru. L'Arabe se leva et le suivit. Dans la chambre, l'instituteur lui montra une chaise près de la table, sous la fenêtre. L'Arabe prit place sans cesser de regarder Daru.

« Tu as faim?

— Oui, » dit le prisonnier.

Daru installa deux couverts. Il prit de la farine et de l'huile, pétrit dans un plat une galette et alluma le petit fourneau à butagaz. Pendant que la galette cuisait, il sortit pour ramener de l'appentis du fromage, des œufs, des dattes et du lait condensé. Quand la galette fut cuite, il la mit à refroidir sur le rebord de la fenêtre, fit chauffer du lait condensé étendu d'eau et, pour finir, battit les œufs en omelette. Dans un de ses mouvements, il heurta le revolver enfoncé dans sa poche droite. Il posa le bol, passa dans la salle de classe et mit le revolver dans le tiroir de son bureau. Quand il revint dans la chambre, la nuit tombait. Il donna de la lumière et servit l'Arabe : « Mange, » dit-il. L'autre prit un morceau de galette, le porta vivement à sa bouche et s'arrêta.

« Et toi? dit-il.

— Après toi. Je mangerai aussi. »

Les grosses lèvres s'ouvrirent un peu, l'Arabe hésita, puis il mordit résolument dans la galette.

Le repas fini, l'Arabe regardait l'instituteur.

« C'est toi le juge?

— Non, je te garde jusqu'à demain.

— Pourquoi tu manges avec moi?

— J'ai faim. »

L'autre se tut. Daru se leva et sortit. Il ramena un lit de camp de l'appentis, l'étendit entre la table et le poêle, perpendiculairement à son propre lit. D'une grande valise qui, debout dans un coin, servait d'étagère à dossiers, il tira deux couvertures qu'il disposa sur le lit de camp. Puis il s'arrêta, se sentit oisif, s'assit sur son lit. Il n'y avait plus rien à faire ni à préparer. Il fallait regarder cet homme. Il le regardait donc, essayant d'imaginer ce visage emporté de fureur. Il n'y parvenait pas. Il voyait seulement le regard à la fois sombre et brillant, et la bouche animale.

« Pourquoi tu l'as tué? » dit-il d'une voix dont l'hostilité le surprit.

L'Arabe détourna son regard.

« Il s'est sauvé. J'ai couru derrière lui. »

Il releva les yeux sur Daru et ils étaient pleins d'une sorte d'interrogation malheureuse.

« Maintenant, qu'est-ce qu'on va me faire?

— Tu as peur? »

L'autre se raidit, en détournant les yeux.

« Tu regrettes? »

L'Arabe le regarda, bouche ouverte. Visiblement, il ne comprenait pas. L'irritation gagnait Daru.[30] En même temps, il se sentait gauche et emprunté dans son gros corps, coincé entre les deux lits.

« Couche-toi là, dit-il avec impatience. C'est ton lit. »

L'Arabe ne bougeait pas. Il appela Daru :

« Dis! »

30. L'irritation gagnait Daru: Daru was becoming irritated.

L'instituteur le regarda.

« Le gendarme revient demain?

— Je ne sais pas.

— Tu viens avec nous?

— Je ne sais pas. Pourquoi? »

Le prisonnier se leva et s'étendit à même les couvertures,[31] les pieds vers la fenêtre. La lumière de l'ampoule électrique lui tombait droit dans les yeux qu'il ferma aussitôt.

« Pourquoi? » répéta Daru, planté devant le lit.

L'Arabe ouvrit les yeux sous la lumière aveuglante et le regarda en s'efforçant de ne pas battre les paupières.

« Viens avec nous, » dit-il.

Au milieu de la nuit, Daru ne dormait toujours pas. Il s'était mis au lit après s'être complètement déshabillé : il couchait nu habituellement. Mais quand il se trouva sans vêtements dans la chambre, il hésita. Il se sentait vulnérable, la tentation lui vint de se rhabiller. Puis il haussa les épaules; il en avait vu d'autres[32] et, s'il le fallait, il casserait en deux son adversaire. De son lit, il pouvait l'observer, étendu sur le dos, toujours immobile et les yeux fermés sous la lumière violente. Quand Daru éteignit, les ténèbres semblèrent se congeler d'un coup. Peu à peu, la nuit redevint vivante dans la fenêtre où le ciel sans étoiles remuait doucement. L'instituteur distingua bientôt le corps étendu devant lui. L'Arabe ne bougeait toujours pas, mais ses yeux semblaient ouverts. Un léger vent rôdait autour de l'école. Il chasserait peut-être les nuages et le soleil reviendrait.

Dans la nuit, le vent grandit. Les poules s'agitèrent un peu, puis se turent. L'Arabe se retourna sur le côté, présentant le dos à Daru et celui-ci crut l'entendre gémir.[33] Il guetta ensuite sa respiration, devenue plus forte et plus régulière. Il écoutait ce souffle si proche et rêvait sans pouvoir s'endormir. Dans la chambre où, depuis un an, il dormait seul, cette présence le gênait. Mais elle le gênait

31. **à même les couvertures:** in the blankets *(without sheets);* **à même** = in direct contact with, right in. 32. **il en avait vu d'autres:** he had seen worse in his time. 33. **crut l'entendre gémir** = **crut qu'il l'entendait gémir.**

aussi parce qu'elle lui imposait une sorte de fraternité qu'il refusait dans les circonstances présentes et qu'il connaissait bien : les hommes, qui partagent les mêmes chambres, soldats ou prisonniers, contractent un lien étrange comme si, leurs armures quittées[34] avec les vêtements, ils se rejoignaient chaque soir, par-dessus leurs différences, dans la vieille communauté du songe et de la fatigue. Mais Daru se secouait, il n'aimait pas ces bêtises, il fallait dormir.

Un peu plus tard pourtant, quand l'Arabe bougea imperceptiblement, l'instituteur ne dormait toujours pas. Au deuxième mouvement du prisonnier, il se raidit, en alerte. L'Arabe se soulevait lentement sur les bras, d'un mouvement presque somnambulique. Assis sur le lit, il attendit, immobile, sans tourner la tête vers Daru, comme s'il écoutait de toute son attention. Daru ne bougea pas : il venait de penser que le revolver était resté dans le tiroir de son bureau. Il valait mieux agir tout de suite. Il continua cependant d'observer le prisonnier qui, du même mouvement huilé, posait ses pieds sur le sol, attendait encore, puis commençait à se dresser lentement. Daru allait l'interpeller quand l'Arabe se mit en marche, d'une allure naturelle cette fois, mais extraordinairement silencieuse. Il allait vers la porte du fond qui donnait sur l'appentis. Il fit jouer le loquet avec précaution et sortit en repoussant la porte derrière lui, sans la refermer. Daru n'avait pas bougé : « Il fuit, pensait-il seulement. Bon débarras ! » Il tendit pourtant l'oreille. Les poules ne bougeaient pas : l'autre était donc sur le plateau. Un faible bruit d'eau lui parvint alors dont il ne comprit ce qu'il était qu'au moment où l'Arabe s'encastra de nouveau dans la porte, la referma avec soin, et vint se recoucher sans un bruit. Alors Daru lui tourna le dos et s'endormit. Plus tard encore, il lui sembla entendre, du fond de son sommeil, des pas furtifs autour de l'école. « Je rêve, je rêve ! » se répétait-il. Et il dormait.

Quand il se réveilla, le ciel était découvert; par la fenêtre mal jointe entrait un air froid et pur. L'Arabe dormait, recroquevillé maintenant sous les couvertures, la bouche ouverte, totalement

34. leurs armures quittées = après avoir quitté leurs armures.

abandonné. Mais quand Daru le secoua, il eut un sursaut terrible, regardant Daru sans le reconnaître avec des yeux fous et une expression si apeurée que l'instituteur fit un pas en arrière. « N'aie pas peur. C'est moi. Il faut manger. » L'Arabe secoua la tête et dit oui. Le calme était revenu sur son visage, mais son expression restait absente et distraite.

Le café était prêt. Ils le burent, assis tous deux sur le lit de camp, en mordant leurs morceaux de galette. Puis Daru mena l'Arabe sous l'appentis et lui montra le robinet où il faisait sa toilette. Il rentra dans la chambre, plia les couvertures et le lit de camp, fit son propre lit et mit la pièce en ordre. Il sortit alors sur le terre-plein en passant par l'école. Le soleil montait déjà dans le ciel bleu; une lumière tendre et vive inondait le plateau désert. Sur le raidillon, la neige fondait par endroits. Les pierres allaient apparaître de nouveau. Accroupi au bord du plateau, l'instituteur contemplait l'étendue déserte. Il pensait à Balducci. Il lui avait fait de la peine, il l'avait renvoyé, d'une certaine manière, comme s'il ne voulait pas être dans le même sac. Il entendait encore l'adieu du gendarme et, sans savoir pourquoi, il se sentait étrangement vide et vulnérable. A ce moment, de l'autre côté de l'école, le prisonnier toussa. Daru l'écouta, presque malgré lui, puis, furieux, jeta un caillou qui siffla dans l'air avant de s'enfoncer dans la neige. Le crime imbécile de cet homme le révoltait, mais le livrer était contraire à l'honneur : d'y penser seulement le rendait fou d'humiliation. Et il maudissait à la fois les siens[35] qui lui envoyaient cet Arabe et celui-ci qui avait osé tuer et n'avait pas su s'enfuir. Daru se leva, tourna en rond sur le terre-plein, attendit, immobile, puis entra dans l'école.

L'Arabe, penché sur le sol cimenté de l'appentis, se lavait les dents avec deux doigts. Daru le regarda, puis : « Viens, » dit-il. Il rentra dans la chambre, devant le prisonnier. Il enfila une veste de chasse sur son chandail et chaussa des souliers de marche. Il attendit debout que l'Arabe eût remis son chèche et ses sandales. Ils passèrent dans l'école et l'instituteur montra la sortie à son compagnon.

35. les siens: his people.

« Va, » dit-il. L'autre ne bougea pas. « Je viens, » dit Daru. L'Arabe sortit. Daru rentra dans la chambre et fit un paquet avec des biscottes, des dattes et du sucre. Dans la salle de classe, avant de sortir, il hésita une seconde devant son bureau, puis il franchit le seuil de l'école et boucla la porte. « C'est par là, » dit-il. Il prit la direction de l'est, suivi par le prisonnier. Mais, à une faible distance de l'école, il lui sembla entendre un léger bruit derrière lui. Il revint sur ses pas, inspecta les alentours de la maison : il n'y avait personne. L'Arabe le regardait faire, sans paraître comprendre. « Allons, » dit Daru.

Ils marchèrent une heure et se reposèrent auprès d'une sorte d'aiguille calcaire. La neige fondait de plus en plus vite, le soleil pompait aussitôt les flaques, nettoyait à toute allure le plateau qui, peu à peu, devenait sec et vibrait comme l'air lui-même. Quand ils reprirent la route, le sol résonnait sous leurs pas. De loin en loin, un oiseau fendait l'espace devant eux avec un cri joyeux. Daru buvait, à profondes aspirations, la lumière fraîche. Une sorte d'exaltation naissait en lui devant le grand espace familier, presque entièrement jaune maintenant, sous sa calotte de ciel bleu. Ils marchèrent encore une heure, en descendant vers le sud. Ils arrivèrent à une sorte d'éminence aplatie, faite de rochers friables. A partir de là, le plateau dévalait, à l'est, vers une plaine basse où l'on pouvait distinguer quelques arbres maigres et, au sud, vers des amas rocheux qui donnaient au paysage un aspect tourmenté.

Daru inspecta les deux directions. Il n'y avait que le ciel à l'horizon, pas un homme ne se montrait. Il se tourna vers l'Arabe, qui le regardait sans comprendre. Daru lui tendit un paquet : « Prends, dit-il. Ce sont des dattes, du pain, du sucre. Tu peux tenir[36] deux jours. Voilà mille francs aussi. » L'Arabe prit le paquet et l'argent, mais il gardait ses mains pleines à hauteur de la poitrine, comme s'il ne savait que faire de ce qu'on lui donnait. « Regarde maintenant, dit l'instituteur, et il lui montrait la direction de l'est, voilà la route de Tinguit. Tu as deux heures de marche. A Tinguit, il y a l'administration et la police. Ils t'attendent. » L'Arabe regardait

36. tenir = vivre, subsister.

vers l'est, retenant toujours contre lui le paquet et l'argent. Daru lui prit le bras et lui fit faire, sans douceur, un quart de tour vers le sud. Au pied de la hauteur où ils se trouvaient, on devinait un chemin à peine dessiné. « Ça, c'est la piste qui traverse le plateau. A un jour de marche d'ici, tu trouveras les pâturages et les premiers nomades. Ils t'accueilleront et t'abriteront, selon leur loi. » L'Arabe s'était retourné maintenant vers Daru et une sorte de panique se levait sur son visage : « Écoute, » dit-il. Daru secoua la tête : « Non, tais-toi. Maintenant, je te laisse. » Il lui tourna le dos, fit deux grands pas dans la direction de l'école, regarda d'un air indécis l'Arabe immobile et repartit. Pendant quelques minutes, il n'entendit plus que son propre pas, sonore sur la terre froide, et il ne détourna pas la tête. Au bout d'un moment, pourtant, il se retourna. L'Arabe était toujours là, au bord de la colline, les bras pendants maintenant, et il regardait l'instituteur. Daru sentit sa gorge se nouer. Mais il jura d'impatience, fit un grand signe, et repartit. Il était déjà loin quand il s'arrêta de nouveau et regarda. Il n'y avait plus personne sur la colline.

Daru hésita. Le soleil était maintenant assez haut dans le ciel et commençait de lui dévorer le front. L'instituteur revint sur ses pas, d'abord un peu incertain, puis avec décision. Quand il parvint à la petite colline, il ruisselait de sueur. Il la gravit à toute allure et s'arrêta, essoufflé, sur le sommet. Les champs de roche, au sud, se dessinaient nettement sur le ciel bleu, mais sur la plaine, à l'est, une buée de chaleur montait déjà. Et dans cette brume légère, Daru, le cœur serré, découvrit l'Arabe qui cheminait lentement sur la route de la prison.

Un peu plus tard, planté devant la fenêtre de la salle de classe, l'instituteur regardait sans la voir la jeune lumière bondir des hauteurs du ciel sur toute la surface du plateau. Derrière lui, sur le tableau noir, entre les méandres des fleuves français s'étalait, tracée à la craie par une main malhabile, l'inscription qu'il venait de lire : « Tu as livré notre frère. Tu paieras. » Daru regardait le ciel, le plateau et, au-delà, les terres invisibles qui s'étendaient jusqu'à la mer. Dans ce vaste pays qu'il avait tant aimé, il était seul.

Jean-Paul Sartre

1905–

Jean-Paul Sartre—novelist, playwright, critic, and philosopher—became a *cause célèbre* in the world of letters during the late 1940's and early 1950's. His play *Huis clos* was first performed in Paris during the German occupation. It was revived immediately after the war, quickly translated into other languages, and produced in New York as *No Exit*. The great interest evoked abroad by this short play can be attributed largely to curiosity. France, the traditional exporter of ideas, had been silent for five years; and Sartre's Existentialism was the first new, thought-provoking notion thrown onto the world-stage since the end of hostilities. Audiences didn't understand its metaphysics, but they were fascinated by what it produced—in the case of *Huis clos*, a compelling and repulsive play.

It is a melodrama about two women and a man who are locked in a room. The characters are so matched that there is no possible way for them to get along together, since for each of them the presence of the other two is torture. We learn that the room imprisoning them is a part of hell, and the theme of the play turns out to be: Hell is other people. The play shocks, compels, and repulses. It is to help the reader grasp the rhythms and patterns of this diabolical fugue that the following paragraphs review some salient facts about the author and the "Existentialist" picture of Man he offers the world.

Jean-Paul Sartre was a lycée teacher of philosophy before he became a professional man of letters addressing himself to playgoers and novel readers as well as to students of dialectic. Intellectually, he is an atheist, a humanist, and a left-wing socialist. Like many militant realists, he has an evident taste for what people normally call ugly. This taste is revealed in his vocabulary as well as in his choice of characters and titles. The hero of *Huis clos* is a coward who enjoys the odor of men in shirtsleeves, smoking cigars. The author's first novel bore the title *La Nausée*, and his first play was called *Les Mouches*. Both his fiction and his philosophical works are decorated with images of slimy fluids, things neither liquid nor solid which flow like molasses and stick like glue. When a writer of such tastes seeks a symbol for the plant world, he does not light upon a rosy apple or a sun-kissed orange; he talks about a cucumber. This predilection for the sordid sometimes blinds readers to Sartre the philosopher and literary artist. On this score, his admirers are quick to assert that the very crudity of his imagery serves to accentuate the pattern of his thought, which is his philosophy, and the form of presentation, which is his art.

Since Jean-Paul Sartre is primarily a philosopher, even his fiction is anchored to a metaphysical question: What is man?—What am I? The Existentialist answer to this question tosses out classical philosophic distinctions between appearance and reality as academic and useless. A man is what he does and how he looks, nothing more. An individual life is the sum of one's deeds performed in a world of other people. Jean-Paul Sartre's plays and novels are accounts of how a man defines himself through his actions. In describing what man does, he delineates a personal answer to the question of what man is and, in doing so, gives his own definition of the human predicament.

Perhaps the best way to introduce Sartre's picture of the human predicament is to place it in crude contrast with the orthodoxies proposed by the Christians and the Marxists, who are his major adversaries.

According to the traditional Christian view, man lives in a universe composed of matter and spirit. Spirit is of God. It is eternal and, in the form of the human soul, somehow inhabits matter in which it must undergo a trial of good and evil in order to work out its salvation. The Christian has a choice between spiritual and material values, between eternal life and the brief life of this world.

According to the orthodox Marxist view, man lives in a world composed exclusively of matter, some of which happens to be conscious. Material, organic, and social man are all reducible to operations governed by the immutable laws of a system. It is true that physical man, biological man, economic man do evolve; but these evolutions occur in strict accord with a natural process which began in primitive chaos and will end in the Utopian perfection of the socialist state. Intelligent man, says the Marxist, is free to accelerate the evolution, just as reactionary man is free to retard it.

Both Christians and Marxists see the present as a transitory stage in time. In the Christian view, time itself will end when God destroys the world and harvests the spirits of the just. In the Marxists', the present is a stage in the development of a socialist paradise. In both cases the highest good for the poor creature "here and now" is to ally himself with something larger than himself, be it God or a process.

Like Marxist man, Jean-Paul Sartre's individual lives in a world of things. However, Sartrian man is not satisfied to define himself as a chunk of matter that happens to be conscious. Instead, like the Christians who separate body and soul, he sets part of himself *against* nature. It is as if he were declaring himself a creature which would like to live *for itself*, divorced from both the natural and historical process into which he was born. Christians, Marxists, and Existentialists all start with the statement that man is matter, plus something else, and affirm that it is this "something else" which makes all the difference. "I am matter occupied by spirit," says the Christian—who values the eternal soul. "I am matter that is conscious," says the Marxist—who values intelligence. "I am matter that chooses to exist on its own," says Sartre, whose value is *existence*. Sartre's philosophy is an exposition of what it means to *exist* and a description of various stages in achieving it.

We have said that Sartre's world is made up of things. By "things" is meant all the objects a man perceives and deals with in the business of living. A thing is typified by *the stone*, and the verb *to be* is reserved for statements describing it. The stone *is*.

The stone *is*, but man *exists*. What is the difference? A man *exists* because he is responsible for *choosing* what he does and for the image of himself that these acts reveal. It is true that both man and the stone will sink in water and that in this respect both are things obeying laws of matter. However, insofar as a man is responsible for drowning in Lake Erie rather than in Lake Huron or for not taking precautions against drowning at all, whatever happens to him is the result of some choicc he has made. It is this freedom of choice that characterizes *existence*. "I am my freedom," says Sartre. "I *exist* insofar as I declare myself responsible for my deeds."

This responsibility is painful. It is painful because, as a free man selecting a course of action, one needs a criterion to support his judgment. Such moral supports are not to be found—unless one subjects oneself to an outside authority proposed by the church or the philosophers. Freedom is therefore an uncomfortable burden. Yet one dare not relinquish it, for to resign the responsibility which makes an act one's own is to become the moral equivalent of a stone—*petrified*.

The stone *is* because it is a thing obeying the laws of things. Man *exists* because he is a thing in conflict with the laws of nature and society. But between the man who acts and the stone which reacts there is a third category. This is the realm of organic life (remember the cucumber?) where there is action but no choice, and therefore no responsibility. As a plant turns toward the sun, so a child conforms to its mother's will. Both the plant and the child perform an action, but neither makes a choice. Morally, each is *a vegetable*.

The *stone*, the *vegetable*, the *authentic person*: these are Sartrian images for the three states of the human soul, three points of reference on the moral spectrum. As a stone, man is a product of his environment—physical, content, and morally petrified. As a vegetable he is just enough alive to be troubled by his lack of responsibility, but too weak to assert it. He feels the moral nausea of a consciousness that is reluctantly conforming to patterns of behavior imposed from without. These are the people who are waiting for a million dollars or for a chance to show their talents; they are all of us who bewail the fact that we have not yet *done our acts*. It is for such people that Sartre reserves adjectives like slimy, gluey, sticky, syrupy, and morally viscid. One cannot say whether such a man *is* or *exists* because his life is formless, belonging neither to nature nor to himself.

The authentic person knows neither the contentment of being petrified nor the nausea of vegetable ambiguity. He belongs to himself. He *exists*. He rates the adjective "liquid," and suffers the torment of freedom. This torment comes from never knowing what sort of man he *is*, because this is what his future *acts* will reveal. The day his character becomes *fixed* all his deeds will have been performed, the line drawn, the sum totaled, and choice and change will no longer be possible. Such a person will have reconciled his quarrel with nature and returned to the world of things. He will have returned from *exile* (which is freedom) and passed out of existence. This urge to *fix* oneself by saying "This is what I am" marks the man who is in love with death. He lives with his face to *the wall*, which in Sartrian imagery stands for the mysterious boundary between freedom and non*exist*ence.

This is a rough spectrographic analysis of the light which Jean-Paul Sartre would use to illuminate our lives. Under this light we see ourselves as stone, vegetable, or authentic person; as thing, organism, or freedom. At one end of the spectrum is passivity; at the other is struggle. In the middle there is an equivocal state marked by moral nausea. As soon as we apply this imagery to ourselves, we see that we are all three at once. In terms of responsibility, we may be self-possessed and active, we may exist; but in terms of our bodies which do the acting, we are allied to nature and must conform to her laws. And it is not just for us that our bodies are troublesome things. In the eyes of *other people* they are all that appears of us.

In the eyes of *other people* I am a *thing*, occupying space in the world of their existence. In their efforts to understand me, they act like the Medusa—the mythological monster into whose eyes men could look only at the price of being turned into stone. When I use other people as a mirror and ask them to say who I am, they petrify me by telling me what kind of man I *appear* to be. Under their Medusa gaze I feel naked and guilty, because in the eyes of my spectator I see only the acts I have done, and not those I would like to do.

Thus *other people* who watch, judge, and objectify are a permanent threat to my freedom. But this is only half the story. While I am petrified by their gaze, I am also tortured by the knowledge that we are inseparable. I need them to tell me how I look in the world of action—brave, bright, intelligent? For when I evaluate my own acts, they are inevitably colored by my own intentions and never fully belong to the objective world. Only *other people* see my acts as natural events, only they can give me a portrait of the man those acts reveal. Yet any portrait they give me is drawn according to what I have already done, and admits nothing of what I might do in the future. As observers, they are blind to my freedom. When I ask who I *am*, they reply by telling me what I *was*. In this way, other people mock my existence and are my personal hell. I take little satisfaction in reflecting that, if they are hell to me, I am also hell to them.

Hell is other people and is always with us; but we live on earth, not in Hades. And life on earth offers certain weapons of defense against the petrifying eye of the Medusa. There is *escape*: we can run off to the mountains or lock ourselves in the study; we can seek refuge behind a barrier of silence; we can refuse to meet them face-to-face; or we can just close our eyes and go to sleep. Then there is *disguise*: in order to avoid the Medusa's eye, we can be hypocritical or we can be polite; and, sometimes, when we wear the disguise too well, we will ourselves be taken in by the mask, which is what Sartre calls *bad faith*. Other defensive weapons are *love* and *pity*, by means of which one reaches out with the illusion that he possesses the other person. There is *prayer* for outside assistance. And last of all there is *violence*: we can take up Perseus' sword to slay the Gorgon monster; or, lacking the courage to do that, we can escape "the eye" by committing suicide.

In *Huis clos* Sartre imagines a hell-after-life, a place of punishment and perdition where all these normal defenses against *other people* disappear. Into a shabby room of one-time bourgeois elegance come three people whose life on earth has damned them to eternal torment. They are nervous, frightened, and on guard against the torture that awaits them. Only gradually does the audience accept the fact that this is hell, and that these people are dead. Death here does not mean a loss of consciousness or a disintegration of the body. It means moving to the other side of *the wall*, passing into a realm where all deeds are done and character is once and for all determined. Garcin *is* a coward. Inès *is* a fiend. Estelle *is* a monster of weakness and selfishness. These people have left their *existence* behind them. They are no longer free to be different. Their hell grows progressively hotter as we watch their defenses stripped off, one at a time, until the three characters are revealed "naked as worms," caught in an infernal circle of human needs and unmitigated hatreds. The very last horror revealed to the trio is the realization that this is the way things are going to be forever.

Squeamishness is another of life's accustomed evasions against the too intrusive eye. For the duration of the play there will be no evading: we too must look the human hell squarely in the face.

Huis clos

MÉLODRAME EXISTENTIALISTE DE JEAN-PAUL SARTRE

Personnages

INÈS GARCIN

ESTELLE LE GARÇON

Huis clos *a été présenté pour la première fois au Théâtre du Vieux-Colombier en mai 1944.*

Décor

Un salon style Second Empire.[1]
Un bronze[2] sur la cheminée.

Scène I

GARCIN. LE GARÇON D'ÉTAGE.

GARCIN *(il entre et regarde autour de lui)*. Alors voilà.

LE GARÇON. Voilà.

GARCIN. C'est comme ça . . .

LE GARÇON. C'est comme ça.

GARCIN. Je . . . Je pense qu'à la longue[3] on doit s'habituer aux meubles.

LE GARÇON. Ça dépend des personnes.

GARCIN. Est-ce que toutes les chambres sont pareilles?

LE GARÇON. Pensez-vous. Il nous vient des Chinois, des Hindous. Qu'est-ce que vous voulez qu'ils fassent d'un fauteuil Second Empire?

1. **Second Empire:** *reign of Louis Napoleon (1851-1870); in interior decoration, a style of heavy pseudo-elegance.* 2. **un bronze:** a bronze bust. 3. **à la longue:** in the long run.

GARCIN. Et moi, qu'est-ce que vous voulez que j'en fasse? Savez-vous qui j'étais? Bah! ça n'a aucune importance. Après tout, je vivais toujours dans des meubles que je n'aimais pas et des situations fausses; j'adorais ça. Une situation fausse dans une salle à manger Louis-Philippe,[4] ça ne vous dit rien?

LE GARÇON. Vous verrez : dans un salon Second Empire, ça n'est pas mal non plus.[5]

GARCIN. Ah? Bon. Bon, bon, bon. *(Il regarde autour de lui.)* Tout de même, je ne me serais pas attendu . . .[6] Vous n'êtes pas sans savoir ce qu'on raconte là-bas?

LE GARÇON. Sur quoi?

GARCIN. Eh bien . . . *(avec un geste vague et large)* sur tout ça.

LE GARÇON. Comment pouvez-vous croire ces âneries? Des personnes qui n'ont jamais mis les pieds ici. Car enfin, si elles y étaient venues . . .

GARCIN. Oui.

Ils rient tous deux.

GARCIN *(redevenant sérieux tout à coup).* Où sont les pals?

LE GARÇON. Quoi?

GARCIN. Les pals, les grils, les entonnoirs de cuir.[7]

LE GARÇON. Vous voulez rire?

GARCIN *(le regardant).* Ah? Ah bon. Non, je ne voulais pas rire. *(Un silence. Il se promène.)* Pas de glaces, pas de fenêtres, naturellement. Rien de fragile. *(Avec une violence subite.)* Et pourquoi m'a-t-on ôté ma brosse à dents?

LE GARÇON. Et voilà. Voilà la dignité humaine qui vous revient. C'est formidable.

GARCIN *(frappant sur le bras du fauteuil avec colère).* Je vous prie de m'épargner vos familiarités. Je n'ignore rien[8] de ma position, mais je ne supporterai pas que vous . . .

4. **Louis-Philippe:** *king of France (1830–1848), so-called "middle-class" king whose reign preceded the Second Empire; in interior decoration, an eclectic style generally considered bad taste.* 5. **ça n'est pas mal non plus:** that's not bad either. 6. **je ne me serais pas attendu (à):** I would never have expected. 7. **les pals, les grils, les entonnoirs de cuir:** stakes, grills, leather funnels *(torture instruments)*. 8. **Je n'ignore rien:** I am fully aware.

LE GARÇON. Là! là! Excusez-moi. Qu'est-ce que vous voulez, tous les clients posent la même question. Ils s'amènent :[9] « Où sont les pals? » A ce moment-là, je vous jure qu'ils ne songent pas à faire leur toilette. Et puis, dès qu'on les a rassurés, voilà la brosse à dents. Mais, pour l'amour de Dieu, est-ce que vous ne pouvez pas réfléchir? Car enfin, je vous le demande,[10] *pourquoi* vous brosseriez-vous les dents?

GARCIN *(calmé).* Oui, en effet, pourquoi? *(Il regarde autour de lui.)* Et pourquoi se regarderait-on dans les glaces? Tandis que le bronze, à la bonne heure ... J'imagine qu'il y a de certains moments où je regarderai de tous mes yeux.[11] De tous mes yeux, hein? Allons, allons, il n'y a rien à cacher; je vous dis que je n'ignore rien de ma position. Voulez-vous que je vous raconte comment cela se passe? Le type suffoque, il s'enfonce, il se noie, seul son regard est hors de l'eau et qu'est-ce qu'il voit? Un bronze de Barbedienne.[12] Quel cauchemar! Allons, on vous a sans doute défendu de me répondre, je n'insiste pas. Mais rappelez-vous qu'on ne me prend pas au dépourvu,[13] ne venez pas vous vanter de m'avoir surpris; je regarde la situation en face. *(Il reprend sa marche.)* Donc, pas de brosse à dents. Pas de lit non plus. Car on ne dort jamais, bien entendu?

LE GARÇON. Dame!

GARCIN. Je l'aurais parié. *Pourquoi* dormirait-on? Le sommeil vous prend derrière les oreilles.[14] Vous sentez vos yeux qui se ferment, mais pourquoi dormir? Vous vous allongez sur le canapé et pffft ... le sommeil s'envole. Il faut se frotter les yeux, se relever et tout recommence.

LE GARÇON. Que vous êtes romanesque!

GARCIN. Taisez-vous. Je ne crierai pas, je ne gémirai pas, mais je veux regarder la situation en face. Je ne veux pas qu'elle saute sur moi par derrière, sans que j'aie pu la reconnaître. Romanesque? Alors c'est qu'on n'a même pas besoin de sommeil.

9. Ils s'amènent: They show up, arrive. **10. je vous le demande:** I ask you! **11. de tous mes yeux:** with my eyes really open. **12. Barbedienne:** *manufacturer of bronze reductions of classic statuary, fashionable in the mid-nineteenth century.* **13. au dépourvu:** unprepared. **14. vous prend derrière les oreilles:** creeps up on you.

Pourquoi dormir si on n'a pas sommeil? Parfait. Attendez. Attendez: pourquoi est-ce pénible? Pourquoi est-ce forcément pénible? J'y suis :[15] c'est la vie sans coupure.

LE GARÇON. Quelle coupure?

GARCIN (*l'imitant*). Quelle coupure? (*Soupçonneux.*) Regardez-moi. J'en étais sûr! Voilà ce qui explique l'indiscrétion grossière et insoutenable de votre regard. Ma parole, elles sont atrophiées.

LE GARÇON. Mais de quoi parlez-vous?

GARCIN. De vos paupières. Nous, nous battions des paupières.[16] Un clin d'œil,[17] ça s'appelait. Un petit éclair noir, un rideau qui tombe et qui se relève : la coupure est faite. L'œil s'humecte, le monde s'anéantit. Vous ne pouvez pas savoir combien c'était rafraîchissant. Quatre mille repos dans une heure. Quatre mille petites évasions. Et quand je dis quatre mille . . . Alors? Je vais vivre sans paupières? Ne faites pas l'imbécile.[18] Sans paupières, sans sommeil, c'est tout un.[19] Je ne dormirai plus . . . Mais comment pourrai-je me supporter? Essayez de comprendre, faites un effort : je suis d'un caractère taquin, voyez-vous, et je . . . j'ai l'habitude de me taquiner. Mais je . . . je ne peux pas me taquiner sans répit : là-bas il y avait les nuits. Je dormais. J'avais le sommeil douillet. Par compensation.[20] Je me faisais faire des rêves simples. Il y avait une prairie . . . Une prairie, c'est tout. Je rêvais que je me promenais dedans. Fait-il jour?

LE GARÇON. Vous voyez bien, les lampes sont allumées.

GARCIN. Parbleu. C'est ça *votre* jour. Et dehors?

LE GARÇON (*ahuri*). Dehors?

GARCIN. Dehors! de l'autre côté de ces murs?

LE GARÇON. Il y a un couloir.

GARCIN. Et au bout de ce couloir?

LE GARÇON. Il y a d'autres chambres et d'autres couloirs et des escaliers.

GARCIN. Et puis?

15. J'y suis: I've got it. **16. battions des paupières:** blinked. **17. un clin d'œil:** a blink. **18. Ne faites pas l'imbécile:** Don't be stupid. **19. c'est tout un:** it's the same thing. **20. Par compensation:** As a reward, in payment for it.

LE GARÇON. C'est tout.

GARCIN. Vous avez bien un jour de sortie.[21] Où allez-vous?

LE GARÇON. Chez mon oncle, qui est chef des garçons, au troisième étage.

GARCIN. J'aurais dû m'en douter.[22] Où est l'interrupteur?

LE GARÇON. Il n'y en a pas.

GARCIN. Alors? On ne peut pas éteindre?

LE GARÇON. La direction peut couper le courant. Mais je ne me rappelle pas qu'elle l'ait fait à cet étage-ci. Nous avons l'électricité à discrétion.[23]

GARCIN. Très bien. Alors il faut vivre les yeux ouverts ...[24]

LE GARÇON *(ironique)*. Vivre ...

GARCIN. Vous n'allez pas me chicaner pour une question de vocabulaire. Les yeux ouverts. Pour toujours. Il fera grand jour[25] dans mes yeux. Et dans ma tête. *(Un temps.)* Et si je balançais le bronze sur la lampe électrique, est-ce qu'elle s'éteindrait?

LE GARÇON. Il est trop lourd.

GARCIN *(prend le bronze dans ses mains et essaye de le soulever)*. Vous avez raison. Il est trop lourd.

Un silence.

LE GARÇON. Eh bien, si vous n'avez plus besoin de moi, je vais vous laisser.

GARCIN *(sursautant)*. Vous vous en allez? Au revoir. *(*LE GARÇON *gagne la porte.)* Attendez. *(*LE GARÇON *se retourne.)* C'est une sonnette, là? *(*LE GARÇON *fait un signe affirmatif.)* Je peux vous sonner quand je veux et vous êtes obligé de venir?

LE GARÇON. En principe, oui. Mais elle est capricieuse. Il y a quelque chose de coincé[26] dans le mécanisme.

GARCIN *va à la sonnette et appuie sur le bouton. Sonnerie.*

GARCIN. Elle marche![27]

21. **jour de sortie:** day off. 22. **J'aurais dû m'en douter:** I should have guessed as much. 23. **à discrétion:** as much as we like. 24. **il faut vivre les yeux ouverts:** we've got to live with our eyes open. 25. **fera grand jour:** will be broad daylight. 26. **quelque chose de coincé:** something jammed. 27. **Elle marche!** It works!

LE GARÇON *(étonné).* Elle marche. *(Il sonne à son tour.)* Mais ne vous emballez pas,[28] ça ne va pas durer. Allons, à votre service.

GARCIN *(fait un geste pour le retenir).* Je . . .

LE GARÇON. Hé?

GARCIN. Non, rien. *(Il va à la cheminée et prend le coupe-papier.)* Qu'est-ce que c'est que ça?

LE GARÇON. Vous voyes bien : un coupe-papier.

GARCIN. Il y a des livres, ici?

LE GARÇON. Non.

GARCIN. Alors à quoi sert-il?[29] (LE GARÇON *hausse les épaules.)* C'est bon. Allez-vous-en.

LE GARÇON *sort.*

Scène II

GARCIN *(seul).*

GARCIN *seul. Il va au bronze et le flatte de la main.*[30] *Il s'assied. Il se relève. Il va à la sonnette et appuie sur le bouton. La sonnette ne sonne pas. Il essaie deux ou trois fois. Mais en vain. Il va alors à la porte et tente de l'ouvrir. Elle résiste. Il appelle.*

GARCIN. Garçon! Garçon!

Pas de réponse. Il fait pleuvoir une grêle de coups de poings sur la porte[31] *en appelant le garçon. Puis il se calme subitement et va se rasseoir. A ce moment la porte s'ouvre et* INÈS *entre, suivie du* GARÇON.

28. ne vous emballez pas: don't get overjoyed. **29. Alors à quoi sert-il?** Then what's it good for? **30. le flatte de la main:** pats it. **31. Il fait pleuvoir une grêle de coups de poings sur la porte:** he sets up (rains) a hailstorm of fistblows on the door—*i.e., he pounds on the door.*

Scène III

GARCIN. INÈS. LE GARÇON.

LE GARÇON *(à* GARCIN*)*. Vous m'avez appelé?

GARCIN *va pour répondre, mais il jette un coup d'œil à* INÈS.

GARCIN. Non.

LE GARÇON *(se tournant vers* INÈS*)*. Vous êtes chez vous, madame.[32] *(Silence d'*INÈS.*)* Si vous avez des questions à me poser . . . *(*INÈS *se tait.)*

LE GARÇON *(déçu)*. D'ordinaire les clients aiment à se renseigner . . . Je n'insiste pas. D'ailleurs, pour la brosse à dents, la sonnette et le bronze de Barbedienne, monsieur est au courant[33] et il vous répondra aussi bien que moi.

Il sort. Un silence. GARCIN *ne regarde pas* INÈS. INÈS *regarde autour d'elle, puis elle se dirige brusquement vers* GARCIN.

INÈS. Où est Florence? *(Silence de* GARCIN.*)* Je vous demande où est Florence?

GARCIN. Je n'en sais rien.

INÈS. C'est tout ce que vous avez trouvé?[34] La torture par l'absence? Eh bien, c'est manqué. Florence était une petite sotte et je ne la regrette pas.

GARCIN. Je vous demande pardon : pour qui me prenez-vous?

INÈS. Vous? Vous êtes le bourreau.

GARCIN *(sursaute et puis se met à rire)*. C'est une méprise tout à fait amusante. Le bourreau, vraiment! Vous êtes entrée, vous m'avez regardé et vous avez pensé : c'est le bourreau. Quelle extravagance! Le garçon est ridicule, il aurait dû nous présenter l'un à l'autre. Le bourreau! Je suis Joseph Garcin, publiciste et homme de lettres. La vérité, c'est que nous sommes logés à la même enseigne.[35] Madame . . .

INÈS *(sèchement)*. Inès Serrano. Mademoiselle.

32. **Vous êtes chez vous, madame:** Make yourself at home, lady. 33. **est au courant:** knows all about it. 34. **C'est tout ce que vous avez trouvé?** Is that the best you can do? 35. **nous sommes logés à la même enseigne:** we're in the same boat.

GARCIN. Très bien. Parfait. Eh bien, la glace est rompue. Ainsi vous me trouvez la mine d'un bourreau?[36] Et à quoi[37] les reconnaît-on, les bourreaux, s'il vous plaît?

INÈS. Ils ont l'air d'avoir peur.

GARCIN. Peur? C'est trop drôle. Et de qui? De leurs victimes?

INÈS. Allez! Je sais ce que je dis. Je me suis regardée dans la glace.

GARCIN. Dans la glace? *(Il regarde autour de lui.)* C'est assommant : Ils ont ôté tout ce qui pouvait ressembler à une glace. *(Un temps.)* En tout cas, je puis vous affirmer que je n'ai pas peur. Je ne prends pas la situation à la légère[38] et je suis très conscient de sa gravité. Mais je n'ai pas peur.

INÈS *(haussant les épaules).* Ça vous regarde.[39] *(Un temps.)* Est-ce qu'il vous arrive de temps en temps d'aller faire un tour[40] dehors?

GARCIN. La porte est verrouillée.

INÈS. Tant pis.

GARCIN. Je comprends très bien que ma présence vous importune. Et personnellement, je préférerais rester seul : il faut que je mette ma vie en ordre et j'ai besoin de me recueillir.[41] Mais je suis sûr que nous pourrons nous accommoder l'un de l'autre : je ne parle pas, je ne remue guère et je fais peu de bruit. Seulement, si je peux me permettre un conseil,[42] il faudra conserver entre nous une extrême politesse. Ce sera notre meilleure défense.

INÈS. Je ne suis pas polie.

GARCIN. Je le serai donc pour deux.

Un silence. GARCIN *est assis sur le canapé.* INÈS *se promène de long en large.*[43]

INÈS *(le regardant).* Votre bouche.

GARCIN *(tiré de son rêve).* Plaît-il?[44]

36. vous me trouvez la mine d'un bourreau? you think I look like an executioner? **37. à quoi:** by what *(means).* **38. à la légère:** lightly. **39. Ça vous regarde:** That's your business. **40. faire un tour:** to take a walk. **41. me recueillir:** to collect my thoughts. **42. si je peux me permettre un conseil:** if I may be allowed to make a suggestion. **43. de long en large:** back and forth. **44. Plaît-il?** I beg your pardon? What did you say?

INÈS. Vous ne pourriez pas arrêter votre bouche? Elle tourne comme une toupie sous votre nez.

GARCIN. Je vous demande pardon : je ne m'en rendais pas compte.[45]

INÈS. C'est ce que je vous reproche. *(Tic[46] de* GARCIN.*)* Encore! Vous prétendez être poli et vous laissez votre visage à l'abandon. Vous n'êtes pas seul et vous n'avez pas le droit de m'infliger le spectacle de votre peur.

GARCIN *se lève et va vers elle.*

GARCIN. Vous n'avez pas peur, vous?

INÈS. Pourquoi faire?[47] La peur, c'était bon *avant*, quand nous gardions de l'espoir.

GARCIN *(doucement)*. Il n'y a plus d'espoir, mais nous sommes toujours *avant*. Nous n'avons pas commencé de souffrir, mademoiselle.

INÈS. Je sais. *(Un temps.)* Alors? Qu'est-ce qui va venir?

GARCIN. Je ne sais pas. J'attends.

Un silence. GARCIN *va se rasseoir.* INÈS *reprend sa marche.* GARCIN *a un tic de la bouche, puis, après un regard à* INÈS, *il enfouit son visage dans ses mains. Entrent* ESTELLE *et* LE GARÇON.

Scène IV

INÈS. GARCIN. ESTELLE. LE GARÇON.

ESTELLE *regarde* GARCIN, *qui n'a pas levé la tête.*

ESTELLE *(à* GARCIN*)*. Non! Non, non, ne relève pas la tête. Je sais ce que tu caches avec tes mains, je sais que tu n'as plus de visage. *(*GARCIN *retire ses mains.)* Ha! *(Un temps. Avec surprise.)* Je ne vous connais pas.

GARCIN. Je ne suis pas le bourreau, madame.

ESTELLE. Je ne vous prenais pas pour le bourreau. Je ... J'ai

45. je ne m'en rendais pas compte: I didn't know what I was doing. **46. tic:** *Garcin is afflicted with an involuntary muscle twitch or tic.* **47. Pourquoi faire?** Why should I?

cru que quelqu'un voulait me faire une farce.[48] *(Au* GARÇON.*)* Qui attendez-vous encore?

LE GARÇON. Il ne viendra plus personne.[49]

ESTELLE *(soulagée).* Ah! Alors nous allons rester tout seuls, monsieur, madame et moi?

Elle se met à rire.

GARCIN *(sèchement).* Il n'y a pas de quoi rire.[50]

ESTELLE *(riant toujours).* Mais ces canapés sont si laids. Et voyez comme on les a disposés, il me semble que c'est le premier de l'an et que je suis en visite chez ma tante Marie. Chacun a le sien, je suppose. Celui-ci est à moi? *(Au* GARÇON.*)* Mais je ne pourrai jamais m'asseoir dessus, c'est une catastrophe : je suis en bleu clair et il est vert épinard.

INÈS. Voulez-vous le mien?

ESTELLE. Le canapé bordeaux? Vous êtes trop gentille, mais ça ne vaudrait guère mieux. Non, qu'est-ce que vous voulez?[51] Chacun son lot : J'ai le vert, je le garde. *(Un temps.)* Le seul qui conviendrait à la rigueur,[52] c'est celui de monsieur.

Un silence.

INÈS. Vous entendez, Garcin?

GARCIN *(sursautant).* Le ... canapé. Oh! Pardon. *(Il se lève.)* Il est à vous, madame.

ESTELLE. Merci. *(Elle ôte son manteau et le jette sur le canapé. Un temps.)* Faisons connaissance puisque nous devons habiter ensemble. Je suis Estelle Rigault.

GARCIN *s'incline et va se nommer, mais* INÈS *passe devant lui.*

INÈS. Inès Serrano. Je suis très heureuse.

GARCIN *s'incline à nouveau.*

GARCIN. Joseph Garcin.

LE GARÇON. Avez-vous encore besoin de moi?

ESTELLE. Non, allez. Je vous sonnerai.[53]

* LE GARÇON *s'incline et sort.*

48. me faire une farce: play a joke on me. **49. Il ne viendra plus personne:** No one else is coming. **50. Il n'y a pas de quoi rire:** There is nothing to laugh about. **51. qu'est-ce que vous voulez:** it's out of our hands. **52. à la rigueur:** in a pinch. **53. Je vous sonnerai:** I'll ring for you *(when I need you).*

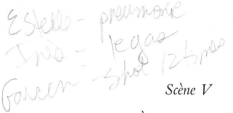

Scène V

INÈS. GARCIN. ESTELLE.

INÈS. Vous êtes très belle. Je voudrais avoir des fleurs pour vous souhaiter la bienvenue.

ESTELLE. Des fleurs? Oui. J'aimais beaucoup les fleurs. Elles se faneraient ici : il fait trop chaud. Bah! L'essentiel, n'est-ce pas, c'est de conserver la bonne humeur. Vous êtes ...

INÈS. Oui, la semaine dernière. Et vous?

ESTELLE. Moi? Hier. La cérémonie n'est pas achevée. *(Elle parle avec beaucoup de naturel, mais comme si elle voyait ce qu'elle décrit.)* Le vent dérange le voile de ma sœur. Elle fait ce qu'elle peut pour pleurer. Allons! allons! encore un effort.[54] Voilà! Deux larmes, deux petites larmes qui brillent sous le crêpe. Olga Jardet est très laide ce matin. Elle soutient ma sœur par le bras. Elle ne pleure pas à cause du rimmel et je dois dire qu'à sa place ... C'était ma meilleure amie.

INÈS. Vous avez beaucoup souffert?

ESTELLE. Non. J'étais plutôt abrutie.

INÈS. Qu'est-ce que ...?

ESTELLE. Une pneumonie. *(Même jeu que précédemment.[55])* Eh bien, ça y est, ils s'en vont. Bonjour! Bonjour! Que de poignées de main.[56] Mon mari est malade de chagrin, il est resté à la maison. *(A* INÈS.*)* Et vous?

INÈS. Le gaz.

ESTELLE. Et vous, monsieur?

GARCIN. Douze balles dans la peau. *(Geste d'*ESTELLE.*)* Excusez-moi, je ne suis pas un mort de bonne compagnie.[57]

ESTELLE. Oh! cher monsieur, si seulement vous vouliez bien ne pas user de mots si crus. C'est ... c'est choquant. Et finalement, qu'est-ce que ça veut dire? Peut-être n'avons-nous jamais été si

54. Allons! encore un effort: Come on, try again. **55. Même jeu que précédemment:** She goes through the same act as before *(seeing the people at her own funeral).* **56. poignées de main:** handshakes. **57. un mort de bonne compagnie:** a jovial corpse.

vivants. S'il faut absolument nommer cet ... état de choses, je propose qu'on nous appelle des absents, ce sera plus correct. Vous êtes absent depuis longtemps?

GARCIN. Depuis un mois, environ.

ESTELLE. D'où êtes-vous?

GARCIN. De Rio.[58]

ESTELLE. Moi, de Paris. Vous avez encore quelqu'un, là-bas?

GARCIN. Ma femme. *(Même jeu qu'*ESTELLE.[59]*)* Elle est venue à la caserne comme tous les jours : on ne l'a pas laissé entrer. Elle regarde entre les barreaux de la grille. Elle ne sait pas encore que je suis absent, mais elle s'en doute. Elle s'en va, à présent. Elle est toute noire. Tant mieux, elle n'aura pas besoin de se changer. Elle ne pleure pas; elle ne pleurait jamais. Il fait un beau soleil[60] et elle est toute noire dans la rue déserte, avec ses grands yeux de victime. Ah! Elle m'agace.

Un silence. GARCIN *va s'asseoir sur le canapé du milieu et se met la tête dans les mains.*

INÈS. Estelle!

ESTELLE. Monsieur, monsieur Garcin!

GARCIN. Plaît-il?

ESTELLE. Vous êtes assis sur mon canapé.

GARCIN. Pardon.

Il se lève.

ESTELLE. Vous aviez l'air si absorbé.

GARCIN. Je mets ma vie en ordre. (INÈS *se met à rire.)* Ceux qui rient feraient aussi bien de m'imiter.

INÈS. Elle est en ordre ma vie. Tout à fait en ordre. Elle s'est mise en ordre d'elle-même, là-bas, je n'ai pas besoin de m'en préoccuper.

GARCIN. Vraiment? Et vous croyez que c'est si simple! *(Il se passe la main sur le front.)* Quelle chaleur! Vous permettez?

Il va pour ôter son veston.

58. Rio = Rio de Janeiro. **59.** *At this point Garcin also starts to see events occurring outside the room.* **60. Il fait un beau soleil:** The sun is shining.

ESTELLE. Ah non! *(Plus doucement.)* Non. J'ai horreur des hommes en bras de chemise.[61]

GARCIN *(remettant sa veste).* C'est bon. *(Un temps.)* Moi, je passais mes nuits dans les salles de rédaction.[62] Il y faisait toujours une chaleur de cloporte.[63] *(Un temps. Même jeu que précédemment.)* Il y *fait* une chaleur de cloporte. C'est la nuit.

ESTELLE. Tiens, oui, c'est déjà la nuit. Olga se déshabille. Comme le temps passe vite, sur terre.

INÈS. C'est la nuit. Ils ont mis les scellés sur la porte de ma chambre. Et la chambre est vide dans le noir.

GARCIN. Ils ont posé leurs vestons sur le dos de leurs chaises et roulé les manches de leurs chemises au-dessus de leurs coudes. Ça sent l'homme et le cigare. *(Un silence.)* J'aimais vivre au milieu d'hommes en bras de chemise.

ESTELLE *(sèchement).* Eh bien, nous n'avons pas les mêmes goûts. Voilà ce que ça prouve. *(Vers* INÈS.*)* Vous aimez ça, vous, les hommes en chemise?

INÈS. En chemise ou non, je n'aime pas beaucoup les hommes.

ESTELLE *(les regarde tous deux avec stupeur).* Mais pourquoi, *pourquoi* nous a-t-on réunis?

INÈS *(avec un éclat étouffé).* Qu'est-ce que vous dites?

ESTELLE. Je vous regarde tous deux et je pense que nous allons demeurer ensemble ... Je m'attendais à[64] retrouver des amis, de la famille.

INÈS. Un excellent ami avec un trou au milieu de la figure.

ESTELLE. Celui-là aussi. Il dansait le tango comme un professionnel. Mais nous, *nous*, pourquoi nous a-t-on réunis?

GARCIN. Eh bien, c'est le hasard. Ils casent les gens où ils peuvent, dans l'ordre de leur arrivée. *(A* INÈS.*)* Pourquoi riez-vous?

INÈS. Parce que vous m'amusez avec votre hasard. Avez-vous tellement besoin de vous rassurer? Ils ne laissent rien au hasard.

61. bras de chemise: shirtsleeves. **62. salle de rédaction:** newspaper office, city room. **63. une chaleur de cloporte:** stifling hot *(the* **cloporte** *is a woodlouse, a bug that lives in damp cracks and crannies).* **64. Je m'attendais à:** I expected to.

ESTELLE *(timidement).* Mais nous nous sommes peut-être rencontrés autrefois?

INÈS. Jamais. Je ne vous aurais pas oubliée.

ESTELLE. Ou alors, c'est que nous avons des relations communes? Vous ne connaissez pas les Dubois-Seymour?

INÈS. Ça m'étonnerait.

ESTELLE. Ils reçoivent le monde entier.

INÈS. Qu'est-ce qu'ils font?

ESTELLE *(surprise).* Ils ne font rien. Ils ont un château en Corrèze[65] et . . .

INÈS. Moi, j'étais employée des Postes.[66]

ESTELLE *(avec un petit recul).* Ah? alors en effet? . . .[67] *(Un temps.)* Et vous, monsieur Garcin?

GARCIN. Je n'ai jamais quitté Rio.

ESTELLE. En ce cas vous avez parfaitement raison : c'est le hasard qui nous à réunis.

INÈS. Le hasard. Alors ces meubles sont là par hasard. C'est par hasard si le canapé de droite est vert épinard et si le canapé de gauche est bordeaux. Un hasard, n'est-ce pas? Eh bien, essayez donc de les changer de place et vous m'en direz des nouvelles.[68] Et le bronze, c'est un hasard aussi? Et cette chaleur? Et cette chaleur? *(Un silence.)* Je vous dis qu'ils ont tout réglé. Jusque dans les moindres détails, avec amour. Cette chambre nous attendait.

ESTELLE. Mais comment voulez-vous?[69] Tout est si laid, ici, si dur, si anguleux. Je détestais les angles.

INÈS *(haussant les épaules).* Croyez-vous que je vivais dans un salon Second Empire?

Un temps.

ESTELLE. Alors tout est prévu?

INÈS. Tout. Et nous sommes assortis.[70]

ESTELLE. Ce n'est pas par hasard que *vous*, vous êtes en face de *moi*? *(Un temps.)* Qu'est-ce qu'ils attendent?

65. en Corrèze: *a department south of Limoges.* **66. Postes:** post office system. **67. alors en effet?** really now? **68. et vous m'en direz des nouvelles:** and tell me what happens. **69. comment voulez-vous?** what do you expect? **70. nous sommes assortis:** we are well matched, carefully selected.

INÈS. Je ne sais pas. Mais ils attendent.

ESTELLE. Je ne peux pas supporter qu'on attende quelque chose de moi. Ça me donne tout de suite envie de faire le contraire.

INÈS. Eh bien, faites-le! Faites-le donc! Vous ne savez même pas ce qu'ils veulent.

ESTELLE *(frappant du pied)*. C'est insupportable. Et quelque chose doit m'arriver par vous deux? *(Elle les regarde.)* Par vous deux. Il y avait des visages qui me parlaient tout de suite. Et les vôtres ne me disent rien.

GARCIN *(brusquement à* INÈS*)*. Allons, pourquoi sommes-nous ensemble? Vous en avez trop dit : allez jusqu'au bout.

INÈS *(étonnée)*. Mais je n'en sais absolument rien.

GARCIN. Il *faut* le savoir.

Il réfléchit un moment.

INÈS. Si seulement chacun de nous avait le courage de dire . . .

GARCIN. Quoi?

INÈS. Estelle!

ESTELLE. Plaît-il?

INÈS. Qu'avez-vous fait? Pourquoi vous ont-ils envoyée ici?

ESTELLE *(vivement)*. Mais je ne sais pas, je ne sais pas du tout? Je me demande même si ce n'est pas une erreur. *(A* INÈS.*)* Ne souriez pas. Pensez à la quantité de gens qui . . . qui s'absentent chaque jour. Ils viennent ici par milliers et n'ont affaire qu'à des subalternes, qu'à des employés sans instruction. Comment voulez-vous qu'il[71] n'y ait pas d'erreur. Mais ne souriez pas. *(A* GARCIN.*)* Et vous, dites quelque chose. S'ils se sont trompés dans mon cas, ils ont pu se tromper dans le vôtre. *(A* INÈS.*)* Et dans le vôtre aussi. Est-ce qu'il ne vaut pas mieux croire que nous sommes là par erreur?

INÈS. C'est tout ce que vous avez à nous dire?

ESTELLE. Que voulez-vous savoir de plus? Je n'ai rien à cacher. J'étais orpheline et pauvre, j'élevais mon frère cadet. Un vieil ami de mon père m'a demandé ma main. Il était riche, et bon,

71. Comment voulez-vous que: How can you expect that.

j'ai accepté. Qu'auriez-vous fait à ma place? Mon frère était malade et sa santé réclamait les plus grands soins. J'ai vécu six ans avec mon mari sans un nuage. Il y a deux ans, j'ai rencontré celui que je devais aimer. Nous nous sommes reconnus tout de suite, il voulait que je parte avec lui et j'ai refusé. Après cela, j'ai eu ma pneumonie. C'est tout. Peut-être qu'on pourrait, au nom de certains principes, me reprocher d'avoir sacrifié ma jeunesse à un vieillard. *(A* GARCIN.*)* Croyez-vous que ce soit une faute?

GARCIN. Certainement non. *(Un temps.)* Et, vous, trouvez-vous que ce soit une faute de vivre selon ses principes?

ESTELLE. Qui est-ce qui pourrait vous le reprocher?

GARCIN. Je dirigeais un journal pacifiste. La guerre éclate. Que faire? Ils avaient tous les yeux fixés sur moi. « Osera-t-il? » Eh bien, j'ai osé. Je me suis croisé les bras et ils m'ont fusillé. Où est la faute? Où est la faute?

ESTELLE *(lui pose la main sur le bras).* Il n'y a pas de faute. Vous êtes ...

INÈS *(achève ironiquement).* Un Héros. Et votre femme, Garcin?

GARCIN. Eh bien, quoi? Je l'ai tirée du ruisseau.[72]

ESTELLE *(à* INÈS*).* Vous voyez! vous voyez!

INÈS. Je vois. *(Un temps.)* Pour qui jouez-vous la comédie? Nous sommes entre nous.[73]

ESTELLE *(avec insolence).* Entre nous?

INÈS. Entre assassins. Nous sommes en enfer, ma petite, il n'y a jamais d'erreur et on ne damne jamais les gens pour rien.

ESTELLE. Taisez-vous.

INÈS. En enfer! Damnés! Damnés!

ESTELLE. Taisez-vous. Voulez-vous vous taire? Je vous défends d'employer des mots grossiers.

INÈS. Damnée, la petite sainte. Damné, le héros sans reproche. Nous avons eu notre heure de plaisir, n'est-ce pas? Il y a des gens

72. Je l'ai tirée du ruisseau: I dragged her up from the gutter. **73. entre nous:** among our own kind. *Therefore* **la comédie,** *or hypocrisy, is not necessary.*

qui ont souffert pour nous jusqu'à la mort et cela nous amusait beaucoup. A présent, il faut payer.

GARCIN *(la main levée).* Est-ce que vous vous tairez?

INÈS *(le regarde sans peur, mais avec une immense surprise).* Ha! *(Un temps.)* Attendez! J'ai compris, je sais pourquoi ils nous ont mis ensemble!

GARCIN. Prenez garde à ce que vous allez dire.

INÈS. Vous allez voir comme c'est bête. Bête comme chou![74] Il n'y a pas de torture physique, n'est-ce pas? Et cependant, nous sommes en enfer. Et personne ne doit venir. Personne. Nous resterons jusqu'au bout seuls ensemble. C'est bien ça? En somme, il y a quelqu'un qui manque ici : c'est le bourreau.

GARCIN *(à mi-voix).* Je le sais bien.

INÈS. Eh bien, ils ont réalisé une économie de personnel. Voilà tout. Ce sont les clients qui font le service eux-mêmes, comme dans les restaurants coopératifs.[75]

ESTELLE. Qu'est-ce que vous voulez dire?

INÈS. Le bourreau, c'est chacun de nous pour les deux autres.

Un temps. Ils digèrent la nouvelle.

GARCIN *(d'une voix douce).* Je ne serai pas votre bourreau. Je ne vous veux aucun mal et je n'ai rien à faire avec vous. Rien. C'est tout à fait simple. Alors voilà : chacun dans son coin; c'est la parade. Vous ici, vous ici, moi là. Et du silence. Pas un mot : ce n'est pas difficile, n'est-ce pas : chacun de nous a assez à faire avec lui-même. Je crois que je pourrais rester dix mille ans sans parler.

ESTELLE. Il faut que je me taise?

GARCIN. Oui. Et nous ... nous serons sauvés. Se taire. Regarder en soi, ne jamais lever la tête. C'est d'accord?

INÈS. D'accord.

ESTELLE *(après hésitation).* D'accord.

GARCIN. Alors, adieu.

Il va à son canapé et se met la tête dans ses mains. Silence. INÈS *se met à chanter pour elle seule :*

74. Bête comme chou: *(slang)* Really stupid. **75. restaurants coopératifs:** *the co-op restaurant is likely to be a cafeteria.*

Dans la rue des Blancs-Manteaux[76]
Ils ont élevé des tréteaux
Et mis du son dans un seau[77]
Et c'était un échafaud
Dans la rue des Blancs-Manteaux.

Dans la rue des Blancs-Manteaux
Le bourreau s'est levé tôt
C'est qu'il avait du boulot[78]
Faut[79] qu'il coupe des Généraux[80]
Des Évêques, des Amiraux
Dans la rue des Blancs-Manteaux.

Dans la rue des Blancs-Manteaux
Sont v'nues[81] des dames comme il faut[82]
Avec de beaux affutiaux[83]
Mais la tête leur f'sait[84] défaut
Elle avait roulé de son haut
La tête avec le chapeau
Dans le ruisseau des Blancs-Manteaux.

Pendant ce temps-là, ESTELLE *se remet de la poudre et du rouge.* ESTELLE *se poudre et cherche une glace autour d'elle d'un air inquiet. Elle fouille dans son sac et puis elle se tourne vers* GARCIN.

ESTELLE. Monsieur, avez-vous un miroir? (GARCIN *ne répond pas.)* Un miroir, une glace de poche, n'importe quoi? (GARCIN *ne répond pas.)* Si vous me laissez toute seule, procurez-moi au moins une glace.

GARCIN *demeure la tête dans ses mains, sans répondre.*

INÈS *(avec empressement).* Moi, j'ai une glace dans mon sac.

76. Blancs-Manteaux: name of street. **77. du son dans un seau:** wheat chaff in a bucket *(which will be used instead of butcher's sawdust on the floor).* **78. boulot:** *(slang)* job. **79. Faut** = **Il faut. 80. coupe des Généraux, etc.:** cut *(the heads off)* some generals, bishops, and admirals. **81. v'nues** = **venues. 82. comme il faut:** proper. **83. affutiaux:** *(slang)* clothes. **84. f'sait** = **faisait.**

(Elle fouille dans son sac. Avec dépit.) Je ne l'ai plus. Ils ont dû me l'ôter au greffe.

ESTELLE. Comme c'est ennuyeux.

Un temps. Elle ferme les yeux et chancelle.

INÈS *se précipite et la soutient.*

INÈS. Qu'est-ce que vous avez?[85]

ESTELLE *(rouvre les yeux et sourit).* Je me sens drôle. *(Elle se tâte.)* Ça ne vous fait pas cet effet-là, à vous : quand je ne me vois pas, j'ai beau me tâter, je me demande si j'existe pour de vrai.

INÈS. Vous avez de la chance. Moi, je me sens toujours de l'intérieur.[86]

ESTELLE. Ah! oui, de l'intérieur ... Tout ce qui se passe dans les têtes est si vague, ça m'endort. *(Un temps.)* Il y a six grandes glaces dans ma chambre à coucher. Je les vois. Je les vois. Mais elles ne me voient pas. Elles reflètent la causeuse, le tapis, la fenêtre ... comme c'est vide, une glace où je ne suis pas. Quand je parlais, je m'arrangeais pour qu'il y en ait une où je puisse me regarder. Je parlais, je me voyais parler. Je me voyais comme les gens me voyaient, ça me tenait éveillée. *(Avec désespoir.)* Mon rouge! Je suis sûre que je l'ai mis de travers. Je ne peux pourtant pas rester sans glace toute l'éternité.

INÈS. Voulez-vous que je vous serve de miroir? Venez, je vous invite chez moi. Asseyez-vous sur mon canapé.

ESTELLE *(indique* GARCIN*).* Mais ...

INÈS. Ne nous occupons pas de lui.

ESTELLE. Nous allons nous faire du mal : c'est vous qui l'avez dit.

INÈS. Est-ce que j'ai l'air de vouloir vous nuire?

ESTELLE. On ne sait jamais ...

INÈS. C'est toi qui me feras du mal. Mais qu'est-ce que ça peut faire.[87] Puisqu'il faut souffrir, autant que ce soit par toi.[88]

85. Qu'est-ce que vous avez? What's the matter with you? **86. de l'intérieur:** from the inside. **87. qu'est-ce que ça peut faire:** what difference does that make. **88. autant que ce soit par toi:** it might as well be because of you.

Assieds-toi. Approche-toi. Encore. Regarde dans mes yeux : est-ce que tu t'y vois?

ESTELLE. Je suis toute petite. Je me vois très mal.

INÈS. Je te vois, moi. Tout entière. Pose-moi des questions. Aucun miroir ne sera plus fidèle.

ESTELLE, *gênée, se tourne vers* GARCIN *comme pour l'appeler à l'aide.*

ESTELLE. Monsieur! Monsieur! Nous ne vous ennuyons pas par notre bavardage?

GARCIN *ne répond pas.*

INÈS. Laisse-le; il ne compte plus; nous sommes seules. Interroge-moi.

ESTELLE. Est-ce que j'ai bien mis mon rouge à lèvres?

INÈS. Fais voir.[89] Pas trop bien.

ESTELLE. Je m'en doutais.[90] Heureusement que *(Elle jette un coup d'œil à* GARCIN.*)* personne ne m'a vue. Je recommence.

INÈS. C'est mieux. Non. Suis le dessin des lèvres;[91] je vais te guider. Là, là. C'est bien.

ESTELLE. Aussi bien que tout à l'heure, quand je suis entrée?

INÈS. C'est mieux; plus lourd, plus cruel. Ta bouche d'enfer.

ESTELLE. Hum! Et c'est bien? Que c'est agaçant, je ne peux plus juger par moi-même. Vous me jurez que c'est bien?

INÈS. Tu ne veux pas qu'on se tutoie?[92]

ESTELLE. Tu me jures que c'est bien?

INÈS. Tu es belle.

ESTELLE. Mais avez-vous du goût? Avez-vous *mon* goût? Que c'est agaçant, que c'est agaçant.

INÈS. J'ai ton goût, puisque tu me plais. Regarde-moi bien. Souris-moi.[93] Je ne suis pas laide non plus. Est-ce que je ne vaux pas mieux qu'un miroir?

ESTELLE. Je ne sais pas. Vous m'intimidez. Mon image dans les glaces était apprivoisée. Je la connaissais si bien ... Je vais

89. Fais voir: Let me see. **90. Je m'en doutais:** I suspected as much. **91. Suis le dessin des lèvres:** Follow the shape of the lips. **92. se tutoie:** *Inès is asking Estelle to use the intimate* **tu** *instead of* **vous. 93. Souris-moi:** Smile at me.

sourire : mon sourire ira au fond de vos prunelles et Dieu sait ce qu'il va devenir.

INÈS. Et qui t'empêche de m'apprivoiser? *(Elles se regardent.* ESTELLE *sourit, un peu fascinée.)* Tu ne veux décidément pas me tutoyer?

ESTELLE. J'ai de la peine à tutoyer les femmes.

INÈS. Et particulièrement les employées des postes, je suppose? Qu'est-ce que tu as là, au bas de la joue? Une plaque rouge?[94]

ESTELLE *(sursautant).* Une plaque rouge, quelle horreur! Où ça?

INÈS. Là! là! Je suis le miroir aux alouettes;[95] ma petite alouette, je te tiens! Il n'y a pas de rougeur. Pas la moindre. Hein? Si le miroir se mettait à mentir? Ou si je fermais les yeux, si je refusais de te regarder, que ferais-tu de toute cette beauté? N'aie pas peur : il faut que je te regarde, mes yeux resteront grands ouverts. Et je serai gentille, tout à fait gentille. Mais tu me diras : tu.

Un temps.

ESTELLE. Je te plais?

INÈS. Beaucoup!

Un temps.

ESTELLE *(désignant* GARCIN *d'un coup de tête).* Je voudrais qu'il me regarde aussi.

INÈS. Ha! Parce que c'est un homme. *(A* GARCIN.*)* Vous avez gagné. (GARCIN *ne répond pas.)* Mais regardez-la donc! (GARCIN *ne répond pas.)* Ne jouez pas cette comédie; vous n'avez pas perdu un mot de ce que nous disions.

GARCIN *(levant brusquement la tête).* Vous pouvez le dire, pas un mot : j'avais beau m'enfoncer les doigts dans les oreilles, vous me bavardiez dans la tête.[96] Allez-vous me laisser, à présent? Je n'ai pas affaire à vous.

INÈS. Et à la petite, avez-vous affaire? J'ai vu votre manège : c'est pour l'intéresser que vous avez pris vos grands airs.

94. plaque rouge: skin blotch. **95. miroir aux alouettes:** *mirror used by hunters to attract small game birds.* **96. vous me bavardiez dans la tête:** you were buzzing in my head.

GARCIN. Je vous dis de me laisser. Il y a quelqu'un qui parle de moi au journal et je voudrais écouter. Je me moque de la petite,[97] si cela peut vous tranquilliser.

ESTELLE. Merci.

GARCIN. Je ne voulais pas être grossier ...

ESTELLE. Mufle!

Un temps. Ils sont debout, les uns en face des autres.

GARCIN. Et voilà! *(Un temps.)* Je vous avais suppliées de vous taire.

ESTELLE. C'est elle qui a commencé. Elle est venue m'offrir son miroir et je ne lui demandais rien.

INÈS. Rien. Seulement tu te frottais contre lui et tu faisais des mines pour qu'il te regarde.

ESTELLE. Et après?[98]

GARCIN. Êtes-vous folles? Vous ne voyez donc pas où nous allons. Mais taisez-vous! *(Un temps.)* Nous allons nous rasseoir bien tranquillement, nous fermerons les yeux et chacun tâchera
* d'oublier la présence des autres.

Un temps, il se rassied. Elles vont à leur place d'un pas hésitant. INÈS *se retourne brusquement.*

INÈS. Ah! oublier. Quel enfantillage! Je vous sens jusque dans mes os.[99] Votre silence me crie dans les oreilles. Vous pouvez vous clouer la bouche, vous pouvez vous couper la langue, est-ce que vous vous empêcherez d'exister? Arrêterez-vous votre pensée? Je l'entends, elle fait tic tac, comme un réveil et je sais que vous entendez la mienne. Vous avez beau vous rencogner sur votre canapé, vous êtes partout, les sons m'arrivent souillés parce que vous les avez entendus au passage. Vous m'avez volé jusqu'à mon visage :[1] vous le connaissez et je ne le connais pas. Et elle? elle? vous me l'avez volée : si nous étions seules, croyez-vous qu'elle oserait me traiter comme elle me traite? Non, non : ôtez ces mains de votre figure, je ne vous laisserai pas, ce serait trop commode. Vous

97. Je me moque de la petite: I don't give a damn for the girl. **98. Et après?** And so what? **99. Je vous sens jusque dans mes os:** I can even feel you in my bones. **1. Vous m'avez volé jusqu'à mon visage:** You've robbed me of everything, including my face.

resteriez là, insensible, plongé en vous-même comme un bouddha, j'aurais les yeux clos, je sentirais qu'elle vous dédie tous les bruits de sa vie, même les froissements de sa robe et qu'elle vous envoie des sourires que vous ne voyez pas . . . Pas de ça! Je veux choisir mon enfer; je veux vous regarder de tous mes yeux et lutter à visage découvert.[2]

GARCIN. C'est bon. Je suppose qu'il fallait en arriver là;[3] ils nous ont manœuvrés comme des enfants. S'ils m'avaient logé avec des hommes . . . les hommes savent se taire. Mais il ne faut pas trop demander. *(Il va vers* ESTELLE *et lui passe la main sous le menton.)* Alors, petite, je te plais? Il paraît que tu me faisais de l'œil?[4]

ESTELLE. Ne me touchez pas.

GARCIN. Bah! Mettons-nous à l'aise. J'aimais beaucoup les femmes, sais-tu? Et elles m'aimaient beaucoup. Mets-toi donc à l'aise, nous n'avons plus rien à perdre. De la politesse, pourquoi? Des cérémonies, pourquoi? Entre nous! Tout à l'heure nous serons nus comme des vers.

ESTELLE. Laissez-moi!

GARCIN. Comme des vers! Ah! je vous avais prévenues. Je ne vous demandais rien, rien que la paix et un peu de silence. J'avais mis les doigts dans mes oreilles. Gomez parlait, debout entre les tables, tous les copains du journal écoutaient. En bras de chemise. Je voulais comprendre ce qu'ils disaient, c'était difficile : les événements de la terre passent si vite. Est-ce que vous ne pouviez pas vous taire? A présent, c'est fini, il ne parle plus, ce qu'il pense de moi est rentré dans sa tête. Eh bien, il faudra que nous allions jusqu'au bout. Nus comme des vers : je veux savoir à qui j'ai affaire.[5]

INÈS. Vous le savez. A présent vous le savez.

GARCIN. Tant que[6] chacun de nous n'aura pas avoué pourquoi ils l'ont condamné, nous ne saurons rien. Toi, la blonde, commence. Pourquoi? Dis-nous pourquoi : ta franchise peut éviter des cata-

2. lutter à visage découvert: fight without a *(fencer's)* mask. **3. qu'il fallait en arriver là:** that it had to come to this. **4. tu me faisais de l'œil:** you were making eyes at me. *Garcin's use of* **tu** *is insultingly intimate.* **5. à qui j'ai affaire:** with whom I'm dealing. **6. tant que:** so long as.

strophes; quand nous connaîtrons nos monstres ... Allons, pourquoi?

ESTELLE. Je vous dis que j'ignore. Ils n'ont pas voulu me l'apprendre.

GARCIN. Je sais. A moi non plus, ils n'ont pas voulu répondre. Mais je me connais. Tu as peur de parler la première? Très bien. Je vais commencer. *(Un silence.)* Je ne suis pas très joli.

INÈS. Ça va. On sait que vous avez déserté.

GARCIN. Laissez ça. Ne parlez jamais de ça. Je suis ici parce que j'ai torturé ma femme. C'est tout. Pendant cinq ans. Bien entendu, elle souffre encore. La voilà; dès que je parle d'elle, je la vois. C'est Gomez qui m'intéresse et c'est elle que je vois. Où est Gomez? Pendant cinq ans. Dites donc, ils lui ont rendu mes effets; elle est assise près de la fenêtre et elle a pris mon veston sur ses genoux. Le veston aux douze trous. Le sang, on dirait de la rouille. Les bords des trous sont roussis. Ha! C'est une pièce de musée, un veston historique. Et j'ai porté ça! Pleureras-tu? Finiras-tu par pleurer? Je rentrais saoul[7] comme un cochon, je sentais le vin et la femme.[8] Elle m'avait attendu toute la nuit; elle ne pleurait pas. Pas un mot de reproche, naturellement. Ses yeux, seulement. Ses grands yeux. Je ne regrette rien. Je paierai, mais je ne regrette rien. Il neige dehors. Mais pleureras-tu? C'est une femme qui a la vocation du martyre.[9]

INÈS *(presque doucement)*. Pourquoi l'avez-vous fait souffrir?

GARCIN. Parce que c'était facile. Il suffisait d'un mot pour la faire changer de couleur; c'était une sensitive. Ha! Pas un reproche! Je suis très taquin. J'attendais, j'attendais toujours. Mais non, pas un pleur, pas un reproche. Je l'avais tirée du ruisseau, comprenez-vous? Elle passe la main sur le veston, sans le regarder. Ses doigts cherchent les trous à l'aveuglette.[10] Qu'attends-tu? Qu'espères-tu? Je te dis que je ne regrette rien. Enfin voilà : elle m'admirait trop. Comprenez-vous ça?

7. **Je rentrais saoul:** I used to come home drunk. 8. **je sentais le vin et la femme:** I smelled of wine and women. 9. **qui a la vocation du martyre:** who was born to be a martyr. 10. **à l'aveuglette:** blindly.

INÈS. Non. On ne m'admirait pas.

GARCIN. Tant mieux. Tant mieux pour vous. Tout cela doit vous paraître abstrait. Eh bien, voici une anecdote : j'avais installé chez moi une mulâtresse. Quelles nuits! ma femme couchait au premier,[11] elle devait nous entendre. Elle se levait la première[12] et, comme nous faisions la grasse matinée,[13] elle nous apportait le petit déjeuner au lit.

INÈS. Goujat!

GARCIN. Mais oui, mais oui, le goujat bien-aimé. *(Il paraît distrait.)* Non, rien. C'est Gomez, mais il ne parle pas de moi. Un goujat, disiez-vous? Dame : sinon, qu'est-ce que je ferais ici? Et vous?

INÈS. Eh bien, j'étais ce qu'ils appellent, là-bas, une femme damnée. *Déjà* damnée, n'est-ce pas. Alors, il n'y a pas eu de grosse surprise.

GARCIN. C'est tout.

INÈS. Non, il y a aussi cette affaire avec Florence. Mais c'est une histoire de morts. Trois morts. Lui d'abord, ensuite elle et moi. Il ne reste plus personne[14] là-bas, je suis tranquille; la chambre, simplement. Je vois la chambre, de temps en temps. Vide, avec des volets clos. Ah! ah! Ils ont fini par ôter les scellés.[15] A louer ... Elle est à louer. Il y a un écriteau sur la porte. C'est ... dérisoire.

GARCIN. Trois. Vous avez bien dit trois?

INÈS. Trois.

GARCIN. Un homme et deux femmes?

INÈS. Oui.

GARCIN. Tiens. *(Un silence.)* Il s'est tué?

INÈS. Lui? Il en était bien incapable. Pourtant ce n'est pas faute[16] d'avoir souffert. Non ... c'est un tramway qui l'a écrasé. De la rigolade! J'habitais chez eux, c'était mon cousin.

GARCIN. Florence était blonde?

11. au premier = au premier étage. **12. elle se levait la première:** she used to get up first in the morning. **13. nous faisions la grasse matinée:** we used to sleep late. **14. Il ne reste plus personne:** There is no one left. **15. ôter les scellés:** *the room had been sealed* (**scellé**) *shut by the police.* **16. faute de:** for lack of.

INÈS. Blonde? *(Regard à* ESTELLE.*)* Vous savez, je ne regrette rien, mais ça ne m'amuse pas tant de vous raconter cette histoire.

GARCIN. Allez! allez! Vous avez été dégoûtée de lui?

INÈS. Petit à petit. Un mot, de-ci, de-là. Par exemple, il faisait du bruit en buvant; il soufflait par le nez dans son verre. Des riens. Oh! c'était un pauvre type, vulnérable. Pourquoi souriez-vous?

GARCIN. Parce que moi, je ne suis pas vulnérable.

INÈS. C'est à voir.[17] Je me suis glissée en elle, elle l'a vu par mes yeux ... Pour finir, elle m'est restée sur les bras.[18] Nous avons pris une chambre à l'autre bout de la ville.

GARCIN. Alors?

INÈS. Alors il y a eu ce tramway. Je lui disais tous les jours : eh bien, ma petite! Nous l'avons tué. *(Un silence.)* Je suis méchante.

GARCIN. Oui. Moi aussi.

INÈS. Non, vous, vous n'êtes pas méchant. C'est autre chose.

GARCIN. Quoi?

INÈS. Je vous le dirai plus tard. Moi, je suis méchante : ça veut dire que j'ai besoin de la souffrance des autres pour exister. Une torche. Une torche dans les cœurs. Quand je suis toute seule, je m'éteins. Six mois durant, j'ai flambé dans son cœur; j'ai tout brûlé. Elle s'est levée une nuit; elle a été ouvrir le robinet du gaz sans que je m'en doute, et puis elle s'est recouchée près de moi. Voilà.

GARCIN. Hum!

INÈS. Quoi?

GARCIN. Rien. Ça n'est pas propre.

INÈS. Eh bien, non, ça n'est pas propre. Après?

GARCIN. Oh! vous avez raison. *(A* ESTELLE.*)* A toi. Qu'est-ce que tu as fait?

ESTELLE. Je vous ai dit que je n'en savais rien. J'ai beau m'interroger ...

17. C'est à voir: That remains to be seen. **18. elle m'est restée sur les bras:** she was mine.

GARCIN. Bon. Eh bien, on va t'aider. Ce type au visage fracassé, qui est-ce?

ESTELLE. Quel type?

INÈS. Tu le sais fort bien. Celui dont tu avais peur, quand tu es entrée.

ESTELLE. C'est un ami.

GARCIN. Pourquoi avais-tu peur de lui?

ESTELLE. Vous n'avez pas le droit de m'interroger.

INÈS. Il s'est tué à cause de toi?

ESTELLE. Mais non, vous êtes folle.

GARCIN. Alors, pourquoi te faisait-il peur? Il s'est lâché un coup de fusil[19] dans la figure, hein? C'est ça qui lui a emporté la tête?[20]

ESTELLE. Taisez-vous! taisez-vous!

GARCIN. A cause de toi! A cause de toi!

INÈS. Un coup de fusil à cause de toi.

ESTELLE. Laissez-moi tranquille. Vous me faites peur. Je veux m'en aller! Je veux m'en aller!

Elle se précipite vers la porte et la secoue.

GARCIN. Va-t'en. Moi, je ne demande pas mieux. Seulement la porte est fermée de l'extérieur.

ESTELLE *sonne; le timbre ne retentit pas.* INÈS *et* GARCIN *rient.* ESTELLE *se retourne sur eux, adossée à la porte.*

ESTELLE *(la voix rauque et lente).* Vous êtes ignobles.

INÈS. Parfaitement, ignobles. Alors? Donc le type s'est tué à cause de toi. C'était ton amant?

GARCIN. Bien entendu, c'était son amant. Et il a voulu l'avoir pour lui tout seul. Ça n'est pas vrai?

INÈS. Il dansait le tango comme un professionnel, mais il était pauvre, j'imagine.

Un silence.

GARCIN. On te demande s'il était pauvre?

ESTELLE. Oui, il était pauvre.

19. il s'est lâché un coup de fusil: he shot himself. **20. qui lui a emporté la tête:** which blew off his head.

GARCIN. Et puis, tu avais ta réputation à garder. Un jour il est venu, il t'a suppliée et tu as rigolé.

INÈS. Hein? Hein? Tu as rigolé? C'est pour cela qu'il s'est tué?

ESTELLE. C'est avec ces yeux-là que tu regardais Florence?

INÈS. Oui.

Un temps. ESTELLE *se met à rire.*

ESTELLE. Vous n'y êtes pas du tout.[21] *(Elle se redresse et les regarde toujours adossée à la porte. D'un ton sec et provocant.)* Il voulait me faire un enfant.[22] Là, êtes-vous contents?

GARCIN. Et toi, tu ne voulais pas.

ESTELLE. Non. L'enfant est venu tout de même. Je suis allée passer cinq mois en Suisse. Personne n'a rien su. C'était une fille. Roger était près de moi quand elle est née. Ça l'amusait d'avoir une fille. Pas moi.

GARCIN. Après?

ESTELLE. Il y avait un balcon, au-dessus d'un lac. J'ai apporté une grosse pierre. Il criait : « Estelle, je t'en prie,[23] je t'en supplie. » Je le détestais. Il a tout vu. Il s'est penché sur le balcon et il a vu des ronds sur le lac.

GARCIN. Après?

ESTELLE. C'est tout. Je suis revenue à Paris. Lui, il a fait ce qu'il a voulu.

GARCIN. Il s'est fait sauter la tête?[24]

ESTELLE. Bien oui. Ça n'en valait pas la peine; mon mari ne s'est jamais douté de rien. *(Un temps.)* Je vous hais.

Elle a une crise de sanglots secs.

GARCIN. Inutile. Ici les larmes ne coulent pas.

ESTELLE. Je suis lâche! Je suis lâche! *(Un temps.)* Si vous saviez comme je vous hais!

INÈS *(la prenant dans ses bras).* Mon pauvre petit![25] *(A* GARCIN.*)* L'enquête est finie. Pas la peine de garder cette gueule[26] de bourreau.

GARCIN. De bourreau . . . *(Il regarde autour de lui.)* Je donnerais

21. Vous n'y êtes pas du tout: You don't understand at all. **22. Il voulait me faire un enfant:** He wanted to make me pregnant. **23. je t'en prie:** please don't! **24. Il s'est fait sauter la tête:** He blew his brains out. **25. Mon pauvre petit:** Poor little thing. **26. gueule:** *vulgar expression for* face.

n'importe quoi pour me voir dans une glace. *(Un temps.)* Qu'il fait chaud! *(Il ôte machinalement son veston.)* Oh! pardon.

Il va pour[27] *le remettre.*

ESTELLE. Vous pouvez rester en bras de chemise. A présent . . .

GARCIN. Oui. *(Il jette son veston sur le canapé.)* Il ne faut pas m'en vouloir, Estelle.

ESTELLE. Je ne vous en veux pas.

INÈS. Et à moi? Tu m'en veux à moi?

ESTELLE. Oui.

Un silence.

INÈS. Eh bien, Garcin? Nous voici nus comme des vers; y voyez-vous plus clair?[28]

GARCIN. Je ne sais pas. Peut-être un peu plus clair. *(Timidement.)* Est-ce que nous ne pourrions pas essayer de nous aider les uns les autres?[29]

INÈS. Je n'ai pas besoin d'aide.

GARCIN. Inès, ils ont embrouillé tous les fils. Si vous faites le moindre geste, si vous levez la main pour vous éventer, Estelle et moi nous sentons la secousse. Aucun de nous ne peut se sauver seul; il faut que nous nous perdions ensemble ou que nous nous tirions d'affaire ensemble.[30] Choisissez. *(Un temps.)* Qu'est-ce qu'il y a?

INÈS. Ils l'ont louée. Les fenêtres sont grandes ouvertes, un homme est assis sur mon lit. Ils l'ont louée! ils l'ont louée! Entrez, entrez, ne vous gênez pas. C'est une femme. Elle va vers lui et lui met les mains sur les épaules . . . Qu'est-ce qu'ils attendent pour allumer, on n'y voit plus; est-ce qu'ils vont s'embrasser? Cette chambre est à moi! Elle est à moi! Et pourquoi n'allument-ils pas? Je ne peux plus les voir. Qu'est-ce qu'ils chuchotent? Est-ce qu'il va la caresser sur *mon* lit? Elle lui dit qu'il est midi et qu'il fait grand soleil. Alors, c'est que je deviens aveugle. *(Un temps.)* Fini. Plus rien : je ne vois plus, je n'entends plus. Eh bien, je suppose

27. Il va pour: He makes a move to. **28. y voyez-vous plus clair?** are matters any clearer to you? **29. les uns les autres:** each other. **30. nous nous tirions d'affaire ensemble:** we get out of the mess together.

que j'en ai fini avec la terre. Plus d'alibi. *(Elle frissonne.)* Je me sens vide. A présent, je suis tout à fait morte. Tout entière ici. *(Un temps.)* Vous disiez? Vous parliez de m'aider, je crois?

GARCIN. Oui.

INÈS. A quoi?

GARCIN. A déjouer leurs ruses.[31]

INÈS. Et moi, en échange?

GARCIN. Vous m'aiderez. Il faudrait peu de chose, Inès : tout juste un peu de bonne volonté.

INÈS. De la bonne volonté ... Où voulez-vous que j'en prenne? Je suis pourrie.

GARCIN. Et moi? *(Un temps.)* Tout de même, si nous essayions?

INÈS. Je suis sèche. Je ne peux ni recevoir ni donner; comment voulez-vous que je vous aide? Une branche morte, le feu va s'y mettre.[32] *(Un temps; elle regarde* ESTELLE *qui a la tête dans ses mains.)* Florence était blonde.

GARCIN. Est-ce que vous savez que cette petite sera votre bourreau?

INÈS. Peut-être bien que je m'en doute.[33]

GARCIN. C'est par elle qu'ils vous auront. En ce qui me concerne, je ... je ... je ne lui prête aucune attention. Si de votre côté ...

INÈS. Quoi?

GARCIN. C'est un piège. Ils vous guettent pour savoir si vous vous y laisserez prendre.[34]

INÈS. Je sais. Et *vous*, vous êtes un piège. Croyez-vous qu'ils n'ont pas prévu vos paroles? Et qu'il ne s'y cache pas des trappes que nous ne pouvons pas voir? Tout est piège. Mais qu'est-ce que cela me fait?[35] Moi aussi, je suis un piège. Un piège pour elle. C'est peut-être moi qui l'attraperai.

GARCIN. Vous n'attraperez rien du tout. Nous nous courrons

31. A déjouer leurs ruses: To frustrate their tricks. **32. le feu va s'y mettre:** will soon catch fire. **33. Peut-être bien que je m'en doute:** Very possibly I expect as much. **34. si vous vous y laisserez prendre:** whether you will let yourself get caught. **35. qu'est-ce que cela me fait?** what do I care?

après comme des chevaux de bois,[36] sans jamais nous rejoindre : vous pouvez croire qu'ils ont tout arrangé. Laissez tomber, Inès. Ouvrez les mains, lâchez prise. Sinon vous ferez notre malheur à tous trois.

INÈS. Est-ce que j'ai une tête à lâcher prise?[37] Je sais ce qui m'attend. Je vais brûler, je brûle et je sais qu'il n'y aura pas de fin; je sais tout : croyez-vous que je lâcherai prise? Je l'aurai, elle vous verra par mes yeux, comme Florence voyait l'autre. Qu'est-ce que vous venez me parler de votre malheur : je vous dis que je sais tout et je ne peux même pas avoir pitié de moi. Un piège, ha! un piège. Naturellement je suis prise au piège. Et puis après? Tant mieux, s'ils sont contents.

GARCIN *(la prenant par l'épaule).* Moi, je peux avoir pitié de vous. Regardez-moi : nous sommes nus. Nus jusqu'aux os et je vous connais jusqu'au cœur. C'est un lien : croyez-vous que je voudrais vous faire du mal? Je ne regrette rien, je ne me plains pas; moi aussi, je suis sec. Mais de vous je peux avoir pitié.

INÈS *(qui s'est laissé faire pendant qu'il parlait, se secoue).* Ne me touchez pas. Je déteste qu'on me touche. Et gardez votre pitié. Allons! Garcin, il y a aussi beaucoup de pièges pour vous, dans cette chambre. Pour vous. Préparés pour vous. Vous feriez mieux de vous occuper de vos affaires. *(Un temps.)* Si vous nous laissez tout à fait tranquilles, la petite et moi, je ferai en sorte de ne pas vous nuire.

GARCIN *(la regarde un moment, puis hausse les épaules).* C'est bon.

ESTELLE *(relevant la tête).* Au secours, Garcin.

GARCIN. Que me voulez-vous?

ESTELLE *(se levant et s'approchant de lui).* Moi, vous pouvez m'aider.

GARCIN. Adressez-vous à elle.

INÈS[38] *s'est rapprochée, elle se place tout contre* ESTELLE, *par derrière, sans la toucher. Pendant*

36. chevaux de bois: horses *(on a merry-go-round).* **37. Est-ce que j'ai une tête à lâcher prise?** Do I look like someone who lets go? **38.** *To assure the dramatic effect of the following scene, the reader must keep in mind the relative positions of the three characters.*

les répliques suivantes, elle lui parlera presque à l'oreille. Mais ESTELLE, *tournée vers* GARCIN, *qui la regarde sans parler, répond uniquement à celui-ci comme si c'était lui qui l'interrogeait.*

ESTELLE. Je vous en prie, vous avez promis, Garcin, vous avez promis! Vite, vite, je ne veux pas rester seule. Olga l'a emmené au dancing.[39]

INÈS. Qui a-t-elle emmené?

ESTELLE. Pierre. Ils dansent ensemble.

INÈS. Qui est Pierre?

ESTELLE. Un petit niais. Il m'appelait son eau vive.[40] Il m'aimait. Elle l'a emmené au dancing.

INÈS. Tu l'aimes?

ESTELLE. Ils se rasseyent. Elle est à bout de souffle.[41] Pourquoi danse-t-elle? A moins que ce ne soit pour se faire maigrir. Bien sûr que non. Bien sûr que je ne l'aimais pas : il a dix-huit ans et je ne suis pas une ogresse, moi.

INÈS. Alors laisse-les. Qu'est-ce que cela peut te faire?

ESTELLE. Il était à moi.

INÈS. Rien n'est plus à toi sur la terre.

ESTELLE. Il était à moi.

INÈS. Oui, il *était* ... Essaye de le prendre, essaye de le toucher. Olga peut le toucher, elle. N'est-ce pas? N'est-ce pas? Elle peut lui tenir les mains, lui frôler les genoux.

ESTELLE. Elle pousse contre lui son énorme poitrine, elle lui souffle dans la figure. Petit Poucet,[42] pauvre Petit Poucet, qu'attends-tu pour lui éclater de rire au nez?[43] Ah! Il m'aurait suffi d'un regard,[44] elle n'aurait jamais osé ... Est-ce que je ne suis vraiment plus rien?

INÈS. Plus rien. Et il n'y a plus rien de toi sur la terre : tout ce qui t'appartient est ici. Veux-tu le coupe-papier? Le bronze de Barbedienne? Le canapé bleu est à toi. Et moi, mon petit, moi je suis à toi pour toujours.

39. au dancing: to the dance hall. **40. eau vive:** spring water (*literally*: live water). **41. à bout de souffle:** out of breath. **42. Petit Poucet:** Tom Thumb. **43. éclater de rire au nez:** burst out laughing in her face. **44. il m'aurait suffi d'un regard:** one look from me would have sufficed.

ESTELLE. Ha? A moi? Eh bien, lequel de vous deux oserait m'appeler son eau vive? On ne vous trompe pas, vous autres, vous savez que je suis une ordure. Pense à moi, Pierre, ne pense qu'à moi, défends-moi; tant que tu penses : mon eau vive, ma chère eau vive, je ne suis ici qu'à moitié, je ne suis qu'à moitié coupable, je suis eau vive là-bas, près de toi. Elle est rouge comme une tomate. Voyons, c'est impossible : nous avons cent fois ri d'elle ensemble. Qu'est-ce que c'est que cet air-là, je l'aimais tant? Ah! c'est *Saint Louis Blues* . . . Eh bien, dansez, dansez. Garcin, vous vous amuseriez si vous pouviez la voir. Elle ne saura donc jamais que je la *vois*. Je te vois, je te vois, avec ta coiffure défaite, ton visage chaviré, je vois que tu lui marches sur les pieds. C'est à mourir de rire.[45] Allons! Plus vite! Plus vite! Il la tire, il la pousse. C'est indécent. Plus vite! Il me disait : vous êtes si légère. Allons, allons! *(Elle danse en parlant.)* Je te dis que je te vois. Elle s'en moque, elle danse à travers mon regard. Notre chère Estelle! Quoi, notre chère Estelle? Ah! tais-toi. Tu n'as même pas versé une larme aux obsèques. Elle lui a dit « notre chère Estelle. » Elle a le toupet de[46] lui parler de moi. Allons! en mesure. Ce n'est pas elle qui pourrait parler et danser à la fois. Mais qu'est-ce que . . . Non! non! ne lui dis pas! je te l'abandonne, emporte-le, garde-le, fais-en ce que tu voudras, mais ne lui dis pas . . . *(Elle s'est arrêtée de danser.)* Bon. Eh bien, tu peux le garder à présent. Elle lui a tout dit, Garcin : Roger, le voyage en Suisse, l'enfant, elle lui a tout raconté. « Notre chère Estelle n'était pas . . . » Non, non, en effet, je n'étais pas . . . Il branle la tête d'un air triste, mais on ne peut pas dire que la nouvelle l'ait bouleversé. Garde-le à présent. Ce ne sont pas ses longs cils ni ses airs de fille que je te disputerai. Ha! Il m'appelait son eau vive, son cristal. Eh bien, le cristal est en miettes. « Notre chère Estelle. » Dansez! Dansez, voyons! En mesure. Une, deux. *(Elle danse.)* Je donnerais tout au monde pour revenir sur terre un instant, un seul instant, et pour danser. *(Elle danse; un temps.)* Je n'entends plus très bien. Ils ont éteint les lampes comme pour

45. C'est à mourir de rire: It's enough to make one die laughing. **46. Elle a le toupet de:** She has the nerve to.

un tango; pourquoi jouent-ils en sourdine?[47] Plus fort! Que c'est loin! Je ... Je n'entends plus du tout. *(Elle cesse de danser.)* Jamais plus. La terre m'a quittée. Garcin, regarde-moi, prends-moi dans tes bras.

INÈS *fait signe à* GARCIN *de s'écarter, derrière le dos d'*ESTELLE.

INÈS *(impérieusement)*. Garcin!

GARCIN *(recule d'un pas et désigne* INÈS *à* ESTELLE*)*. Adressez-vous à elle.

ESTELLE *(l'agrippe)*. Ne vous en allez pas! Est-ce que vous êtes un homme? Mais regardez-moi donc, ne détournez pas les yeux : est-ce donc si pénible? J'ai des cheveux d'or, et, après tout, quelqu'un s'est tué pour moi. Je vous supplie, il faut bien que vous regardiez quelque chose. Si ce n'est pas moi, ce sera le bronze, la table ou les canapés. Je suis tout de même plus agréable à voir. Écoute : je suis tombée de leurs cœurs comme un petit oiseau tombe du nid. Ramasse-moi, prends-moi, dans ton cœur, tu verras comme je serai gentille.

GARCIN *(la repoussant avec effort)*. Je vous dis de vous adresser à elle.

ESTELLE. A elle? Mais elle ne compte pas : c'est une femme.

INÈS. Je ne compte pas? Mais, petit oiseau, petite alouette, il y a beau temps que tu es à l'abri dans mon cœur.[48] N'aie pas peur, je te regarderai sans répit, sans un battement de paupières. Tu vivras dans mon regard comme une paillette dans un rayon de soleil.[49]

ESTELLE. Un rayon de soleil? Ha! Fichez-moi donc la paix.[50] Vous m'avez fait le coup[51] tout à l'heure et vous avez bien vu qu'il a raté.

INÈS. Estelle! Mon eau vive, mon cristal.

ESTELLE. *Votre* cristal? C'est bouffon. Qui pensez-vous

47. jouent-ils en sourdine? are they playing softly *(like background music)*? **48. il y a beau temps que tu es à l'abri dans mon cœur:** you've been sheltered in my heart for a long time. **49. comme une paillette dans un rayon de soleil:** like a spangle glittering in a ray of sunlight. **50. Fichez-moi donc la paix:** *(slang)* Leave me alone. **51. Vous m'avez fait le coup:** You made a pass at me *(literally*: you've tried that trick before).

tromper?[52] Allons, tout le monde sait que j'ai flanqué l'enfant par la fenêtre. Le cristal est en miettes sur la terre et je m'en moque. Je ne suis plus qu'une peau — et ma peau n'est pas pour vous.

INÈS. Viens! Tu seras ce que tu voudras : eau vive, eau sale, tu te retrouveras au fond de mes yeux telle que tu te désires.

ESTELLE. Lâchez-moi! Vous n'avez pas d'yeux! Mais qu'est-ce qu'il faut que je fasse pour que tu me lâches? Tiens!

Elle lui crache à la figure.
INÈS *la lâche brusquement.*

INÈS. Garcin! Vous me le paierez![53] *

Un temps, GARCIN *hausse les épaules et va vers* ESTELLE.

GARCIN. Alors? Tu veux un homme?

ESTELLE. Un homme, non. Toi.

GARCIN. Pas d'histoire.[54] N'importe qui ferait l'affaire.[55] Je me suis trouvé là, c'est moi. Bon. *(Il la prend aux épaules.)* Je n'ai rien pour te plaire, tu sais : je ne suis pas un petit niais et je ne danse pas le tango.

ESTELLE. Je te prendrai comme tu es. Je te changerai peut-être.

GARCIN. J'en doute. Je serai ... distrait. J'ai d'autres affaires en tête.

ESTELLE. Quelles affaires?

GARCIN. Ça ne t'intéresserait pas.

ESTELLE. Je m'assiérai sur ton canapé. J'attendrai que tu t'occupes de moi.

INÈS *(éclatant de rire).* Ha! chienne! A plat ventre![56] A plat ventre! Et il n'est même pas beau!

ESTELLE *(à* GARCIN*).* Ne l'écoute pas. Elle n'a pas d'yeux, elle n'a pas d'oreilles. Elle ne compte pas.

GARCIN. Je te donnerai ce que je pourrai. Ce n'est pas beaucoup. Je ne t'aimerai pas : je te connais trop.

ESTELLE. Est-ce que tu me désires?

52. Qui pensez-vous tromper? Whom do you think you're fooling? **53. Vous me le paierez!** You'll pay for this! **54. Pas d'histoire:** Cut out the nonsense. **55. N'importe qui ferait l'affaire:** Anybody could do it for you. **56. A plat ventre!** Crawl!

GARCIN. Oui.

ESTELLE. C'est tout ce que je veux.

GARCIN. Alors . . .

Il se penche sur elle.

INÈS. Estelle! Garcin! Vous perdez le sens! Mais je suis là, moi!

GARCIN. Je vois bien, et après?

INÈS. Devant moi? Vous ne . . . vous ne pouvez pas!

ESTELLE. Pourquoi? Je me déshabillais bien devant ma femme de chambre.

INÈS *(s'agrippant à* GARCIN*)*. Laissez-la! Laissez-la! ne la touchez pas de vos sales mains d'homme!

GARCIN *(la repoussant violemment)*. Ça va : je ne suis pas un gentilhomme, je n'aurai pas peur de cogner sur une femme.

INÈS. Vous m'aviez promis, Garcin, vous m'aviez promis! Je vous en supplie, vous m'aviez promis!

GARCIN. C'est vous qui avez rompu le pacte.

INÈS *se dégage et recule au fond de la pièce.*

INÈS. Faites ce que vous voudrez, vous êtes les plus forts. Mais rappelez-vous, je suis là et je vous regarde. Je ne vous quitterai pas des yeux,[57] Garcin; il faudra que vous l'embrassiez sous mon regard. Comme je vous hais tous les deux! Aimez-vous, aimez-vous! Nous sommes en enfer et j'aurai mon tour.

Pendant la scène suivante, elle
les regardera sans mot dire.

GARCIN *(revient vers* ESTELLE *et la prend aux épaules)*. Donne-moi ta bouche.

Un temps. Il se penche sur elle et
brusquement se redresse.

ESTELLE *(avec un geste de dépit)*. Ha! . . . *(Un temps.)* Je t'ai dit de ne pas faire attention à elle.

GARCIN. Il s'agit bien d'elle.[58] *(Un temps.)* Gomez est au

57. Je ne vous quitterai pas des yeux: I won't take my eyes off you. **58. Il s'agit bien d'elle:** It's not a question of her at all.

journal. Ils ont fermé les fenêtres; c'est donc l'hiver. Six mois. Il y a six mois qu'ils m'ont . . . Je t'ai prévenue qu'il m'arriverait d'être distrait? Ils grelottent; ils ont gardé leurs vestons . . . C'est drôle qu'ils aient si froid, là-bas; et moi j'ai si chaud. Cette fois-ci, c'est de moi qu'il parle.

ESTELLE. Ça va durer longtemps? *(Un temps.)* Dis-moi au moins ce qu'il raconte.

GARCIN. Rien. Il ne raconte rien. C'est un salaud,[59] voilà tout. *(Il prête l'oreille.)* Un beau salaud. Bah! *(Il se rapproche d'*ESTELLE.*)* Revenons à nous? M'aimeras-tu?

ESTELLE *(souriant)*. Qui sait?

GARCIN. Auras-tu confiance en moi?

ESTELLE. Quelle drôle de question : tu seras constamment sous mes yeux et ce n'est pas avec Inès que tu me tromperas.[60]

GARCIN. Évidemment. *(Un temps. Il lâche les épaules d'*ESTELLE.*)* Je parlais d'une autre confiance. *(Il écoute.)* Va! va! dis ce que tu veux : je ne suis pas là pour me défendre. *(A* ESTELLE.*)* Estelle, il *faut* me donner ta confiance.

ESTELLE. Que d'embarras![61] Mais tu as ma bouche, mes bras, mon corps entier, et tout pourrait être si simple . . . Ma confiance? Mais je n'ai pas de confiance à donner, moi; tu me gênes horriblement. Ah! Il faut que tu aies fait un bien mauvais coup[62] pour me réclamer ainsi ma confiance.

GARCIN. Ils m'ont fusillé.

ESTELLE. Je sais : tu avais refusé de partir. Et puis?

GARCIN. Je . . . Je n'avais pas tout à fait refusé. (*Aux invisibles.*) Il parle bien, il blâme comme il faut, mais il ne dit pas ce qu'il faut faire. Allais-je entrer chez le général et lui dire : « Mon général, je ne pars pas »? Quelle sottise! Ils m'auraient coffré.[63]

59. salaud: *This word (literally:* dirty one*) forms a key image in Sartre's description of human behavior. As used by Garcin, it is a vulgar imprecation connoting total disgust. It is a very strong expression and, as such, is rarely written and never used in polite company. Earlier in the play Garcin would have used a milder word.* **60. tu me tromperas:** you will be unfaithful. **61. Que d'embarras!** So many complications! **62. un bien mauvais coup:** something awfully bad. **63. Ils m'auraient coffré:** *(slang)* They'd have locked me up.

Je voulais témoigner, moi, témoigner! Je ne voulais pas qu'ils étouffent ma voix. *(A* ESTELLE.*)* Je . . . J'ai pris le train. Ils m'ont pincé[64] à la frontière.

ESTELLE. Où voulais-tu aller?

GARCIN. A Mexico. Je comptais y ouvrir un journal pacifiste. *(Un silence.)* Eh bien, dis quelque chose.

ESTELLE. Que veux-tu que je te dise? Tu as bien fait puisque tu ne voulais pas te battre. *(Geste agacé de* GARCIN.*)* Ah! mon chéri, je ne peux pas deviner ce qu'il faut te répondre.

INÈS. Mon trésor, il faut lui dire qu'il s'est enfui comme un lion. Car il s'est enfui, ton gros chéri. C'est ce qui le taquine.

GARCIN. Enfui, parti; appelez-le comme vous voudrez.

ESTELLE. Il fallait bien que tu t'enfuies. Si tu étais resté, ils t'auraient mis la main au collet.

GARCIN. Bien sûr. *(Un temps.)* Estelle, est-ce que je suis un lâche?

ESTELLE. Mais je n'en sais rien, mon amour, je ne suis pas dans ta peau. C'est à toi de décider.

GARCIN *(avec un geste las)*. Je ne décide pas.

ESTELLE. Enfin tu dois bien te rappeler; tu devais avoir des raisons pour agir comme tu l'as fait.

GARCIN. Oui.

ESTELLE. Eh bien?

GARCIN. Est-ce que ce sont les vraies raisons?

ESTELLE *(dépitée)*. Comme tu es compliqué.

GARCIN. Je voulais témoigner, je . . . j'avais longuement réfléchi . . . Est-ce que ce sont les vraies raisons?

INÈS. Ah! Voilà la question. Est-ce que ce sont les vraies raisons? Tu raisonnais, tu ne voulais pas t'engager à la légère. Mais la peur, la haine et toutes les saletés qu'on cache, ce sont *aussi* des raisons. Allons, cherche, interroge-toi.

GARCIN. Tais-toi! Crois-tu que j'ai attendu tes conseils? Je marchais dans ma cellule, la nuit, le jour. De la fenêtre à la porte,

64. Ils m'ont pincé: They pinched *(arrested)* me.

de la porte à la fenêtre. Je me suis épié. Je me suis suivi à la trace.[65] Il me semble que j'ai passé une vie entière à m'interroger, et puis quoi[66] l'acte était là. Je . . . J'ai pris le train, voilà ce qui est sûr. Mais pourquoi? Pourquoi? A la fin j'ai pensé : c'est ma mort qui décidera; si je meurs proprement, j'aurai prouvé que je ne suis pas un lâche . . .

INÈS. Et comment es-tu mort, Garcin?

GARCIN. Mal. (INÈS *éclate de rire.*) Oh! c'était une simple défaillance corporelle. Je n'en ai pas honte. Seulement tout est resté en suspens pour toujours. (*A* ESTELLE.) Viens là, toi. Regarde-moi. J'ai besoin que quelqu'un me regarde pendant qu'ils parlent de moi sur terre. J'aime les yeux verts.

INÈS. Les yeux verts? Voyez-vous ça![67] Et toi, Estelle? aimes-tu les lâches?

ESTELLE. Si tu savais comme ça m'est égal.[68] Lâche ou non, pourvu qu'il embrasse bien.

GARCIN. Ils dodelinent de la tête en tirant sur leurs cigares; ils s'ennuient. Ils pensent : Garcin est un lâche. Mollement, faiblement. Histoire de penser tout de même à quelque chose.[69] Garcin est un lâche! Voilà ce qu'ils ont décidé, eux, mes copains. Dans six mois, ils diront : lâche comme Garcin. Vous avez de la chance vous deux; personne ne pense plus à vous sur la terre. Moi, j'ai la vie plus dure.

INÈS. Et votre femme, Garcin?

GARCIN. Eh bien, quoi, ma femme. Elle est morte.

INÈS. Morte?

GARCIN. J'ai dû oublier de vous le dire. Elle est morte tout à l'heure. Il y a deux mois environ.

INÈS. De chagrin?

GARCIN. Naturellement, de chagrin. De quoi voulez-vous

65. Je me suis suivi à la trace: I followed my own trail. **66. et puis quoi:** and then (*the* **quoi** *is not translated, but gives an offhand tone to the phrase*). **67. Voyez-vous ça!** (*vulgar*) Just think of that! **68. ça m'est égal:** it's all the same to me. **69. Histoire de penser tout de même à quelque chose:** Just to think about something, no matter what.

qu'elle soit morte? Allons, tout va bien : la guerre est finie, ma femme est morte et je suis entré dans l'histoire.

Il a un sanglot sec et se passe la main sur sa figure. ESTELLE *s'accroche à lui.*

ESTELLE. Mon chéri, mon chéri! Regarde-moi, mon chéri! Touche-moi, touche-moi. *(Elle lui prend la main et la met sur sa gorge.)* Mets ta main sur ma gorge. *(*GARCIN *fait un mouvement pour se dégager.)* Laisse ta main; laisse-la, ne bouge pas. Ils vont mourir un à un : qu'importe ce qu'ils pensent. Oublie-les. Il n'y a plus que moi.

GARCIN *(dégageant sa main).* Ils ne m'oublient pas, eux. Ils mourront, mais d'autres viendront, qui prendront la consigne :[70] je leur ai laissé ma vie entre les mains.

ESTELLE. Ah! tu penses trop!

GARCIN. Que faire d'autre?[71] Autrefois, j'agissais . . . Ah! Revenir un seul jour au milieu d'eux . . . quel démenti! Mais je suis hors jeu; ils font le bilan sans s'occuper de moi et ils ont raison puisque je suis mort. Fait comme un rat.[72] *(Il rit.)* Je suis tombé dans le domaine public.

Un temps.

ESTELLE *(doucement).* Garcin!

GARCIN. Tu es là? Eh bien, écoute, tu vas me rendre un service. Non, ne recule pas. Je sais : cela te semble drôle qu'on puisse te demander du secours, tu n'as pas l'habitude.[73] Mais si tu voulais, si tu faisais un effort, nous pourrions peut-être nous aimer pour de bon?[74] Vois; ils sont mille à répéter que je suis un lâche. Mais qu'est-ce que c'est mille? S'il y avait une âme, une seule, pour affirmer de toutes ses forces que je n'ai pas fui, que je ne *peux pas* avoir fui, que j'ai du courage, que je suis propre, je . . . je suis sûr que je serais sauvé! Veux-tu croire en moi. Tu me serais plus chère que moi-même.

70. qui prendront la consigne: who will carry on *(the job).* **71. Que faire d'autre?** What else is there to do? **72. Fait comme un rat:** Caught like a rat in a trap. **73. tu n'as pas l'habitude:** you're not used to it. **74. pour de bon:** *(slang)* for keeps, for real.

ESTELLE *(riant).* Idiot! cher idiot! Penses-tu que je pourrais aimer un lâche?

GARCIN. Mais tu disais . . .

ESTELLE. Je me moquais de toi. J'aime les hommes, Garcin, les vrais hommes, à la peau rude, aux mains fortes. Tu n'as pas le menton d'un lâche, tu n'as pas la bouche d'un lâche, tu n'as pas la voix d'un lâche, tes cheveux ne sont pas ceux d'un lâche. Et c'est pour ta bouche, pour ta voix, pour tes cheveux que je t'aime.

GARCIN. C'est vrai? C'est bien vrai?

ESTELLE. Veux-tu que je te le jure?

GARCIN. Alors je les défie tous, ceux de là-bas et ceux d'ici. Estelle, nous sortirons de l'enfer. *(*INÈS *éclate de rire. Il s'interrompt et la regarde.)* Qu'est-ce qu'il y a?

INÈS *(riant).* Mais elle ne croit pas un mot de ce qu'elle dit; comment peux-tu être si naïf? « Estelle, suis-je un lâche? » Si tu savais ce qu'elle s'en moque![75]

ESTELLE. Inès! *(A* GARCIN.*)* Ne l'écoute pas. Si tu veux ma confiance il faut commencer par me donner la tienne.

INÈS. Mais oui, mais oui! Fais-lui donc confiance. Elle a besoin d'un homme, tu peux le croire, d'un bras d'homme autour de sa taille, d'une odeur d'homme, d'un désir d'homme dans des yeux d'homme. Pour le reste . . . Ha! elle te dirait que tu es Dieu le Père, si cela pouvait te faire plaisir.

GARCIN. Estelle! Est-ce que c'est vrai? Réponds; est-ce que c'est vrai?

ESTELLE. Que veux-tu que je te dise? Je ne comprends rien à toutes ces histoires. *(Elle tape du pied.)* Que tout cela est donc agaçant! Même si tu étais un lâche, je t'aimerais, là! Cela ne te suffit pas?

Un temps.

GARCIN *(aux deux femmes).* Vous me dégoûtez!

Il va vers la porte.

ESTELLE. Qu'est-ce que tu fais?

75. ce qu'elle s'en moque! how little she cares!

GARCIN. Je m'en vais.

INÈS *(vite)*. Tu n'iras pas loin : la porte est fermée.

GARCIN. Il faudra bien qu'ils l'ouvrent.

Il appuie sur le bouton de sonnette. La sonnette ne fonctionne pas.

ESTELLE. Garcin!

INÈS *(à* ESTELLE*)*. Ne t'inquiète pas; la sonnette est détraquée.

GARCIN. Je vous dis qu'ils ouvriront. *(Il tambourine contre la porte.)* Je ne peux plus vous supporter, je ne peux plus. *(*ESTELLE *court vers lui, il la repousse.)* Va-t'en! Tu me dégoûtes encore plus qu'elle. Je ne veux pas m'enliser dans tes yeux. Tu es moite! tu es molle! Tu es une pieuvre, tu es un marécage. *(Il frappe contre la porte.)* Allez-vous ouvrir?

ESTELLE. Garcin, je t'en supplie, ne pars pas, je ne te parlerai plus, je te laisserai tout à fait tranquille, mais ne pars pas. Inès a sorti ses griffes, je ne veux plus rester seule avec elle.

GARCIN. Débrouille-toi.[76] Je ne t'ai pas demandé de venir.

ESTELLE. Lâche! lâche! Oh! C'est bien vrai que tu es lâche.

INÈS *(se rapprochant d'*ESTELLE*)*. Eh bien, mon alouette, tu n'es pas contente? Tu m'as craché à la figure pour lui plaire et nous nous sommes brouillées à cause de lui. Mais il s'en va, le trouble-fête,[77] il va nous laisser entre femmes.

ESTELLE. Tu n'y gagneras rien; si cette porte s'ouvre, je m'enfuis.

INÈS. Où?

ESTELLE. N'importe où. Le plus loin de toi possible.

GARCIN *n'a cessé de tambouriner contre la porte.*

GARCIN. Ouvrez! Ouvrez donc! J'accepte tout : les brodequins,[78] les tenailles, le plomb fondu, les pincettes, le garrot, tout ce qui brûle, tout ce qui déchire, je veux souffrir pour de bon.

76. Débrouille-toi: *(slang)* Handle it yourself. **77. trouble-fête:** kill-joy.
78. *Here follows a list of traditional torture instruments which would replace Garcin's mental agonies with a real, physical pain:* **les brodequins,** instrument for crushing the feet and legs; **les tenailles,** pincers; **le plomb fondu,** melted lead; **les pincettes,** tweezers, tongs; **le garrot,** wooden saddle on which victim was placed, with both legs weighted; **le fouet,** whip; **vitriol,** sulfuric acid.

Plutôt cent morsures, plutôt le fouet, le vitriol, que cette souffrance de tête, ce fantôme de souffrance, qui frôle, qui caresse et qui ne fait jamais assez mal. *(Il saisit le bouton de la porte et le secoue.)* Ouvrirez-vous? *(La porte s'ouvre brusquement, et il manque de tomber.)* Hah!

Un long silence.

INÈS. Eh bien, Garcin? Allez-vous-en.

GARCIN *(lentement)*. Je me demande pourquoi cette porte s'est ouverte.

INÈS. Qu'est-ce que vous attendez? Allez, allez vite!

GARCIN. Je ne m'en irai pas.

INÈS. Et toi, Estelle? (ESTELLE *ne bouge pas*; INÈS *éclate de rire.)* Alors? Lequel? Lequel des trois? La voie est libre, qui nous retient? Ha! c'est à mourir de rire![79] Nous sommes inséparables.

ESTELLE *bondit sur elle par derrière.*

ESTELLE. Inséparables? Garcin! Aide-moi. Aide-moi vite. Nous la traînerons dehors et nous fermerons la porte sur elle; elle va voir.

INÈS *(se débattant)*. Estelle! Estelle! Je t'en supplie, garde-moi. Pas dans le couloir, ne me jette pas dans le couloir!

GARCIN. Lâche-la.

ESTELLE. Tu es fou, elle te hait.

GARCIN. C'est à cause d'elle que je suis resté.

ESTELLE *lâche* INÈS *et regarde* GARCIN *avec stupeur.*

INÈS. A cause de moi? *(Un temps.)* Bon, eh bien, fermez la porte. Il fait dix fois plus chaud depuis qu'elle est ouverte. (GARCIN *va vers la porte et la ferme.)* A cause de moi?

GARCIN. Oui. Tu sais ce que c'est qu'un lâche, toi.

INÈS. Oui, je le sais.

GARCIN. Tu sais ce que c'est que le mal, la honte, la peur. Il y a eu des jours où tu t'es vue jusqu'au cœur — et ça te cassait bras et jambes.[80] Et le lendemain, tu ne savais plus que penser, tu n'arrivais plus à déchiffrer la révélation de la veille. Oui, tu connais le prix

79. c'est à mourir de rire! it's killing! **80. et ça te cassait bras et jambes:** and that paralyzed you with fright.

du mal. Et si tu dis que je suis un lâche, c'est en connaissance de cause,[81] hein?

INÈS. Oui.

GARCIN. C'est toi que je dois convaincre : tu es de ma race. T'imaginais-tu que j'allais partir? Je ne pouvais pas te laisser ici, triomphante, avec toutes ces pensées dans ta tête; toutes ces pensées qui me concernent.

INÈS. Tu veux vraiment me convaincre?

GARCIN. Je ne veux plus rien d'autre.[82] Je ne les entends plus, tu sais. C'est sans doute qu'ils en ont fini avec moi. Fini : l'affaire est classée, je ne suis plus rien sur terre, même plus un lâche. Inès, nous voilà seuls : il n'y a plus que vous deux pour penser à moi. Elle ne compte pas. Mais toi, toi qui me hais, si tu me crois, tu me sauves.

INÈS. Ce ne sera pas facile? Regarde-moi : j'ai la tête dure.[83]

GARCIN. J'y mettrai le temps qu'il faudra.

INÈS. Oh! Tu as tout le temps. *Tout* le temps.

GARCIN *(la prenant aux épaules)*. Écoute, chacun a son but, n'est-ce pas? Moi, je me foutais de l'argent,[84] de l'amour. Je voulais être un homme. Un dur. J'ai tout misé sur le même cheval.[85] Est-ce que c'est possible qu'on soit un lâche quand on a choisi les chemins les plus dangereux? Peut-on juger une vie sur un seul acte?

INÈS. Pourquoi pas? Tu as rêvé trente ans que tu avais du cœur; et tu te passais mille petites faiblesses parce que tout est permis aux héros. Comme c'était commode! Et puis, à l'heure du danger, on t'a mis au pied du mur[86] et . . . tu as pris le train pour Mexico.

GARCIN. Je n'ai pas rêvé cet héroïsme. Je l'ai choisi. On est ce qu'on veut.

81. en connaissance de cause: with an intimate knowledge of the subject. **82. Je ne veux plus rien d'autre:** There is nothing else left for me to want. **83. j'ai la tête dure:** I'm stubborn, hard to convince. **84. je me foutais de l'argent** *(strong slang)* I didn't give a damn for money **85. J'ai tout misé sur le même cheval:** I bet all of my money on one horse. **86. on t'a mis au pied du mur:** you were put in a position where you had to act.

INÈS. Prouve-le. Prouve que ce n'était pas un rêve. Seuls les actes décident de ce qu'on a voulu.

GARCIN. Je suis mort trop tôt. On ne m'a pas laissé le temps de faire *mes* actes.

INÈS. On meurt toujours trop tôt — ou trop tard.[87] Et cependant la vie est là, terminée; le trait est tiré,[88] il faut faire la somme. Tu n'es rien d'autre que ta vie.

GARCIN. Vipère! Tu as réponse à tout.

INÈS. Allons! allons! Ne perds pas courage. Il doit t'être facile de me persuader. Cherche des arguments, fais un effort. (GARCIN *hausse les épaules.)* Eh bien, eh bien? Je t'avais dit que tu étais vulnérable. Ah! Comme tu vas payer à présent. Tu es un lâche, Garcin, un lâche parce que je le veux. Je le veux, tu entends, je le veux! Et pourtant, vois comme je suis faible, un souffle; je ne suis rien que le regard qui te voit, que cette pensée incolore qui te pense. *(Il marche sur elle,*[89] *les mains ouvertes.)* Ha! Elles s'ouvrent ces grosses mains d'homme. Mais qu'espères-tu? On n'attrape pas les pensées avec les mains. Allons, tu n'as pas le choix : il faut me convaincre. Je te tiens.

ESTELLE. Garcin!

GARCIN. Quoi?

ESTELLE. Venge-toi.

GARCIN. Comment?

ESTELLE. Embrasse-moi, tu l'entendras chanter.

GARCIN. C'est pourtant vrai, Inès. Tu me tiens, mais je te tiens aussi.

Il se penche sur ESTELLE.

INÈS *pousse un cri.*

INÈS. Ha! Lâche! Lâche! Va! Va te faire consoler par les femmes.

ESTELLE. Chante, Inès, chante!

87. *This is the answer to Garcin who complains that he died before he could perform an act which would conform to his heroic image of himself.* **88. le trait est tiré:** the line is drawn *(as for a sum).* **89. Il marche sur elle:** He walks up to her.

INÈS. Le beau couple! Si tu voyais sa grosse patte posée à plat sur ton dos, froissant la chair et l'étoffe. Il a les mains moites; il transpire. Il laissera une marque bleue sur ta robe.

ESTELLE. Chante! Chante! Serre-moi plus fort contre toi, Garcin; elle en crèvera.[90]

INÈS. Mais oui, serre-la bien fort, serre-la! Mêlez vos chaleurs. C'est bon l'amour, hein Garcin? C'est tiède et profond comme le sommeil, mais je t'empêcherai de dormir.

Geste de GARCIN.

ESTELLE. Ne l'écoute pas. Prends ma bouche; je suis à toi tout entière.

INÈS. Eh bien, qu'attends-tu? Fais ce qu'on te dit. Garcin le lâche tient dans ses bras Estelle l'infanticide. Les paris sont ouverts. Garcin le lâche l'embrassera-t-il? Je vous vois, je vous vois; à moi seule je suis une foule,[91] la foule, Garcin, la foule, l'entends-tu? *(Murmurant.)* Lâche! Lâche! Lâche! Lâche! En vain tu me fuis, je ne te lâcherai pas. Que vas-tu chercher sur ses lèvres? L'oubli? Mais je ne t'oublierai pas, moi. C'est moi qu'il faut convaincre. Moi. Viens, viens! Je t'attends. Tu vois, Estelle, il desserre son étreinte, il est docile comme un chien ... Tu ne l'auras pas!

GARCIN. Il ne fera donc jamais nuit?

INÈS. Jamais.

GARCIN. Tu me verras toujours?

INÈS. Toujours.

GARCIN *abandonne* ESTELLE *et fait quelques pas dans la pièce. Il s'approche du bronze.*

GARCIN. Le bronze ... *(Il le caresse.)* Eh bien! voici le moment. Le bronze est là, je le contemple et je comprends que je suis en enfer. Je vous dis que tout était prévu. Ils avaient prévu que je me tiendrais devant cette cheminée, pressant ma main sur ce bronze, avec tous ces regards sur moi. Tous ces regards qui me mangent ... *(Il se retourne brusquement.)* Ha! Vous n'êtes que deux? Je vous croyais beaucoup plus nombreuses. *(Il rit.)* Alors, c'est ça

90. elle en crèvera: *(slang)* it'll kill her. **91. à moi seule je suis une foule:** all by myself I'm a crowd.

l'enfer. Je n'aurais jamais cru . . . Vous vous rappelez : le soufre, le bûcher, le gril . . .[92] Ah! quelle plaisanterie. Pas besoin de gril, l'enfer, c'est les Autres.

ESTELLE. Mon amour!

GARCIN *(la repoussant).* Laisse-moi. Elle est entre nous. Je ne peux pas t'aimer quand elle me voit.

ESTELLE. Ha! Eh bien, elle ne nous verra plus.

Elle prend le coupe-papier sur la table, se précipite sur INÈS *et lui porte plusieurs coups.*

INÈS *(se débattant et riant).* Qu'est-ce que tu fais, qu'est-ce que tu fais, tu es folle? Tu sais bien que je suis morte.

ESTELLE. Morte?

Elle laisse tomber le couteau. Un temps.

INÈS *ramasse le couteau et s'en frappe avec rage.*

INÈS. Morte! Morte! Morte! Ni le couteau, ni le poison, ni la corde. C'est *déja fait,* comprends-tu? Et nous sommes ensemble pour toujours.

Elle rit.

ESTELLE *(éclatant de rire).* Pour toujours, mon Dieu que c'est drôle! Pour toujours!

GARCIN *(rit en les regardant toutes deux).* Pour toujours!

Ils tombent assis,[93] *chacun sur son canapé. Un long silence. Ils cessent de rire et se regardent.* GARCIN *se lève.*

GARCIN. Eh bien, continuons.

RIDEAU

92. **le soufre, le bûcher, le gril:** *Garcin is recalling the conventional picture of Hell.*
93. **Ils tombent assis:** They fall back into their seats.

3. L'Élan vers Dieu

Behind the quarrels of cults and dogmas which divide the religions of the Western world there lies a common assumption that the sense of life is to be found outside man, and that to realize this is to experience a mystical awakening which changes our ways of thinking and feeling about ourselves and the world in which we live. Once the spirit is "awakened," the world of things and passions no longer looks the same, and intellectual understanding no longer satisfies our hunger for truth. We begin to feel what Charles Baudelaire called the *élan vers Dieu*—a need to orient our lives to the divine rather than to the profane aspect of existence.

In attributing to every man, at every hour, an *élan vers Dieu*—variously called an instinct, a postulate, and a thirst—Baudelaire was making a statement about man, not God. The phrase expresses both our *need* to break out of an environment that is merely natural and our *sensitivity* to a level of experience that is supernatural. It implies that the truth we seek is outside our ken and beyond our human capacity for definition. It places the emphasis on the reach rather than on the grasp. Traditionally, what man seeks, religion reveals—dramatizing truth in ritual and teaching it by the example of the saints. The tendency in modern French literature has been for the poet and the novelist to leave statements of religious truth to the church, limiting themselves to descriptions of man's spiritual yearnings and the difficulty of translating these feelings into words.

How does a writer describe man's sensitivity to the supernatural when he is restricted to a language whose vocabulary and syntax are tailored to fit the natural world? How does one express a silent vision of divine truth without making it sound like a brassy earthbound imitation? In the Middle Ages religious vision found a public voice of stone and glass in France's cathedrals, but one has only to examine what is cut in stone today to see that either the vision is dimmed or the voice grown too feeble to be heard. Today the *élan vers Dieu* is no longer an undisputed public concern and keystone of community life—the artist who would communicate it must do so in private terms. This is particularly true of the French writer, who works in a language that has been consciously tailored by three centuries of Academicians to clarify relations between concrete things and precisely formulated ideas. When his words lift their faces from the earth, from the positively known to the positively unknown, from the finite to the infinite, his speech loses its coherence.

The difficulty which the French writer has in describing nonrational ideas and portraying feelings that wilt under the cold eye of analysis is undoubtedly responsible, at least partially, for the increased importance of the poem, the parable, and the fable as literary forms in modern literature. These writers, reacting against the naturalist's portrait of man as just another describable event in the world of things, have had to squeeze their brains and torture vocabulary to get out of what philosophers call the "here and now." In doing so, they have developed metaphoric and symbolic forms of expression which enable them to minimize the facts that language denotes and to evoke perceptions through connotation.

It sometimes seems as if these modern writers have had to turn themselves and their normal language inside out in order to restore a sense of mystery to life. Baudelaire listens for silence, and *scents* the *sounds* of *colors*. Rimbaud inverts good and evil in order to attain a human experience of the kind of perfection traditionally attributed to angels. Claudel sees the world as if it were the photographic negative of a picture no man can ever know. Gide follows the trail of a God whose most striking attribute is that He is nowhere to be found. All of these writers (all of different doctrinal persuasions) see life as a symbol whose correspondent is an unknown. They treat both words and ideas as puns whose parallel meanings are vague feelings that can be evoked, but not articulated in speech.

This *élan vers Dieu* is a paradoxical theme for writers in a sceptical age when conventional religious enthusiasms have such a peripheral influence on our lives. As literary men, these writers preach no dogmas, for they are more interested in *sensibilité* than in theology. They seem not so much concerned with "faith" as with ways of talking about it. So many French writers have been preoccupied with this problem of opening up the language and forcing the idiom of natural events to speak of other levels of reality that Baudelaire's theme *l'élan vers Dieu* has become one of the literary leitmotifs of the time.

Charles Baudelaire

1821–1867

One of Baudelaire's ideas which, in various forms, has infiltrated much of twentieth century writing is the celebrated doctrine of "correspondences." According to this doctrine, which developed out of Baudelaire's readings in the works of the Swedish mystic Swedenborg, our senses are continually speaking to us of a secret. This secret is the mystery of an other-wordly unity of which our everyday world is only a crude symbol. The structure of this mysterious unity is intimated by the senses rather than by thought. According to this doctrine, sensations of sight, smell, and touch are analogous to the notes of a musical scale and we can learn to experience them as the separate tones of a harmony which the ear alone cannot grasp. Or we can experience them as phrases of incompletely heard melody, intimating a vast musical composition that goes beyond the range of the human mind and its five senses. For Baudelaire this "musical experience" of life is in turn analogous to the web of sounds, rhythms, and sensory connotations which constitute a poem.

Since one of his characteristic poses is an angry revolt against God-as-creator, Baudelaire is not generally thought of as a religious poet. Many of his poems, however, are permeated with an intense thirst to experience the unity intimated beyond appearance. They communicate a mystical yearning to penetrate the veil of time and space that blurs the "correspondences" and obscures our vision of unity.

The following poem from Baudelaire's *Fleurs du mal* is a fantasy of levitation. As "music" of image and sensation, it soars with a joy "out of this world" and lends a mystical tone to the imagination's flight from the earth. The image of the last two lines suggests that this imagined experience has not only released the poet from bondage to the ground but also changed his understanding of the world of objects left behind in his flight.

Élévation

POÈME DE CHARLES BAUDELAIRE

Au-dessus des étangs, au-dessus des vallées,
Des montagnes, des bois, des nuages, des mers,
Par delà le soleil, par delà les éthers,
Par delà les confins des sphères étoilées,

Mon esprit, tu te meus[1] avec agilité,
Et, comme un bon nageur qui se pâme dans l'onde,
Tu sillonnes[2] gaiement l'immensité profonde
Avec une indicible et mâle volupté.[3]

Envole-toi bien loin de ces miasmes morbides;
Va te purifier dans l'air supérieur,
Et bois, comme une pure et divine liqueur,
Le feu clair qui remplit les espaces limpides.

Derrière les ennuis et les vastes chagrins
Qui chargent de leur poids l'existence brumeuse,

1. meus: *2nd person singular* **mouvoir.** **2. sillonnes:** make furrows in, leave trails in. **3. volupté:** joy of sensual pleasure.

Heureux celui qui peut d'une aile vigoureuse
S'élancer vers les champs lumineux et sereins;

Celui[4] dont les pensers, comme des alouettes,
Vers les cieux le matin prennent un libre essor,
— Qui plane sur la vie et comprend sans effort
Le langage des fleurs et des choses muettes!

4. Celui = heureux celui.

Arthur Rimbaud

1854–1891

Arthur Rimbaud, for whom poetry was a way of knowing as well as a form of writing, turned his back on literature before he had reached the age at which most artists start their careers. His entire literary production was crammed into the space of a few adolescent years during which he tried to *live* an aesthetic idea with a combination of satanic and angelic intensity that scandalized even Bohemian Paris of the 1870's. At some point between the age of 19 and 21 young Rimbaud deserted the world of words and imagination and set out to make money as a merchant adventurer in East Africa. Although his works were largely unknown to his contemporaries, the mystical verse and rough-cut prose left behind by this nineteenth century teenager has had a profound influence on many modern writers, including the surrealists as well as Roman Catholics like Paul Claudel. Was this a voice of satan or of the angels? Even today those who most admire Rimbaud do not agree on the significance of what he wrote, for his vocabulary was governed by a private pattern of associations, and his doctrine called for a systematic disordering of the senses.

Young Rimbaud thought of poetry as a kind of magic in which the poet performed experiments of sound, color, and image in the manner of the medieval alchemists who composed fantastic formulas to unlock the secret of matter and turn lead into gold. Part of the fascination of his "adventure" is that he played alchemist not only with words, but also with sensations. In a world closed off from both God and love, this poet tried, by the magic of imagination, to convert good into evil, man into woman, finite into infinite. His prose poems in a book called *Illuminations* reveal Rimbaud, this word magician, departing from any recognizable narrative and logical order in writing. In these poems he literally constructs a new world of experience which can be grasped only when the mind, through new associations of ideas, can undermine the common world of objects and "cut through" the veil of conventional sensations.

The following poem is taken from Rimbaud's *Saison en enfer*, a cryptic biographical narrative in which the poet comments on the parade of torments that accompanied his attempt to make philosopher's gold out of the base metal of earth-bound sensations. This song "from the highest tower" (which, to an occultist, would symbolize the magician's retreat) occurs in a part of the *Saison* called "Délires II." At this point in the narrative, Rimbaud is on the threshold of an illusory ecstasy, brought about by a deliberate derangement of the senses, which he hopes will enable him to experience matter and spirit as One. He is on the threshold of a vision which, at the end of the chapter, will lead him to say:

Elle est retrouvée!
Quoi? L'Éternité,
C'est la mer mêlée
Au soleil.

Rimbaud calls this poem *une espèce de romance*—or song—and says it represents an *adieu au monde*. Its two short stanzas are framed by an insistent refrain which buzzes hungrily in the ear. In these stanzas Rimbaud is speaking of his long patient effort to melt magically into some form of total sensation which will unite body and soul in a single breath. This hoped-for union involves an agonizing abandonment of self to the fears, pains, and desires of the flesh—thus he compares himself to a flowering meadow which in utter forgetfulness delivers its beauty to the fierce buzzing of dirty flies.

There is a tone of savage bitterness mixed with a childlike yearning in almost everything that Rimbaud wrote. His sweet-smelling meadow is bursting into bloom, but with *ivraie*—which is a Biblical weed supposed to be the seed of evil.

Although Rimbaud's hermetic imagery may throw a veil over

a poem and obscure our understanding of the circumstances in which it was born, the poem's verses have a kind of existence on their own, as a magic web of sounds.

Chanson de la plus haute tour

ROMANCE D'ARTHUR RIMBAUD

Qu'il vienne, qu'il vienne,
Le temps dont on s'éprenne.

J'ai tant fait patience
Qu'à jamais j'oublie.
Craintes et souffrances
Aux cieux sont parties.
Et la soif malsaine
Obscurcit mes veines.

Qu'il vienne, qu'il vienne,
Le temps dont on s'éprenne.

Telle la prairie[1]
A l'oubli livrée,
Grandie et fleurie
D'encens et d'ivraies,
Au bourdon farouche
Des sales mouches.[2]

Qu'il vienne, qu'il vienne,
Le temps dont on s'éprenne.

1. Telle la prairie: Just like the meadow. **2.** *sentence reads*: **Telle la prairie . . . livrée . . . au bourdon (Grandie et . . . ivraies** *modifies* **prairie).**

THE FOLLOWING PROSE POEM from Rimbaud's *Illuminations* is a lyric statement of how it feels to embrace the summer dawn when this recurring vision of "becoming" appears as an illusive nymph seen through a veil of spray. The embrace follows a chase which occurs in a silent world peopled by stillness, shadows, disembodied breathings, and muted wings. In pursuit of the goddess the poet moves across a magical landscape studded with gems that stare back at man and flowers that tell who they are without waiting to be named.

The dreamlike, yet sensuous, quality of this pursuit is conveyed by a series of loosely connected images which succeed each other like the concentric circles of waves that appear in still water after a pebble has been dropped in a pool. By the time the last circle is formed, the original splash has disappeared—dawn has given way to noon, the child appears as man, the origin of the wave is a memory.

The poem relates how, after walking alone through the woods all night, young Rimbaud saw the sunrise—and then fell asleep. It may be read as an almost boastful adolescent fantasy of omnipotence and possession. In the light of the two curt phrases which frame the "dream sequence," it may also be read as a statement of how the soul, in a poetic *élan*, once lifted the veil of Beauty and physically embraced the principle of its own desire—which is not "to be," but "to become." In this type of poem the meaning always just eludes the reader. The poet is deliberately tormenting our minds by treating the impalpable as if it were something he remembers having touched. He is, in a sense, reversing the movement of Baudelaire's "Élévation," using words to bring supernatural experience back to earth.

Aube

POÈME EN PROSE D'ARTHUR RIMBAUD

J'ai embrassé l'aube d'été.

Rien ne bougeait encore au front[1] des palais. L'eau était morte. Les camps d'ombres ne quittaient pas la route du bois. J'ai marché, réveillant les haleines vives et tièdes, et les pierreries regardèrent, et les ailes se levèrent sans bruit.[2]

La première entreprise fut, dans le sentier déjà empli de frais et blêmes éclats, une fleur qui me dit son nom.[3]

Je ris au wasserfall blond[4] qui s'échevela à travers les sapins : à la cime argentée je reconnus la déesse.

Alors je levai un à un les voiles. Dans l'allée, en agitant les bras. Par la plaine, où je l'ai dénoncée au coq.[5] A la grand'ville elle fuyait parmi les clochers et les dômes, et courant comme un mendiant sur les quais de marbre, je la chassais.

En haut de la route, près d'un bois de lauriers,[6] je l'ai entourée avec ses voiles amassés, et j'ai senti un peu son immense corps. L'aube et l'enfant tombèrent au bas du bois.

Au réveil il était midi.

1. front: *literally* forehead. **2.** *Nature is breathing, gems are looking, and wings have an existence independent of any bodies.* **3.** *In this magical world things name themselves, rather than accept the names man gives them.* **4.** *Note that the waterfall here has color, not sound. The sound comes from the poet's laughter.* **5. au coq:** *traditionally* **le coq annonce l'aube;** *here the poet gets there first and* **la dénonce au coq. 6. lauriers:** laurel trees. *The goddess Daphne, who wanted no mortal lovers, fled to the woods where Apollo (god of the sun and the arts) saw her and gave her chase. She mistook him for a common shepherd and flew to a river bank where her father, the river god, changed her into a laurel tree. In dismay, Apollo watched the bark enclose the lovely maiden and leaves sprout from her limbs. The transformation was completed before he could tell her that he was not a man, but a god. Since that day, the laurel has been sacred to Apollo and its leaves are used in the wreaths that crown the victors in song and story contests.*

Paul Claudel

1868–1955

Like Jean Giraudoux, the Catholic poet Paul Claudel was a career diplomat. While performing his duties as foreign service officer in posts all over the world (he started his career as French consul in Boston and climaxed it as French ambassador in Washington and Brussels), Claudel acquired a reputation for being an inspired writer powered by a religious vision.

Claudel's plays and poems evoke the religious mysteries of life. They represent a fusion of fervent (although not always orthodox) Catholicism with the aesthetics of the symbolist poets at the end of the nineteenth century. To a poet like Claudel, all things come in the context of God, and in this context he sees all events as symbols and parables. It is as if life were a drama staged by the Creator; or as if the world were a poem which we can never decipher because the Creative Mind holding the Key to the mystery lies forever outside ourselves. Thus we live in the shadow of truth, but with no direct apprehension of it. The Key which would decode the appearance, the light which throws the shadow in which we move, is not in the world of our experience. It is, by definition, *absente*, *invisible*, *ailleurs*. Thus, when we look into our souls for the principle of our being, we are looking for what is not there. To Claudel, Christianity offers man a kind of supreme poetry which serves him as an antenna, enabling him to hear the music of *what is not there*. It sensitizes us to the core of our being—the void which speaks of God. Poems, said Claudel, are made like cannons: you take a hole and wrap something around it.

The following parable about the domestic difficulties of Mr. Animus (mind) and his wife (soul) is written in a mock folksy style. It tells how, after a brief honeymoon, Mind and Soul have grown apart. Animus has become so thoroughly impressed by his own intelligence that he has blinded himself to whatever it was that led him to marry Anima in the first place—although, at bottom, he can never forget that they are both living on Anima's dowry. In recounting their domestic difficulties, Claudel is playfully reminding the reader that, to the eyes of the mind, the soul is a foolish idea. This is why, when Animus looks at his better half in the vulgar light of common sense, he wonders what he ever saw in her. Then comes middle age and a nostalgia for the feeling that first brought the couple together. But, by this time, Mr. Mind is too sophisticated to recapture the foolish illusion that once gave their union meaning. Paying the price for his "superiority," he must resort to extraordinary means if he is to hear the song his wife sings in secret.

Claudel conceived this parable as an anecdote to help readers extract the profound sense of certain prose poems by Arthur Rimbaud, whom he credits with being largely responsible for his own conversion to Catholicism. Rimbaud's *Illuminations*, said Claudel, gave him an almost physical sensation of the supernatural by contortion of the body's senses until they stretch (as in "Chanson de la plus haute tour") to the frontiers over which only faith can pass.

Even without the reference to Rimbaud, the parable of Animus and Anima stands on its own as an evocation of mystical sensitivity in an everyday world. It suggests that we turn our backs on truth in order to see it, that we look at shadow in order to know light, that we face evil in order to imagine the goodness which could combat it.

Parabole d'Animus et d'Anima :[1] *pour faire comprendre certaines poésies d'Arthur Rimbaud*

POÈME EN PROSE DE PAUL CLAUDEL

Tout ne va pas bien dans le ménage d'Animus et d'Anima, l'esprit et l'âme. Le temps est loin, la lune de miel a été bientôt finie, pendant laquelle Anima avait le droit de parler tout à son aise et Animus l'écoutait avec ravissement. Après tout, n'est-ce pas Anima qui a apporté la dot et qui fait vivre le ménage?[2] Mais Animus ne s'est pas laissé longtemps réduire à cette position subalterne et bientôt il a révélé sa véritable nature, vaniteuse, pédantesque et tyrannique. Anima est une ignorante et une sotte, elle n'a jamais été à l'école, tandis qu'Animus sait un tas de choses, il a lu un tas de choses dans les livres, il s'est appris à parler avec un petit caillou dans la bouche,[3] et maintenant, quand il parle, il parle si bien que tous ses amis disent qu'on ne peut parler mieux qu'il ne parle. On n'en finirait pas de[4] l'écouter. Maintenant Anima n'a plus le droit de dire un mot, il lui ôte comme on dit les mots de la bouche, il sait mieux qu'elle ce qu'elle veut dire et au moyen de[5] ses théories et réminiscences il roule tout ça, il arrange ça si bien que la pauvre simple n'y reconnaît plus rien. Animus n'est pas fidèle, mais cela ne l'empêche pas d'être jaloux, car dans le fond il sait bien que c'est Anima qui a toute la fortune, lui est un gueux et ne vit[6] que de ce qu'elle lui donne. Aussi il ne cesse de l'exploiter et de la tourmenter pour lui tirer des sous, il la pince pour la faire crier, il combine des farces, il invente des choses pour lui faire de

1. **Animus, Anima:** *Latin for* mind **esprit** *and* soul **âme.** 2. **qui fait vivre le ménage:** *i.e., they have been living off the income of Anima's dowry.* 3. **un petit caillou dans la bouche:** *This is reminiscent of the Greek orator Demosthenes, who cured his stutter by putting pebbles in his mouth and orating to the waves on the beach.* 4. **On n'en finirait pas de:** They would never tire of. 5. **au moyen de:** by means of. 6. **vit:** *3rd person singular* **vivre.**

la peine et pour voir ce qu'elle dira, et le soir il raconte tout cela au café à ses amis. Pendant ce temps, elle reste en silence à la maison à faire la cuisine et à nettoyer tout comme elle peut[7] après ces réunions littéraires qui empestent la vomissure et le tabac.[8] Du reste c'est exceptionnel; dans le fond Animus est un bourgeois, il a des habitudes régulières, il aime qu'on lui serve toujours les mêmes plats. Mais il vient d'arriver quelque chose de drôle. Un jour qu'Animus rentrait à l'improviste, ou peut-être qu'il sommeillait après dîner, ou peut-être qu'il était absorbé dans son travail, il a entendu Anima qui chantait toute seule, derrière la porte fermée : une curieuse chanson, quelque chose qu'il ne connaissait pas, pas moyen de trouver les notes ou les paroles ou la clef; une étrange et merveilleuse chanson. Depuis, il a essayé sournoisement de la lui faire répéter, mais Anima fait celle qui ne comprend pas.[9] Elle se tait dès qu'il la regarde. L'âme se tait dès que l'esprit la regarde. Alors Animus a trouvé un truc,[10] il va s'arranger pour lui faire croire qu'il n'y est pas. Il va dehors, il cause bruyamment avec ses amis, il siffle, il touche du luth,[11] il scie du bois, il chante des refrains idiots. Peu à peu Anima se rassure, elle regarde, elle écoute, elle respire, elle se croit seule, et sans bruit elle va ouvrir la porte à son amant divin. Mais Animus, comme on a dit,[12] a les yeux derrière la tête.

7. tout comme elle peut: as best she can. **8. tabac:** *The "boys" of the literary club have the habit of talking, smoking, and drinking too much.* **9. fait celle qui ne comprend pas:** pretends she doesn't understand. **10. a trouvé un truc:** hit on a solution. **11. il touche du luth:** he strums his lute. **12. comme on a dit:** as the saying goes (*literally*: as someone has said).

André Gide

1869–1951

André Gide was France's most influential man of letters during the period between the two wars. He worked in all the literary genres, and, as an editor of the magazine *La Nouvelle revue française (NRF)*, was in professional contact with all the major writers of the day, among them the poet Paul Claudel, with whom he carried on a long aesthetic and religious debate. The parable *Le Retour de l'enfant prodigue*, part of this exchange, explains why a Protestant like Gide would make a dangerous convert to Catholicism. By analyzing the returning Prodigal's relations with his parents and with his brothers, Gide brings into focus the problem of moral authority which is central in almost everything he wrote: What validates the rules which I allow to guide my conduct? By accepting one authority rather than another, what am I giving up?

There is a pervasive moral anxiety in Gide's religious aspiration which is part of his Calvinist heritage from the French Huguenots, a proud and self-conscious minority, who have struggled for three centuries to preserve their identity in a non-Protestant country. Young Gide lived a joyless childhood in an austere Protestant household dominated by women. Delicate health, an over-solicitous mother, and a private fortune combined early to isolate him from the world of events and to turn his thoughts inward in an effort to understand others through an analysis of his own problem. As a thinker Gide was a man of contradictions, which he saw symbolized in the contrast between the lush fields of his mother's Normandy and the arid rocks of his father's Languedoc in southern France. In him the sceptic was always mocking the pastor, and the pastor scolding the sceptic. "*Je ne suis qu'un petit garçon qui s'amuse, doublé d'un pasteur protestant qui l'ennuie*," said Gide. His books as well as his characters are in continuous dialogue with each other, asserting freedom against authority, vagabondage against commitment, pagan joy against Christian guilt, or again the reverse of all these.

By publishing his autobiography *(Si le Grain ne meurt)* and his *Journal* (1889–1951), André Gide introduced his life as another voice in the long dialogue of books that constitute his literary work. He describes himself as a neurotic child who lived in the clutches of chronic illness and puritan discipline until, in his twenty-third year, he traveled from Paris to Algeria, where he passed through a crisis in an attack of what seemed to be tuberculosis. There, in the sun-baked brilliance of deserts and oases, he fought his way to the exhilerating discovery of physical health and moral freedom, which broke the shackles of his austere upbringing.

Gide's North African adventure inspired his first important book, *Les Nourritures terrestres*, published in 1897. As the title indicates, the author is concerned with earthly, as distinguished from heavenly, "nourishment." In this luxuriant prose poem he sings the great Gidean theme of revolt against authority. The individual self, like a work of art, should determine its own form. It should grow according to its own physical and spiritual "thirst" rather than conform to the tastes and laws of family, church, or society.

Another Gidean theme, introduced in the *Nourritures* and destined to become a leitmotif of the 1920's, was the hunger for sincerity. "Tear away the masks! The masks of your peers—but above all your own!" For this apostle of sincerity, the end of life is the search for the true nature of God, but it is also a search for the true face of Man.

A corollary to this revolt against authority in the name of sincerity is what Gide called *ferveur*. In the *Nourritures* the author has the sage Ménalque tell his young disciple to throw off his shackles, to live dangerously: Live passionately with your body, your heart, and your mind, says the sage, and burn the books, *including the one I write for you*. The object of this vagabond fervor is God. But it is a God who is greater than any image or dogma that would contain him. All creatures suggest his being, none reveals it. As soon as we allow our eyes to rest on one of them, says the sage, it turns us from him. Keep yourself available, uncommitted, *disponible!* Keep the doors of the mind forever open and yourself forever free for new adventures! Man must choose the truths he will live by, but each choice, once made, becomes a prison excluding other possibilities.

This unstable combination of scepticism and fervor, this joyful postponement of choice and commitment, is the eternal privilege of the young, the mark and glory of adolescence. Gide's "choice" was to remain young all his life. He chose never to be satisfied with anything less than perfection, and so to spend his life cultivating the divine discontent, the thirst for the impossible and unconditioned.

In *Les Nourritures terrestres* Gide was assuming the point of view of a vigorous pagan pantheism. In *Le Retour de l'enfant prodigue*, published ten years later, he raises the same questions of revolt, sincerity, and fervor in the context of Christianity. Gide explains, in a much quoted letter to Christian Beck (July 2, 1907) how he came to write this parable. He was, he said, afraid that his friend Paul Claudel had been misled by the understanding praise which Gide had showered on certain religious poems, and that the Catholic poet was now expecting a sensational conversion to the Church of Rome. To clarify his position, Gide dramatized the way his return to the Mother Church would result only in his persuading younger and more vigorous minds to escape its authority.[1] The inspired dogma of Claudel's religion, said Gide, sets the mind at rest—which is a compelling ideal to *strive* for. But once this state of repose is attained, it becomes a kind of comfortable

1. *In his letter to Christian Beck (July 2, 1907) Gide said*: Comprenant jusqu'au fond des moelles l'intérêt du geste que Claudel et lui [*Francis Jammes, a fellow poet recently converted by Claudel*] souhaitaient me voir faire, et pourquoi je ne le faisais pas — et comment, si je l'avais fait, ce n'eût pu être qu'à la manière dont mon Enfant prodigue rentra à la Maison, et pour aider à en sortir le petit frère — j'écrivis cette petite œuvre « de circonstance » où je mis tout mon cœur, mais aussi toute ma raison.

bondage from which Gide, characteristically, would encourage others to escape in the name of fervent adventure.

Gide prefaces his parable—and underlines its religious significance—by comparing his version of the Bible story to a triptych, a three-paneled altarpiece. On one side kneels the author who is the donor, half-spectator, half-participant. On the opposite panel, facing the author, is the Prodigal Son. Between them lies the altar at which both worship. During the four dialogues that follow the preface like stages of a ceremony, the author contrives to give an ostensibly objective account of the contrasting points of view within the Prodigal's family, and an insight into the nature of the Prodigal himself. There are no explanations, but the conclusions the author would have the reader make for himself are subtly suggested.

In order to appreciate Gide's ironic method and the Biblical tone of his prose, one has only to compare his version of the parable with the Bible story which reads as follows:

LA PARABOLE DE L'ENFANT PRODIGUE

Bible protestante
Version française de Louis Segond

Luc XV: 11–32

Il dit encore : Un homme avait deux fils. Le plus jeune dit à son père : Mon père, donne-moi la part du bien qui doit me revenir. Et le père leur partagea son bien. Peu de jours après, le plus jeune fils, ayant tout ramassé, partit pour un pays éloigné, où il dissipa son bien en vivant dans la débauche.

Lorsqu'il eut tout dépensé, une grande famine survint dans ce pays, et il commença à se trouver dans le besoin. Il alla se mettre au service d'un des habitants du pays, qui l'envoya dans ses champs garder les pourceaux. Il aurait bien voulu se rassasier des carouges que mangeaient les pourceaux, mais personne ne lui en donnait. Etant rentré en lui-même, il dit : Combien de mercenaires chez mon père ont du pain en abondance, et moi, ici, je meurs de faim! Je me lèverai, j'irai vers mon père, et je lui dirai : Mon père, j'ai péché contre le ciel et contre toi, je ne suis plus digne d'être appelé ton fils; traite-moi comme l'un de tes mercenaires. Et il se leva, et alla vers son père.

Comme il était encore loin, son père le vit et fut ému de compassion, il courut se jeter à son cou et le baisa. Le fils lui dit : Mon père, j'ai péché contre le ciel et contre toi, je ne suis plus digne d'être appelé ton fils. Mais le père dit à ses serviteurs : Apportez vite la plus belle robe, et l'en revêtez; mettez-lui un anneau au doigt, et des souliers aux pieds. Amenez le veau gras, et tuez-le. Mangeons et réjouissons-nous; car mon fils que voici était mort, et il est revenu à la vie; il était perdu, et il est retrouvé. Et ils commencèrent à se réjouir.

Or, le fils aîné était dans les champs. Lorsqu'il revint et approcha de la maison, il entendit la musique et les danses. Il appela un des serviteurs, et lui demanda ce que c'était. Ce serviteur lui dit : Ton frère est de retour, et ton père a tué le veau gras, parce qu'il l'a retrouvé en bonne santé. Il se mit en colère, et ne voulut pas entrer. Son père sortit, et le pria d'entrer. Mais il répondit à son père : Voici, il y a tant d'années que je te sers, sans avoir jamais transgressé tes ordres, et jamais tu ne m'as donné un chevreau pour que je me réjouisse avec mes amis. Et quand ton fils est arrivé, celui qui a mangé ton bien avec des prostituées, c'est pour lui que tu as tué le veau gras!

Mon enfant, lui dit le père, tu es toujours avec moi, et tout ce que j'ai est à toi; mais il fallait bien s'égayer et se réjouir, parce que ton frère que voici était mort et qu'il est revenu à la vie, parce qu'il était perdu et qu'il est retrouvé.

Le Retour de l'enfant prodigue

PARABOLE D'ANDRÉ GIDE

J'ai peint ici, pour ma secrète joie, comme on faisait dans les anciens triptyques, la parabole que Notre-Seigneur Jésus-Christ nous conta. Laissant éparse et confondue la double inspiration[1] qui m'anime je ne cherche à prouver la victoire sur moi d'aucun dieu — ni la mienne. Peut-être cependant, si le lecteur exige de moi quelque piété, ne la chercherait-il pas[2] en vain dans ma peinture, où, comme un donateur dans le coin du tableau, je me suis mis à genoux, faisant pendant[3] au fils prodigue, à la fois comme lui souriant et le visage trempé de larmes.

L'Enfant prodigue

Lorsqu'après[4] une longue absence, fatigué de sa fantaisie et comme désépris[5] de lui-même, l'enfant prodigue, du fond de ce dénûment[6] qu'il cherchait, songe au visage de son père, à cette chambre point étroite où sa mère au-dessus de son lit se penchait, à ce jardin

1. **double inspiration:** *Gide is referring to the double theme of his story: the value of individual liberty and the value of a responsible life in a well-ordered society.* 2. **ne la chercherait-il pas = il ne la chercherait pas** *(inversion after "peut-être").* 3. **faisant pendant:** matching, counterbalancing. 4. **Lorsque** ... *The clause is:* **Lorsque ... l'enfant prodigue ... songe au visage ... à cette chambre ... à ce jardin ... au frère ...** 5. **désépris:** fallen out of love, disenchanted. 6. **dénûment:** bareness, *here a kind of spiritual austerity that comes from stripping away all that is not basic to the self.*

abreuvé d'eau courante, mais clos et d'où toujours il désirait s'évader, à l'économe frère aîné qu'il n'a jamais aimé, mais qui détient encore dans l'attente[7] cette part de ses biens que, prodigue, il n'a pu dilapider[8] — l'enfant s'avoue qu'il n'a pas trouvé le bonheur, ni même su prolonger bien longtemps cette ivresse qu'à défaut de bonheur il cherchait. — Ah! pense-t-il, si mon père, d'abord irrité contre moi, m'a cru mort, peut-être, malgré mon péché, se réjouirait-il[9] de me revoir; ah! revenant[10] à lui bien humblement, le front bas et couvert de cendre, si, m'inclinant devant lui, lui disant : « Mon père, j'ai péché contre le ciel et contre toi, » que ferai-je si, de sa main me relevant, il me dit : « Entre dans la maison, mon fils »? . . . Et l'enfant déjà pieusement s'achemine.

Lorsqu'au défaut de la colline[11] il aperçoit enfin les toits fumants de la maison, c'est le soir; mais il attend les ombres de la nuit pour voiler un peu sa misère. Il entend au loin la voix de son père; ses genoux fléchissent; il tombe et couvre de ses mains son visage, car il a honte de sa honte, sachant qu'il est le fils légitime pourtant. Il a faim; il n'a plus, dans un pli de son manteau crevé, qu'une poignée de ces glands[12] doux, dont il faisait, pareil aux pourceaux qu'il gardait, sa nourriture. Il voit les apprêts du souper. Il distingue s'avancer sur le perron sa mère . . .[13] il n'y tient plus,[14] descend en courant la colline, s'avance dans la cour, aboyé par son chien qui ne le reconnaît pas. Il veut parler aux serviteurs, mais ceux-ci méfiants s'écartent, vont prévenir le maître; le voici.

Sans doute il attendait le fils prodigue, car il le reconnaît aussitôt. Ses bras s'ouvrent; l'enfant alors devant lui s'agenouille et, cachant son front d'un bras, crie à lui, levant vers le pardon sa main droite :

— Mon père! mon père, j'ai gravement péché contre le ciel et contre toi; je ne suis plus digne que tu m'appelles; mais du moins,

7. **qui détient encore dans l'attente:** who, in the expectation *(of the Prodigal's return)*, still looks after. 8. **dilapider:** squander. 9. **se réjouirait-il** = **il se réjouirait** *(inversion after "peut-être")*. 10. **revenant:** *Stylistic inversion characteristic of Gide. The structure of the sentence is*: **si, revenant à lui . . . m'inclinant devant lui . . . lui disant . . . que ferais-je?** 11. **au défaut de la colline:** at the dip in the hill. 12. **glands:** acorns. 13. **Il distingue . . . sa mère** = **Il distingue sa mère qui s'avance sur le perron.** 14. **il n'y tient plus:** he can't hold back any longer.

comme un de tes serviteurs, le dernier, dans un coin de notre maison, laisse-moi vivre . . .

Le père le relève et le presse :

— Mon fils! que le jour où tu reviens à moi soit béni![15] — et sa joie, qui de son cœur déborde,[16] pleure; il relève la tête de dessus le front de son fils qu'il baisait, se tourne vers les serviteurs :

— Apportez la plus belle robe; mettez des souliers à ses pieds, un anneau précieux à son doigt. Cherchez dans nos étables le veau le plus gras, tuez-le; préparez un festin de joie, car le fils que je disais mort[17] est vivant.

Et comme la nouvelle déjà se répand, il court; il ne veut pas laisser un autre dire :

— Mère, le fils que nous pleurions nous est rendu.

La joie de tous montant comme un cantique fait le fils aîné soucieux. S'assied-il à la table commune, c'est que[18] le père en l'y invitant et en le pressant l'y contraint. Seul entre tous les convives, car jusqu'au moindre serviteur est convié, il montre un front courroucé : Au pécheur repenti, pourquoi plus d'honneur qu'à lui-même, qu'à lui qui n'a jamais péché?[19] Il préfère à l'amour le bon ordre.[20] S'il consent à paraître au festin, c'est que, faisant crédit à son frère, il peut lui prêter joie pour un soir; c'est aussi que son père et sa mère lui ont promis de morigéner[21] le prodigue, demain, et que lui-même il s'apprête à le sermonner gravement.

Les torches fument vers le ciel. Le repas est fini. Les serviteurs ont desservi. A présent, dans la nuit où pas un souffle ne s'élève, la maison fatiguée, âme après âme, va s'endormir. Mais pourtant, dans la chambre à côté de celle du prodigue je sais un enfant, son frère cadet, qui toute la nuit jusqu'à l'aube va chercher en vain le sommeil.

15. que le jour . . . soit béni: blessed be the day. **16. qui de son cœur déborde = qui déborde de son cœur.** **17. que je disais mort = que je croyais mort.** **18. S'assied-il . . . c'est que:** If he sits down . . . it is because. **19. Au pécheur . . . péché? = Pourquoi plus d'honneur au pécheur repenti qu'à lui qui n'a jamais péché?** **20. Il préfère . . . ordre = Il préfère le bon ordre à l'amour.** **21. morigéner:** lecture.

La Réprimande du père

Mon Dieu,[22] comme un enfant je m'agenouille devant vous aujourd'hui, le visage trempé de larmes. Si je me remémore[23] et transcris ici votre pressante parabole, c'est que je sais quel était votre enfant prodigue; c'est qu'en lui je me vois; c'est que j'entends en moi, parfois et répète en secret ces paroles que, du fond de sa grande détresse, vous lui faites crier :

— Combien de mercenaires[24] de mon père ont chez lui le pain en abondance; et moi je meurs de faim!

J'imagine l'étreinte du Père; à la chaleur d'un tel amour mon cœur fond. J'imagine une précédente détresse, même; ah! j'imagine tout ce qu'on veut. Je crois cela; je suis celui-là même[25] dont le cœur bat quand, au défaut de la colline, il revoit les toits bleus de la maison qu'il a quittée. Qu'est-ce donc que j'attends pour m'élancer vers la demeure; pour entrer? — On m'attend. Je vois déjà le veau gras qu'on apprête ... Arrêtez! ne dressez pas trop vite le festin! — Fils prodigue, je songe à toi; dis-moi d'abord ce que t'a dit le Père, le lendemain, après le festin du revoir. Ah! malgré que le fils aîné vous souffle,[26] Père, puissé-je[27] entendre votre voix, parfois, à travers ses paroles!

— Mon fils, pourquoi m'as-tu quitté?

— Vous ai-je vraiment quitté? Père! n'êtes-vous pas partout? Jamais je n'ai cessé de vous aimer.

— N'ergotons pas. J'avais une maison qui t'enfermait. Elle était élevée pour toi. Pour que ton âme y puisse trouver un abri, un luxe digne d'elle, du confort, un emploi, des générations travaillèrent. Toi, l'héritier, le fils, pourquoi t'être évadé de la Maison?[28]

— Parce que la Maison m'enfermait. La Maison, ce n'est pas Vous, mon Père.

22. **Mon Dieu:** *This introduces a prayer, the author imagining himself in the role of the Prodigal Son, wondering for what reasons the Prodigal (or the author) would return home.* 23. **je me remémore:** I recall. 24. **mercenaires:** hired servants. 25. **celui-là même:** that very person. 26. **souffle:** prompts. 27. **puissé-je:** may I (**pouvoir,** *present subjunctive).* 28. **Maison:** *Notice the use of capitals to stress the symbolism.*

— C'est moi qui l'ai construite, et pour toi.

— Ah! Vous n'avez pas dit cela, mais mon frère. Vous, vous avez construit toute la terre, et la Maison et[29] ce qui n'est pas la Maison. La Maison, d'autres que vous[30] l'ont construite; en votre nom, je sais, mais d'autres que vous.

— L'homme a besoin d'un toit sous lequel reposer sa tête. Orgueilleux! Penses-tu pouvoir dormir en plein vent?

— Y faut-il tant d'orgueil?[31] de plus pauvres[32] que moi l'ont bien fait.

— Ce sont les pauvres. Pauvre, tu ne l'es pas. Nul ne peut abdiquer sa richesse. Je t'avais fait riche entre tous.

— Mon père, vous savez bien qu'en partant j'avais emporté tout ce que j'avais pu de mes richesses. Que m'importent les biens[33] qu'on ne peut emporter avec soi?

— Toute cette fortune emportée, tu l'as dépensée follement.

— J'ai changé votre or en plaisirs, vos préceptes en fantaisie, ma chasteté en poésie, et mon austérité en désirs.

— Était-ce pour cela que tes parents économes s'employèrent à distiller en toi tant de vertu?

— Pour que je brûle d'une flamme plus belle, peut-être, une nouvelle ferveur m'allumant.

— Songe à cette pure flamme que vit Moïse,[34] sur le buisson sacré : elle brillait mais sans consumer.

— J'ai connu l'amour qui consume.

— L'amour que je veux t'enseigner rafraîchit. Au bout de peu de temps, que t'est-il resté,[35] fils prodigue?

— Le souvenir de ces plaisirs.

— Et le dénûment[36] qui les suit.

— Dans ce dénûment, je me suis senti près de vous, Père.

29. et . . . et: both . . . and. **30. d'autres que vous:** others than you. **31. Y faut-il tant d'orgueil?** Is it so much a matter of pride? *(literally*: does it require.) **32. de plus pauvres = des hommes plus pauvres.** **33. Que m'importent les biens:** What do I care for wealth. **34. que vit Moïse = que Moïse vit:** *One of the marvels Moses saw on Mount Horeb was the burning bush which was not consumed. Exodus 3 : 2.* **35. que t'est-il resté:** what did you have left. **36. dénûment:** bareness, stripping away *(of illusions, which will bring him back, in the next line, to the first meaning,* spiritual austerity [*cf. note 6*]).

— Fallait-il la misère pour te pousser à revenir à moi.

— Je ne sais; je ne sais. C'est dans l'aridité du désert que j'ai le mieux aimé ma soif.

— Ta misère te fit mieux sentir le prix des richesses.

— Non, pas cela! Ne m'entendez-vous[37] pas, mon père? Mon cœur, vidé de tout, s'emplit d'amour. Au prix de tous mes biens, j'avais acheté la ferveur.

— Étais-tu donc heureux loin de moi?

— Je ne me sentais pas loin de vous.

— Alors qu'est-ce qui t'a fait revenir? Parle.

— Je ne sais. Peut-être la paresse.

— La paresse, mon fils! Eh quoi! Ce ne fut pas l'amour?

— Père, je vous l'ai dit, je ne vous aimai jamais plus qu'au désert. Mais j'étais las, chaque matin, de poursuivre ma subsistance. Dans la maison, du moins, on mange bien.

— Oui, des serviteurs y pourvoient. Ainsi, ce qui t'a ramené, c'est la faim.

— Peut-être aussi la lâcheté, la maladie ... A la longue cette hasardeuse nourriture m'affaiblit; car je me nourrissais de fruits sauvages, de sauterelles[38] et de miël. Je supportais de plus en plus mal l'inconfort qui d'abord attisait ma ferveur. La nuit, quand j'avais froid, je songeais que mon lit était bien bordé chez mon père; quand je jeûnais, je songeais que, chez mon père, l'abondance des mets servis outrepassait toujours ma faim. J'ai fléchi;[39] pour lutter plus longtemps, je ne me sentais plus assez courageux, assez fort, et cependant ...

— Donc le veau gras d'hier t'a paru bon?

Le fils prodigue se jette en sanglotant le visage contre terre :

— Mon père! mon père! Le goût sauvage des glands doux demeure malgré tout dans ma bouche. Rien n'en saurait[40] couvrir la saveur.

— Pauvre enfant! — reprend le père qui le relève, — je t'ai parlé

37. entendez-vous = comprenez-vous. **38. sauterelles:** locusts. **39. J'ai fléchi:** I gave way, weakened. **40. saurait = pourrait** *(idiomatic use of* **savoir** *for* **pouvoir).**

peut-être durement. Ton frère l'a voulu; ici c'est lui qui fait la loi. C'est lui qui m'a sommé[41] de te dire : « Hors la Maison, point[42] de salut pour toi. » Mais écoute : C'est moi qui t'ai formé; ce qui est en toi, je le sais. Je sais ce qui te poussait sur les routes; je t'attendais au bout. Tu m'aurais appelé . . . j'étais là.[43]

— Mon père! j'aurais donc pu vous retrouver sans revenir? . . .

— Si tu t'es senti faible, tu as bien fait de revenir. Va maintenant; rentre dans la chambre que j'ai fait préparer pour toi. Assez pour aujourd'hui; repose-toi; demain tu pourras parler à ton frère. *

La Réprimande du frère aîné

L'enfant prodigue tâche d'abord de le prendre de haut.[44]

— Mon grand frère, commence-t-il, nous ne nous ressemblons guère.[45] Mon frère, nous ne nous ressemblons pas.

Le frère aîné :

— C'est ta faute.

— Pourquoi la mienne?

— Parce que moi je suis dans l'ordre; tout ce qui s'en distingue est fruit ou semence d'orgueil.

— Ne puis-je avoir de distinctif que des défauts?[46]

— N'appelle qualité que ce qui[47] te ramène à l'ordre, et tout le reste, réduis-le.[48]

— C'est cette mutilation que je crains. Ceci aussi, que tu vas supprimer, vient du Père.

— Eh! non pas supprimer : réduire, t'ai-je dit.

— Je t'entends[49] bien. C'est tout de même ainsi que j'avais réduit mes vertus.

— Et c'est aussi pourquoi maintenant je les retrouve. Il te les faut exagérer.[50] Comprends-moi bien : ce n'est pas une diminution,

41. **sommé:** charged. 42. **point = il n'y a point.** 43. **Tu m'aurais . . . là = Si tu m'avais appelé, j'aurais été là.** 44. **le prendre de haut:** to take a lofty manner. 45. **guère = pas beaucoup.** 46. **Ne puis-je . . . des défauts?** Is it only my faults which distinguish me from you? 47. **N'appelle qualité que ce qui:** Call quality only what. 48. **réduis:** reduce, subdue. 49. **entends = comprends.** 50. **Il te les faut exagérer:** You must exaggerate them.

c'est une exaltation de toi que je propose, où les plus divers, les plus insubordonnés éléments de ta chair et de ton esprit doivent symphoniquement concourir,[51] où le pire de toi doit alimenter le meilleur, où le meilleur doit se soumettre à ...

— C'est une exaltation aussi que je cherchais, que je trouvais dans le désert — et peut-être pas très différente de celle que tu me proposes.

— A vrai dire, c'est te l'imposer que je voudrais.

— Notre Père ne parlait pas si durement.

— Je sais ce que t'a dit le Père. C'est vague. Il ne s'explique plus très clairement; de sorte qu'on lui fait dire ce qu'on veut.[52] Mais moi je connais bien sa pensée. Auprès des serviteurs j'en[53] reste l'unique interprète et qui[54] veut comprendre le Père doit m'écouter.

— Je l'entendais très aisément sans toi.

— Cela te semblait;[55] mais tu comprenais mal. Il n'y a pas plusieurs façons de comprendre le Père; il n'y a pas plusieurs façons de l'écouter. Il n'y a pas plusieurs façons de l'aimer; afin que nous soyons unis dans son amour.

— Dans sa Maison.

— Cet amour y ramène; tu le vois bien, puisque te voici de retour. Dis-moi, maintenant : qu'est-ce qui te poussait à partir?

— Je sentais trop que la Maison n'est pas tout l'univers. Moi-même je ne suis pas tout entier dans celui que vous vouliez que je fusse.[56] J'imaginais malgré moi d'autres cultures, d'autres terres, et des routes pour y[57] courir, des routes non tracées; j'imaginais en moi l'être neuf que je sentais s'y[58] élancer. Je m'évadai.

— Songe à ce qui serait advenu si j'avais comme toi délaissé la Maison du Père. Les serviteurs et les bandits auraient pillé tout notre bien.

— Peu m'importait alors,[59] puisque j'entrevoyais d'autres biens...

— Que s'exagérait ton orgueil.[60] Mon frère, l'indiscipline a été.[61]

51. concourir: contribute, cooperate. **52. qu'on lui ... ce qu'on veut:** *i.e., one interprets his words as one wishes.* **53. en = de sa pensée.** **54. qui:** whoever. **55. Cela te semblait:** So it seemed to you. **56. fusse:** *from* **être** *(imperfect subjunctive).* **57. y = vers ces terres.** **58. y = sur ces routes.** **59. Peu m'importait alors:** Little did I then care. **60. Que s'exagérait ton orgueil:** *(riches)* That your pride exaggerated for its own profit. **61. a été:** has existed, *i.e., no longer exists.*

De quel chaos l'homme est sorti, tu l'apprendras si tu ne le sais pas encore. Il en est mal sorti;[62] de tout son poids naïf il y[63] retombe dès que l'Esprit ne le soulève plus au-dessus. Ne l'apprends pas à tes dépens : les éléments bien ordonnés qui te composent n'attendent qu'un acquiescement, qu'un affaiblissement de ta part pour retourner à l'anarchie . . . Mais ce que tu ne sauras jamais, c'est la longueur de temps qu'il a fallu à l'homme pour élaborer[64] l'homme. A présent que le modèle est obtenu, tenons-nous-y.[65] « Tiens ferme ce que tu as, » dit l'Esprit à l'Ange de l'Église,[66] et il ajoute : « afin que personne ne prenne ta couronne. » *Ce que tu as*, c'est ta couronne, c'est cette royauté sur les autres et sur toi-même. Ta couronne, l'usurpateur la guette; il est partout; il rôde autour de toi, en toi. *Tiens ferme*, mon frère! Tiens ferme.

— J'ai depuis trop longtemps lâché prise,[67] je ne peux plus refermer ma main sur mon bien.

— Si, si; je t'aiderai. J'ai veillé sur ce bien durant ton absence.

— Et puis, cette parole de l'Esprit, je la connais; tu ne la citais pas tout entière.

— Il continue ainsi, en effet : « Celui qui vaincra, j'en ferai une colonne dans le temple de mon Dieu, et il n'en sortira plus. »

— « Il n'en sortira plus. » C'est là précisément ce qui me fait peur.

— Si c'est pour son bonheur.[68]

— Oh! j'entends bien. Mais dans ce temple, j'y étais . . .

— Tu t'es mal trouvé d'en sortir,[69] puisque tu as voulu y rentrer.

— Je sais; je sais. Me voici de retour; j'en conviens.

— Quel bien peux-tu chercher ailleurs, qu'ici tu ne trouves en abondance? ou mieux : c'est ici seulement que sont tes biens.

— Je sais que tu m'as gardé des richesses.

— Ceux de tes biens que tu n'as pas dilapidés, c'est-à-dire cette part qui nous est commune, à nous tous : les biens fonciers.[70]

62. Il en est mal sorti = L'homme est mal sorti du chaos. **63. y = dans le chaos.** **64. élaborer:** work into shape. **65. tenons-nous-y:** let's hold it fast. **66. l'Ange de l'Église:** *Revelations 3 : 2 (author's note).* **67. J'ai depuis trop longtemps lâché prise:** I let go too long ago. **68. Si c'est pour son bonheur:** Even if it is for the sake of his happiness. **69. Tu t'es . . . d'en sortir:** It did you harm to leave. **70. biens fonciers:** landed property.

— Ne possédé-je[71] donc plus rien en propre?

— Si; cette part spéciale de dons que notre Père consentira peut-être encore à t'accorder.

— C'est à cela seul que je tiens;[72] je consens à ne posséder que cela.

— Orgueilleux! Tu ne seras pas consulté. Entre nous, cette part est chanceuse;[73] je te conseille plutôt d'y renoncer. Cette part de dons personnels, c'est elle déjà qui fit ta perte; ce sont ces biens que tu dilapidas aussitôt.

— Les autres je ne les pouvais pas emporter.

— Aussi vas-tu[74] les retrouver intacts. Assez pour aujourd'hui. Entre dans le repos de la Maison.

— Cela va bien parce que je suis fatigué.

— Bénie soit ta fatigue, alors! A présent dors. Demain ta mère te parlera.

La Mère

Prodigue enfant,[75] dont l'esprit, aux propos de ton frère, regimbe[76] encore, laisse à présent ton cœur parler. Qu'il t'est doux,[77] à demi couché aux pieds de ta mère assise, le front caché dans ses genoux, de sentir sa caressante main incliner ta nuque rebelle!

— Pourquoi m'as-tu laissée si longtemps?

Et comme tu ne réponds que par des larmes :

— Pourquoi pleurer à présent, mon fils? Tu m'es rendu. Dans l'attente de toi j'ai versé toutes mes larmes.

— M'attendiez-vous encore?

— Jamais je n'ai cessé de t'espérer.[78] Avant de m'endormir, chaque soir, je pensais : s'il revient cette nuit, saura-t-il bien ouvrir la porte? et j'étais longue à m'endormir. Chaque matin, avant de

71. ne possédé-je = est-ce que je ne possède. 72. C'est à . . . je tiens: That is the only thing I value. **73. chanceuse:** risky. **74. Aussi vas-tu: aussi** *meaning* consequently *is often followed by inversion.* **75. Prodigue enfant:** *The author begins this section addressing the Prodigal Son directly.* **Prodigue** *preceding the noun stresses* wasteful. *The first two questions in the dialogue are asked by the mother.* **76. regimbe:** balk, rebel. **77. qu'il t'est doux:** how pleasant it is for you. **78. t'espérer = espérer ton retour.**

m'éveiller tout à fait, je pensais : Est-ce pas[79] aujourd'hui qu'il revient? Puis je priais. J'ai tant prié, qu'il te fallait bien revenir.[80]

— Vos prières ont forcé mon retour.

— Ne souris pas de moi, mon enfant.

— O mère! je reviens à vous très humble. Voyez comme je mets mon front plus bas que votre cœur! Il n'est plus[81] une de mes pensées d'hier qui ne devienne vaine aujourd'hui. A peine si je comprends,[82] près de vous, pourquoi j'étais parti de la maison.

— Tu ne partiras plus?

— Je ne puis plus partir.

— Qu'est-ce qui t'attirait donc au dehors?

— Je ne veux plus y songer : Rien . . . Moi-même.

— Pensais-tu donc être heureux loin de nous?

— Je ne cherchais pas le bonheur.

— Que cherchais-tu?

— Je cherchais . . . qui j'étais.

— Oh! fils de tes parents, et frère entre tes frères.

— Je ne ressemblais pas à mes frères. N'en parlons plus; me voici de retour.

— Si; parlons-en encore : Ne crois pas si différents de toi, tes frères.[83]

— Mon seul soin désormais c'est de ressembler à vous tous.

— Tu dis cela comme avec résignation.

— Rien n'est plus fatigant que de réaliser sa dissemblance. Ce voyage à la fin m'a lassé.

— Te voici tout vieilli, c'est vrai.

— J'ai souffert.

— Mon pauvre enfant! Sans doute ton lit n'était pas fait tous les soirs, ni pour tous tes repas la table mise?

— Je mangeais ce que je trouvais et souvent ce n'était que fruits verts ou gâtés dont ma faim faisait nourriture.

79. Est-ce pas: *colloquial for* **n'est-ce pas.** *The mother is speaking and during the following dialogue uses several similarly colloquial expressions.* **80. qu'il te fallait bien revenir:** that you had to come back. **81. Il n'est plus = Il n'y a plus. 82. A peine si je comprends = C'est à peine que je comprends. 83. Ne crois pas . . . tes frères = Ne crois pas tes frères si différents de toi.**

— N'as-tu souffert du moins que de la faim?

— Le soleil du milieu du jour, le vent froid du cœur de la nuit, le sable chancelant[84] du désert, les broussailles[85] où mes pieds s'ensanglantaient, rien de tout cela ne m'arrêta, mais — je ne l'ai pas dit à mon frère — j'ai dû servir ...

— Pourquoi l'avoir caché?

— De mauvais maîtres qui malmenaient[86] mon corps, exaspéraient mon orgueil, et me donnaient à peine de quoi manger. C'est alors que j'ai pensé : Ah! servir pour servir![87] ... En rêve j'ai revu la maison; je suis rentré.

Le fils prodigue baisse à nouveau le front que tendrement sa mère caresse.

— Qu'est-ce que tu vas faire à présent?

— Je vous l'ai dit : m'occuper de ressembler à mon grand frère; régir nos biens; comme lui prendre femme ...

— Sans doute tu penses à quelqu'un, en disant cela.

— Oh! n'importe laquelle sera la préférée, du moment que vous l'aurez choisie. Faites comme vous avez fait pour mon frère.

— J'eusse voulu[88] la choisir selon ton cœur.

— Qu'importe![89] mon cœur avait choisi. Je résigne[90] un orgueil qui m'avait emporté loin de vous. Guidez mon choix. Je me soumets, vous dis-je. Je soumettrai de même mes enfants; et ma tentative ainsi ne me paraîtra plus si vaine.

— Écoute; il est[91] à présent un enfant dont tu pourrais déjà t'occuper.

— Que voulez-vous dire, et de qui parlez-vous?

— De ton frère cadet, qui n'avait pas dix ans quand tu partis, que tu n'as reconnu qu'à peine, et qui pourtant ...

— Achevez, mère; de quoi vous inquiéter,[92] à présent?

— En qui pourtant tu aurais pu te reconnaître, car il est tout pareil à ce que tu étais en partant.

84. chancelant: unsteady. **85. broussailles:** briars. **86. malmenaient:** abused. **87. servir pour servir!** why serve for the sake of serving! *(If I must serve, then let it be in my father's house!)* **88. J'eusse voulu = J'aurais voulu.** **89. Qu'importe!** What does it matter! **90. résigne:** give up. **91. il est = il y a.** **92. de quoi vous inquiéter = de quoi vous inquiétez-vous?**

— Pareil à moi?

— A celui que tu étais, te dis-je, non pas encore hélas! à celui que tu es devenu.

— Qu'il deviendra.

— Qu'il faut le faire aussitôt devenir.[93] Parle-lui; sans doute il t'écoutera, toi, prodigue. Dis-lui bien quel déboire était sur la route;[94] épargne-lui ...

— Mais qu'est-ce qui vous fait vous alarmer ainsi sur mon frère? Peut-être simplement un rapport de traits ...[95]

— Non, non; la ressemblance entre vous deux est plus profonde. Je m'inquiète à présent pour lui de ce qui ne m'inquiétait d'abord pas assez pour toi-même. Il lit trop, et ne préfère pas toujours les bons livres.

— N'est-ce donc que cela?

— Il est souvent juché sur le plus haut point du jardin, d'où l'on peut voir le pays, tu sais, par-dessus les murs.

— Je m'en souviens. Est-ce là tout?[96]

— Il est bien moins souvent auprès de nous que dans la ferme.

— Ah! qu'y fait-il?

— Rien de mal. Mais ce n'est pas les fermiers, c'est les goujats[97] les plus distants de nous qu'il fréquente, et ceux qui ne sont pas du pays. Il en est un[98] surtout, qui vient de loin, qui lui raconte des histoires.

— Ah! le porcher.[99]

— Oui. Tu le connaissais? ... Pour l'écouter, ton frère chaque soir le suit dans l'étable des porcs; et il ne revient que pour dîner, sans appétit, et les vêtements pleins d'odeur. Les remontrances n'y font rien; il se raidit[1] sous la contrainte. Certains matins, à l'aube, avant qu'aucun de nous ne soit levé, il court accompagner jusqu'à la porte ce porcher quand il sort paître son troupeau.

— Lui, sait qu'il ne doit pas sortir.

93. Qu'il ... devenir: Which we must help him become as soon as possible. **94. quel déboire était sur la route:** what bitter disappointments there were *(for you)* along the way. **95. rapport de traits:** resemblance in our features. **96. Est-ce là tout?** Is that all? **97. goujats:** churls, vulgar laborers. **98. Il en est un** = **Il y en a un. 99. porcher:** swineherd. **1. se raidit:** stiffens.

— Tu le savais aussi! Un jour il m'échappera, j'en suis sûre. Un jour il partira . . .

— Non, je lui parlerai, mère. Ne vous alarmez pas.

— De toi, je sais qu'il écoutera bien des choses. As-tu vu comme il te regardait le premier soir? De quel prestige tes haillons étaient couverts! puis la robe de pourpre dont le père t'a revêtu. J'ai craint qu'en son esprit il ne mêle un peu l'un à l'autre, et que ce qui l'attire ici, ce ne soit[2] d'abord le haillon. Mais cette pensée à présent me paraît folle; car enfin, si toi, mon enfant, tu avais pu prévoir tant de misère, tu ne nous aurais pas quittés, n'est-ce pas?

— Je ne sais plus comment j'ai pu vous quitter, vous, ma mère.

— Eh bien! tout cela, dis-le-lui.

— Tout cela je le lui dirai demain soir. Embrassez-moi maintenant sur le front comme lorsque j'étais petit enfant et que vous me regardiez m'endormir. J'ai sommeil.

— Va dormir. Je m'en vais prier[3] pour vous tous.

Dialogue avec le frère puîné[4]

C'est, à côté de celle[5] du prodigue, une chambre point étroite aux murs nus. Le prodigue, une lampe à la main, s'avance près du lit où son frère puîné repose, le visage tourné vers le mur. Il commence à voix basse, afin, si l'enfant dort, de ne pas le troubler dans son sommeil.

— Je voudrais te parler, mon frère.

— Qu'est-ce qui t'en empêche?

— Je croyais que tu dormais.

— On n'a pas besoin de dormir pour rêver.

— Tu rêvais; à quoi donc?

— Que t'importe![6] Si déjà moi je ne comprends pas mes rêves, ce n'est pas toi, je pense, qui me les expliqueras.

— Ils sont donc bien subtils? Si tu me les racontais, j'essaierais.

2. J'ai craint . . . il ne mêle . . . et que ce ne soit: I have been afraid . . . that he confuses . . . and that it is. **3. Je m'en vais prier = Je vais prier: Je m'en vais** *colloquial for* **je vais. 4. puîné:** younger. **5. celle = la chambre. 6. Que t'importe!** What does it matter to you!

— Tes rêves, est-ce que tu les choisis? Les miens sont ce qu'ils veulent, et plus libres que moi ... Qu'est-ce que tu viens faire ici? Pourquoi me déranger dans mon sommeil?

— Tu ne dors pas, et je viens te parler doucement.

— Qu'as-tu à me dire?

— Riens, si tu le prends sur ce ton.[7]

— Alors adieu.

Le prodigue va vers la porte, mais pose à terre la lampe qui n'éclaire plus que faiblement la pièce, puis, revenant, s'assied au bord du lit et, dans l'ombre, caresse longuement le front détourné de l'enfant.

— Tu me réponds plus durement que je ne fis jamais à ton frère. Pourtant je protestais aussi contre lui.

L'enfant rétif s'est redressé[8] brusquement.

— Dis : c'est le frère qui t'envoie?

— Non, petit; pas lui, mais notre mère.

— Ah! Tu ne serais pas venu de toi-même.

— Mais je viens pourtant en ami.

A demi soulevé[9] sur son lit, l'enfant regarde fixement le prodigue.

— Comment quelqu'un des miens[10] saurait-il être mon ami?

— Tu te méprends sur notre frère...[11]

— Ne me parle pas de lui! Je le hais ... Tout mon cœur, contre lui, s'impatiente. Il est cause que je t'ai répondu durement.

— Comment cela?

— Tu ne comprendrais pas.

— Dis cependant ...

Le prodigue berce son frère contre lui, et déjà l'enfant adolescent s'abandonne :

— Le soir de ton retour, je n'ai pas pu dormir. Toute la nuit je songeais : J'avais un autre frère, et je ne le savais pas ... C'est pour cela que mon cœur a battu si fort, quand, dans la cour de la maison, je t'ai vu t'avancer couvert de gloire.

7. si tu le prends sur ce ton: if you take it that way. **8. s'est redressé:** sat up. **9. à demi soulevé:** leaning on his elbow *(in a half-raised position)*. **10. des miens = de ma famille:** how could anyone in my family be my fri end. **11. Tu te méprends sur notre frère:** You are mistaken about our brother.

— Helas! j'étais couvert alors de haillons.

— Oui, je t'ai vu; mais déjà glorieux. Et j'ai vu ce qu'a fait notre père : il a mis à ton doigt un anneau, un anneau tel que n'en a pas notre frère.[12] Je ne voulais interroger à ton sujet personne; je savais seulement que tu revenais de très loin, et ton regard, à table...

— Étais-tu du festin?[13]

— Oh! je sais bien que tu ne m'as pas vu; durant tout le repas tu regardais au loin sans rien voir. Et, que le second soir tu aies été parler au père, c'était bien,[14] mais le troisième ...

— Achève.

— Ah! ne fût-ce qu'un mot d'amour tu aurais pourtant bien pu me le dire![15]

— Tu m'attendais donc?

— Tellement! Penses-tu que je haïrais à ce point notre frère si tu n'avais pas été causer et si longuement avec lui ce soir-là? Qu'est-ce que vous avez pu vous dire? Tu sais bien, si tu me ressembles, que tu ne peux rien avoir de commun avec lui.

— J'avais eu de graves torts envers lui.[16]

— Se peut-il?[17]

— Du moins envers notre père et notre mère. Tu sais que j'avais fui de la maison.

— Oui, je sais. Il y a longtemps n'est-ce pas?

— A peu près quand j'avais ton âge.

— Ah! ... Et c'est là ce que tu appelles tes torts?

— Oui, ce fut là mon tort, mon péché.

— Quand tu partis, sentais-tu que tu faisais mal?

— Non; je sentais en moi comme une obligation de partir.

— Que s'est-il donc passé depuis? pour changer ta vérité d'alors en erreur.

— J'ai souffert.

— Et c'est cela qui te fait dire : j'avais tort?

12. tel que n'en a pas notre frère: the like of which our brother does not have. **13. Étais-tu du festin?** Were you at the banquet? **14. que ... tu aies été ... c'était bien:** it was all right that you went to speak. **15. ne fût-ce ... me le dire:** still you might have spoken just one affectionate word to me. **16. J'avais eu ... envers lui:** I had done him great wrong. **17. Se peut-il? = Est-ce possible?**

— Non, pas précisément : c'est cela qui m'a fait réfléchir.

— Auparavant tu n'avais donc pas réfléchi?

— Si, mais ma débile raison s'en laissait imposer[18] par mes désirs.

— Comme plus tard par la souffrance. De sorte qu'aujourd'hui, tu reviens ... vaincu.

— Non, pas précisément; résigné.

— Enfin, tu as renoncé à être celui que tu voulais être.

— Que[19] mon orgueil me persuadait d'être.

L'enfant reste un instant silencieux, puis brusquement sanglote et crie :

— Mon frère! je suis celui que tu étais en partant. Oh! dis : n'as-tu donc rencontré rien que de décevant[20] sur la route? Tout ce que je pressens au dehors, de différent[21] d'ici, n'est-ce donc que mirage? tout ce que je sens en moi de neuf, que folie?[22] Dis : qu'as-tu rencontré de désespérant sur ta route? Oh! qu'est-ce qui t'a fait revenir?

— La liberté que je cherchais, je l'ai perdue; captif, j'ai dû servir.

— Je suis captif ici.

— Oui, mais servir de mauvais maîtres; ici, ceux que tu sers sont tes parents.

— Ah! servir pour servir, n'a-t-on pas cette liberté de choisir du moins son servage?

— Je l'espérais. Aussi loin que mes pieds m'ont porté, j'ai marché, comme Saül à la poursuite de ses ânesses,[23] à la poursuite de mon désir; mais, où l'attendait un royaume, c'est la misère que j'ai trouvée. Et pourtant ...

— Ne t'es-tu pas trompé de route?[24]

— J'ai marché devant moi.

— En es-tu sûr? Et pourtant il y a d'autres royaumes, encore, et des terres sans roi, à découvrir.

18. s'en laissait imposer: let itself be dominated. **19. Que = Celui que.** **20. rien que de décevant:** nothing but disappointment. **21. de différent = qui est différent.** **22. que folie? = n'est-ce donc que folie?** **23. Saül ... ses ânesses:** *Saul, while searching for his father's lost asses, encountered Samuel, who anointed him king (see I Samuel 9 and 10).* **24. Ne t'es-tu ... de route?** Didn't you take the wrong way?

— Qui te l'a dit?

— Je le sais. Je le sens. Il me semble déjà que j'y domine.

— Orgueilleux!

— Ah! ah! ça c'est ce que t'a dit notre frère. Pourquoi, toi, me le redis-tu maintenant? Que n'as-tu gardé[25] cet orgueil! Tu ne serais pas revenu.[26]

— Je n'aurais donc pas pu te connaître.

— Si, si, là-bas, où je t'aurais rejoint, tu m'aurais reconnu pour ton frère; même il me semble encore que c'est pour te retrouver que je pars.

— Que tu pars?

— Ne l'as-tu pas compris? Ne m'encourages-tu pas toi-même à partir?

— Je voudrais t'épargner le retour; mais en t'épargnant le départ.

— Non, non, ne me dis pas cela; non ce n'est pas cela que tu veux dire. Toi aussi, n'est-ce pas, c'est comme un conquérant que tu partis.

— Et c'est ce qui me fit paraître plus dur le servage.[27]

— Alors, pourquoi t'es-tu soumis? Étais-tu si fatigué déjà?

— Non, pas encore; mais j'ai douté.

— Que veux-tu dire?

— Douté de tout, de moi; j'ai voulu m'arrêter, m'attacher enfin quelque part; le confort que me promettait ce maître[28] m'a tenté... oui, je le sens bien à présent; j'ai failli.

Le prodigue incline la tête et cache son regard dans ses mains.

— Mais d'abord?

— J'avais marché longtemps à travers la grande terre indomptée.[29]

— Le désert?

— Ce n'était pas toujours le désert.

— Qu'y cherchais-tu?

— Je ne le comprends plus moi-même.

25. Que n'as-tu gardé = Pourquoi n'as-tu pas gardé. 26. Tu ne serais pas revenu: *si tu avais gardé cet orgueil.* **27. plus dur le servage = le servage plus dur. 28. que me promettait ce maître = que ce maître me promettait. 29. indomptée:** unsubdued.

— Lève-toi de mon lit. Regarde, sur la table, à mon chevet, là, près de ce livre déchiré.[30]

— Je vois une grenade[31] ouverte.

— C'est le porcher qui me la rapporta l'autre soir, après n'être pas rentré de trois jours.[32]

— Oui, c'est une grenade sauvage.

— Je le sais; elle est d'une âcreté[33] presque affreuse; je sens pourtant que, si j'avais suffisamment soif, j'y mordrais.

— Ah! je peux donc te le dire à présent : c'est cette soif que dans le désert je cherchais.

— Une soif dont seul ce fruit non sucré désaltère...[34]

— Non; mais il fait aimer cette soif.[35]

— Tu sais où le cueillir?

— C'est un petit verger abandonné, où l'on arrive avant le soir. Aucun mur ne le sépare plus du désert. Là coulait un ruisseau; quelques fruits demi-mûrs pendaient aux branches.

— Quels fruits?

— Les mêmes que ceux de notre jardin; mais sauvages. Il avait fait très chaud tout le jour.

— Écoute; sais-tu pourquoi je t'attendais ce soir? C'est avant la fin de la nuit que je pars. Cette nuit; cette nuit, dès qu'elle pâlira ... J'ai ceint mes reins,[36] j'ai gardé cette nuit mes sandales.

— Quoi! ce que je n'ai pas pu faire, tu le feras? ...

— Tu m'as ouvert la route, et de penser à toi me soutiendra.

— A moi de t'admirer; à toi de m'oublier,[37] au contraire. Qu'emportes-tu?

— Tu sais bien que, puîné, je n'ai point part à l'héritage. Je pars sans rien.

— C'est mieux.

— Que regardes-tu donc à la croisée?

30. ce livre déchiré: *This thought is similar to "jette ce livre" or "burn the books" in "Nourritures terrestres."* **31. grenade:** pomegranate. *In "Nourritures terrestres" the pomegranate is a symbol of unattainable happiness.* **32. de trois jours = depuis trois jours.** **33. âcreté:** extreme sourness. **34. désaltère:** quenches. **35. il fait aimer cette soif:** *(this fruit)* makes one love the thirst. **36. J'ai ceint mes reins:** I have girded my loins *(for departure)—Biblical phrase.* **37. A moi de ... oublier = C'est à moi de t'admirer; c'est à toi de m'oublier.**

— Le jardin où sont couchés nos parents morts.[38]

— Mon frère … (et l'enfant, qui s'est levé du lit, pose, autour du cou du prodigue, son bras qui se fait aussi doux que sa voix) — Pars avec moi.

— Laisse-moi! laisse-moi! je reste à consoler notre mère. Sans *5* moi tu seras plus vaillant. Il est temps à présent. Le ciel pâlit. Pars sans bruit. Allons! embrasse-moi, mon jeune frère : tu emportes tous mes espoirs. Sois fort; oublie-nous; oublie-moi. Puisses-tu[39] ne pas revenir … Descends doucement. Je tiens la lampe …

— Ah! donne-moi la main jusqu'à la porte. *10*

— Prends garde aux marches du perron … *steps in front of the house*

38. nos parents morts: *symbolic of ties to home and tradition.* **39. Puisses-tu:** May you.

Simone Weil

1909–1943

One of the significant literary genres in French letters continues to be the *journal* or *pensées*, random thoughts and meditations jotted down as the writer pursues his literary or spiritual adventure. Sometimes, as in the case of Blaise Pascal's monumental seventeenth-century work, these *pensées* are notes for a book the author never lived to write. Sometimes they come to us in the form of a carefully pruned collection of aphorisms. More often, today, these notes appear as published extracts from a diary in which an author documents his intellectual, cultural, and spiritual growth while he works.

Shortly after the end of World War II, the *pensées* of Simone Weil were published under the title of *La Pesanteur et la grâce*. The book, a collection of loosely connected meditations on the relation of man to God, attracted attention both in and out of France. Its author, a young French-Jewish-Christian mystic, had died in England after fleeing the secret police of the invading Germans. The *pensées* of *La Pesanteur et la grâce* are passages culled from the notebooks which Mlle Weil had left behind for safekeeping with a non-Jewish friend before fleeing her homeland. After the girl's death, this friend edited the notes, arranging them according to topics, and offered them to the public in the form of a book which has won Mlle Weil an international reputation as a seer—if not a saint.

As the custodian of these notes explains: "The texts are bare and simple, like the inner experience that they translate into words. No padding comes between life and language. The soul, thought, and expression are of one cloth with no seams . . . One is struck by the way this simplicity of expression gives her thought multiple layers of meaning."

The title of the collection, which appeared in English as *Gravity and Grace*, is reminiscent of Baudelaire's *élan vers Dieu* and its counterpart, the natural urge to reach downward, *vers Satan*—although, for Simone Weil, both grace and "weight" have their source outside man. According to the mystic idea on which these meditations are based, man, who lives in *pesanteur*, can gain an immediate experience of God if he will *de*-create, desiccate his life so that grace may filter in through the fissures, like water working its way through a bed of rock.

We include a few pages of these *pensées* as an example of a kind of modern French writing in which a writer's concern for expression joins hands with purely philosophical and religious meditation. In these notes, bare of metaphor and evocative symbolism, Simone Weil is documenting the drama of her own thought. The straightforward, concrete style and absence of literary *trucs* convey a sense of direct contact with the supernatural rather than a movement toward it.

La Pesanteur et la grâce

PENSÉES DE SIMONE WEIL (EXTRAITS)

L'Intelligence et la grâce

Nous savons au moyen de l'intelligence que ce que l'intelligence n'appréhende pas est plus réel que ce qu'elle appréhende.

Quand on écoute du Bach ou une mélodie grégorienne, toutes les facultés de l'âme se tendent et se taisent pour appréhender cette chose parfaitement belle, chacune à sa façon. L'intelligence entre autres : elle n'y trouve rien à affirmer et à nier, mais elle s'en nourrit.

La foi ne doit-elle pas être une adhésion de cette espèce? On dégrade les mystères de la foi en en faisant un objet d'affirmation ou de négation, alors qu'ils doivent être un objet de contemplation.

L'objet de la recherche ne doit pas être le surnaturel, mais le monde. Le surnaturel est la lumière : si on en fait un objet, on l'abaisse.

Il n'y a pas à choisir entre les opinions : il faut les accueillir toutes, mais les composer verticalement et les loger à des niveaux convenables.

Ainsi hasard, destin, Providence.

Celui qu'il faut aimer est absent

Dieu ne peut être présent dans la création que sous la forme de l'absence.

Il faut placer Dieu à une distance infinie pour le concevoir innocent du mal; réciproquement, le mal indique qu'il faut placer Dieu à une distance infinie.

Ce monde en tant que tout à fait vide de Dieu est Dieu lui-même.

La nécessité en tant qu'absolument autre que le bien est le bien lui-même.

C'est pourquoi toute consolation dans le malheur éloigne de l'amour et de la vérité.

C'est là le mystère des mystères. Quand on le touche, on est en sécurité.

Il faut être dans un désert. Car celui qu'il faut aimer est absent.

Rien de ce qui existe n'est absolument digne d'amour.

Il faut donc aimer ce qui n'existe pas.

Mais cet objet d'amour qui n'existe pas n'est pas une fiction. Car nos fictions ne peuvent être plus dignes d'amour que nous-mêmes qui ne le sommes pas.

L'Athéisme purificateur

Cas de contradictoires vrais. Dieu existe, Dieu n'existe pas. Où est le problème? Je suis tout à fait sûre qu'il y a un Dieu, en ce sens que je suis tout à fait sûre que mon amour n'est pas illusoire. Je suis tout à fait sûre qu'il n'y a pas de Dieu, en ce sens que je suis tout à fait sûre que rien de réel ne ressemble à ce que je peux concevoir quand je prononce ce nom. Mais cela que je ne puis concevoir n'est pas une illusion.

Il y a deux athéismes dont l'un est une purification de la notion de Dieu . . . .

La religion en tant que source de consolation est un obstacle à la véritable foi : en ce sens l'athéisme est une purification. Je dois être athée avec la partie de moi-même qui n'est pas faite pour Dieu. Parmi les hommes chez qui la partie surnaturelle d'eux-mêmes n'est pas éveillée, les athées ont raison et les croyants ont tort.

Distance entre le nécessaire et le bien

La nécessité[1] est le voile de Dieu.

Dieu a confié tous les phénomènes sans exception au mécanisme du monde.

Comme il y a en Dieu l'analogue de toutes les vertus humaines, aussi de l'obéissance. C'est le jeu qu'il laisse en ce monde à la nécessité.

La nécessité, image saisissable pour l'intelligence de l'indifférence, de l'impartialité de Dieu.

Ainsi la notion ordinaire de miracle est une espèce d'impiété

1. **La nécessité = le mécanisme du monde:** *Simone Weil uses this word in its philosophic sense: the principle of universal and uniform causation, as contrasted to "chance."*

(un fait qui n'aurait pas de cause seconde, mais *seulement* une cause première).

La distance entre le nécessaire et le bien est la distance même entre la créature et le créateur.

Lectures[2]

Autrui. Percevoir chaque être humain (image de soi-même) comme une prison où habite un prisonnier, avec tout l'univers autour.

Électre,[3] fille d'un père puissant, réduite à l'esclavage, n'ayant d'espoir qu'en son frère, voit un jeune homme qui lui annonce la mort de ce frère—et au moment le plus complet de la détresse, il se révèle que ce jeune homme est son frère. « Elles croyaient que c'était le jardinier. »[4] Reconnaître son frère dans un inconnu, reconnaître Dieu dans l'univers.

On lit, mais aussi *on est lu* par autrui. Interférences[5] de ces lectures. Forcer quelqu'un à se lire soi-même comme on le lit (esclavage). Forcer les autres à vous lire comme on se lit soi-même (conquête). Mécanisme. Le plus souvent, dialogue de sourds.

Lectures superposées : lire la nécessité derrière la sensation, lire l'ordre derrière la nécessité, lire Dieu derrière l'ordre.

Metaxu[6]

Ce monde est la porte fermée. C'est une barrière. Et, en même temps, c'est le passage.

2. Lectures: *For Simone Weil this word means* reading into *or* having intuitive knowledge of *what lies before us.* **3. Électre:** *Daughter of Agamemnon and Clytemnestra and the heroine of tragedies by Aeschylus, Sophocles, and Euripides. Electra spent most of her life waiting for the return of her brother Orestes who would help her avenge the death of their murdered father.* **4. jardinier:** *When Mary Magdalene and other women first saw the risen Christ:* **« Elles croyaient que c'était le jardinier. »** **5. Interférences:** *in the case of sound waves, interference may produce silence.* **6. Metaxu:** *Greek word for* transformation. *The author uses this word to describe those temporal values which serve as intermediaries between the soul and God.*

Deux prisonniers, dans des cachots voisins, qui communiquent par des coups frappés contre le mur. Le mur est ce qui les sépare, mais aussi ce qui leur permet de communiquer. Ainsi nous et Dieu. Toute séparation est un lien.

Beauté

La beauté séduit la chair pour obtenir la permission de passer jusqu'à l'âme.

Le beau enferme, entre autres unités des contraires, celle de l'instantané et de l'éternel.

Mystique du travail

La grandeur de l'homme est toujours de recréer sa vie. Recréer ce qui lui est donné. Forger cela même qu'il subit. Par le travail, il produit sa propre existence naturelle. Par la science, il recrée l'univers au moyen de symboles. Par l'art il recrée l'alliance entre son corps et son âme. Remarquer que chacune de ces trois choses est quelque chose de pauvre, de vide, et de vain, prise en soi et hors du rapport avec les deux autres. Union des trois : culture ouvrière....[7]

7. culture ouvrière: the culture of a workers' society. *Simone Weil was active in left-wing workers' movements.*

Questionnaire

La Jolie Rousse (page 5 à page 7)

1. Quel portrait le poète fait-il de lui-même dans la première partie de ce poème? 2. Quelle est l'attitude de ce soldat blessé envers la guerre? 3. De quelle autre guerre va-t-il parler? 4. Quel est le paradoxe dans cette image : « l'Ordre de l'Aventure » qui est l'expression qu'emploie Apollinaire pour juger la longue querelle littéraire? 5. Quelle image le poète nous donne-t-il de ses auditeurs? 6. Quelle attitude est-ce qu'il leur prie de prendre à son égard? 7. A quoi ce poète et les siens veulent-ils donner de la réalité? 8. Comment est-ce qu'il caractérise la contrée de la bonté qu'il veut explorer? 9. Pourquoi demande-t-il de la pitié à ceux qui assistent à ses aventures? 10. Quelle forme la Raison doit-elle prendre afin que le poète puisse l'aimer? 11. Qu'est-ce qu'il y aura d'irréel ou de poétique dans les cheveux de la jolie rousse? 12. Dans la dernière partie du poème, le poète s'accuse de ne pas être assez hardi. De quoi est-ce qu'il accuse son public? 13. La première partie de ce poème caractérise un ancien soldat d'artillerie qui va s'occuper de la guerre littéraire. La deuxième partie caractérise la guerre poétique qu'il compte faire. La troisième partie demande une double réaction de la part des spectateurs qui assistent à ce combat. Comment entendez-vous le sujet des cinq derniers vers, où le poète demande des rires aussi bien que de la pitié? 14. De quoi la jolie rousse est-elle un symbole dans ce poème? 15. Quel est le rapport entre cette image de la jolie rousse et le problème de « l'Ordre de l'Aventure »?

Sainte Adorata (page 7 à page 11)

1. Dans quelles circonstances l'auteur a-t-il appris l'histoire officielle de sainte Adorata? 2. D'après le sacristain, de quelle époque date cette vie de sainte? 3. Avant de sortir de l'église, qu'est-ce qui a attiré l'attention de l'auteur pour lui faire remarquer le vieillard?

4. Quelle est l'attitude de l'auteur envers l'histoire que le sacristain lui a racontée? 5. Sous quelle condition le vieillard va-t-il révéler une autre version de cette histoire? 6. Quelle est la première réaction de l'auteur devant la révélation étonnante du vieillard? 7. Dans quel pays le vieillard avait-il fait la connaissance de cette femme adorée? 8. Dans quelles circonstances est-elle morte? 9. Où est-ce que le jeune homme a mis le corps de sa maîtresse avant de lui trouver un sarcophage de pierre? 10. D'où provenait le sarcophage? 11. Où l'a-t-il enterré? 12. Dans quelles circonstances a-t-on trouvé le sarcophage après le départ du jeune amant? 13. Qu'est-ce qui a fait croire au curé du village que c'était le tombeau d'une martyre chrétienne de l'époque romaine? 14. Comment cette anecdote est-elle un exemple du « beau mensonge »? 15. Quelle effet obtient l'auteur en terminant son anecdote par une description des vêtements élégants et surannés du vieillard?

Le Mauvais Vitrier (page 14 à page 17)

1. Comment Baudelaire caractérise-t-il une nature contemplative? 2. Quels exemples nous donne-t-il des hommes contemplatifs qui, sous une impulsion mystérieuse, agissent contre leur nature? 3. Baudelaire nous dit que ces moments absurdes nous font croire aux êtres surnaturels. Quel genre d'êtres surnaturels? 4. Quand Baudelaire s'est levé ce matin-là, quel était son état d'esprit? 5. Qu'a-t-il entendu dans la rue « à travers la lourde ... atmosphère parisienne » pour lui faire remarquer le vitrier? 6. Quels étaient ses sentiments à l'égard de ce pauvre marchand? 7. Après avoir crié au vitrier de monter dans sa chambre, qu'est-ce qui a mis un peu de gaieté dans les réflexions du poète? 8. Quand le vitrier arrive au sixième étage avec sa fragile marchandise, quelle espèce de vitre est-ce que le poète lui demande? 9. Pourquoi un vitrier serait-il impudent de se promener dans ce quartier-ci avec des vitres qui laissent voir la vie telle qu'elle est? 10. Quel objet est-ce que le poète laisse tomber sur les crochets du vitrier pour détruire sa marchandise? 11. A quoi ressemble le bruit que l'on entend quand le poète laisse tomber son engin de guerre poétique sur le dos de ce pauvre marchand? 12. Quel est l'état d'esprit du poète après son geste malicieux? 13. Quels perils menacent une personne qui fait de tels gestes?

14. Qu'est-ce qui justifie ces gestes, malgré le risque que l'on y court? 15. Dans tous les exemples que cite Baudelaire dans ce poème en prose, il s'agit de quelqu'un qui risque de payer cher (même de se faire damner) pour avoir commis un acte irraisonnable de destruction. Indiquez comment ces gestes destructifs pourraient être compris comme autant de poèmes à l'état brut.

Le Menteur (page 20 à page 23)

1. Au début de ce monologue le narrateur nous dit qu'il n'aime pas le mensonge. Alors, pourquoi est-ce qu'il ment? 2. Le mensonge, dit-il, est comme « des montagnes russes. » Comment la sensation provoquée par un voyage dans ces « montagnes » ressemble-t-elle à celle du mensonge? 3. Quand on me traite de menteur, je me laisse injurier et je crève de rage, dit le narrateur. En quoi cette rage se transforme-t-elle dans le cœur du narrateur? 4. De quelles images se sert-il pour décrire « le désordre épouvantable » du mensonge? 5. Pour sortir de son dilemme, le narrateur a recours à une astuce : il accuse ses accusateurs. De quoi les accuse-t-il? 6. Quelles raisons donne le narrateur d'avoir menti quand, en vérité, il est franc et n'aime pas les mensonges? 7. Cet homme, qui dit maintenant qu'il ne ment jamais, fait pourtant, de temps en temps, quelques pieux mensonges. A quoi servent-ils? 8. Dans le dernier paragraphe, le narrateur change son attitude envers le mensonge. Il l'appelle maintenant « magnifique. » Qu'est-ce qu'il y a de magnifique dans l'acte de mentir? 9. En quel sens pourrait-on dire qu'une œuvre littéraire est un mensonge qui dit la vérité? 10. Quel est l'effet dramatique à la fin de ce monologue quand le narrateur nous dit « Je m'embrouille. Quelle drôle d'époque »?

L'Apollon de Bellac

(page 28 à page 38)

1. Où a lieu l'action de cette pièce? 2. Qui est-ce qu'Agnès demande à voir? 3. Qu'est-ce qu'un huissier? 4. Pourquoi

cet huissier dit-il à Agnès qu'il faut revenir dans six jours? 5. Le Monsieur de Bellac s'intéresse à l'invention du légume unique. D'après sa description, qu'est-ce que c'est que ce légume? 6. Agnès cherche une place. Quels sont ses talents? 7. Agnès a une faiblesse. Dès que les hommes la regardent, qu'est-ce qui lui arrive de gênant? 8. Selon le Monsieur de Bellac, quelle est la recette infaillible pour obtenir ce qu'on veut d'un homme? 9. A quel moment une femme doit-elle dire cette phrase magique? 10. Selon le Monsieur de Bellac, est-ce que les hommes seront étonnés qu'on leur adresse cette formule? 11. Pourquoi est-ce que la plupart des femmes ne réussissent pas, malgré leur connaissance de cette formule secrète? 12. Agnès se prépare à vaincre l'huissier en s'exerçant sur un papillon. De quoi le papillon est-il spécialement fier et comment est-ce qu'Agnès le flatte? 13. Comment le papillon réagit-il à ce compliment? 14. Que doit faire Agnès pour se débarrasser du papillon quand il se cramponne? 15. Quel va être son premier mot à l'huissier quand il rentrera? 16. Quelle est la réaction de l'huissier quand Agnès lui lance la formule? 17. Quelle explication donne-t-elle de sa façon de juger les gens? 18. De quoi l'huissier est-il spécialement fier? 19. Qu'est-ce que l'huissier a appris sur les jeunes femmes en observant sa propre fille? 20. Quand il se met en colère à la fin de la troisième scène, l'huissier montre la seule chose qu'il a de parfait. Qu'est-ce? Comment est-ce qu'Agnès flatte cet homme?

(page 38 à page 50)

21. Comment le Monsieur de Bellac explique-t-il qu'Agnès a mieux réussi avec le papillon qu'avec l'huissier? 22. Le Monsieur de Bellac demande à Agnès de le comparer à la statue de l'Apollon de Bellac. Comment est cette statue? 23. Quand il annonce l'arrivée du Secrétaire général, quelle indication est-ce que l'huissier nous donne sur la silhouette de cet homme? 24. Pour s'entraîner avant l'entrée du Secrétaire, Agnès s'exerce sur le lustre. A quoi est-ce qu'elle le compare? 25. Comment le lustre montre-t-il son plaisir d'entendre ce compliment? 26. Le Secrétaire général est professeur aux Arts et Métiers. Quel cours y fait-il? 27. Pourquoi le Secrétaire se pince-t-il? 28. Selon ce spécialiste du rêve, qu'est-ce qu'il a dans la vie réelle qui plaît à sa mère? à sa nièce? à sa sœur?

29. A quoi est-ce qu'Agnès le compare, et avec quelle réserve? 30. Le Secrétaire général offre à Agnès une place de dactylographe dans son bureau. Quelles raisons a-t-il de vouloir écarter celle qui fait actuellement ce travail? 31. Agnès dit qu'elle trouve la jaquette du Secrétaire insupportable et elle veut qu'il la change pour une autre. Expliquez le rapport de ce désir avec la critique que lui fait le Monsieur de Bellac : *vous biaisez toujours.* 32. Agnès a un gros succès avec tous les membres du Conseil. Qu'en dit le Monsieur de Bellac à la fin de la sixième scène? 33. Si l'on croit le Président, qu'est-ce qu'il y a de changé dans le bureau depuis l'arrivée d'Agnès? 34. Après avoir entendu l'explication du succès d'Agnès auprès des membres du Conseil, qu'est-ce que le Président demande à Agnès de lui dire? 35. Quelle raison donne-t-elle de ne l'avoir pas déjà dit? 36. Quelles fonctions exerce Mlle Chèvredent dans l'Office des Grands et Petits inventeurs? 37. Selon le Président quel est le caractère de cette femme? 38. Quand le Président demande à Mlle Chèvredent s'il est laid, à quoi est-ce qu'elle le compare? 39. Quelle raison donne le Président pour remplacer Mlle Chèvredent par Agnès? 40. Quel bijou porte le Président dans sa poche? A qui le destine-t-il?

(page 50 à page 62)

41. Que veut dire Thérèse quand elle dit à son fiancé : *Agnès? En dix minutes, le prénom de Mademoiselle est déjà tout nu?* 42. Le Président explique à sa fiancée la raison d'être des femmes sur terre — c'est de dire aux hommes ce qu'a dit Agnès. Qu'est-ce qui arrive aux femmes quand elles répètent cette formule? 43. A ce moment dans la pièce, le Monsieur de Bellac intervient et explique que chacun a des beautés multiples. Quelle serait la « beauté d'emploi » de cet inventeur de Bellac? 44. Quelles plaintes fait le Président au sujet du décor chez Thérèse? 45. Qu'est-ce qu'il y a dans le décor chez Agnès qui contribue à la beauté de ceux qui s'y trouvent? 46. Thérèse se défend en disant qu'elle fera tout pour rendre son appartement confortable, sain et propre. Quel genre de ménage prédit-elle pour l'homme qui vit avec Agnès? 47. Thérèse est battue, et elle va se réfugier dans le monde où la laideur existe. Comment ce monde-là diffère-t-il de celui qu'Agnès offre au Président? 48. Le Président

laisse Agnès seule un moment avec le Monsieur de Bellac. Elle admet qu'à force de répéter le mot, elle a gagné une envie. Quelle est cett envie? 49. Pourquoi ne peut-elle pas caresser l'Apollon de Bellac 50. Selon le Monsieur de Bellac que voit une femme quand le dieu de l beauté la visite et se dévoile? 51. Pourquoi Agnès ferme-t-elle les yeu pour voir ce dieu? 52. Se servant de l'image d'une cage d'escalier Agnès décrit à Apollon sa petite vie jusqu'aujourd'hui. Que veut-ell dire en ajoutant à cette description d'une vie modeste : *Alors, que j'hésit à t'imaginer tel que tu es, c'est pour ma défense.* ·53. La nouvelle vi d'Agnès sera comme une cage d'escalier plus opulente, mais pas asse pour convenir au dieu Apollon (qui ne serait jamais chez lui dans un cage!). Puisqu'elle veut vivre à yeux ouverts, que demande Agnè au dieu? 54. Dans un monde où il y a peu d'harmonie entre le hommes et les femmes, entre la réalité et le rêve, que pourrait-on dire du « légume unique » comme symbole du beau mensonge 55. Expliquez le double sens de la dernière réplique de la pièce.

Abel et Caïn (page 66 à page 67)

1. La première partie de ce poème prend la forme d'un jeu de contrastes entre la vie des Abel et celle des Caïn. Dégagez-en les si genres de bonheur connus par les Abel, et les images de la misère qu Baudelaire a choisies pour leur faire contraste. 2. Quels mot dans la description de la vie heureuse des Abel indiquent une aigreu qui ronge le cœur d'un homme jaloux? 3. Quel animal biblique symbole du mal, est évoqué par le son du sifflement des mots « race de au commencement de chaque couplet? 4. Entre les deux partie de ce poème il se passe un événement. Les Caïn suppriment les Abel A quoi sert cette race heureuse après le meurtre? 5. A qui les Abe devaient-ils leur bonne fortune? 6. Quelle est cette besogne qu les Caïn n'ont pas faite suffisamment? 7. Est-ce que ce poème ni l'existence de Dieu? 8. De quel point de vue pourrait-on dire qu les Caïn sont justifiés dans leur révolte contre Dieu? 9. Si on comprend la « race de Caïn » comme une métaphore représentan le côté charnel de l'homme, que nous dit ce poème sur le rappor entre la chair et l'esprit?

Mozart assassiné (page 69 à page 72)

1. Dans quel sens peut-on dire que ce train est une patrie en marche? 2. Dans la voiture de troisième l'auteur sent une odeur de caserne ou de commissariat. Quelle serait cette odeur? 3. Quelle image l'auteur nous donne-t-il des maisons que ces gens laissent derrière eux en France quand ils rentrent en Pologne? 4. Comment est-ce qu'il s'imagine la jeunesse de ces gens qui sont devenus des paquets de glaise et des machines à piocher? 5. Quelle question se pose-t-il sur le triste sort de ces gens? 6. En poursuivant sa promenade dans cette voiture de troisième, quels sons remarque-t-il? 7. Il s'assoit en face d'un couple. Qu'y a-t-il dans le visage de l'enfant qui fait contraste avec ce qu'on voit sur le visage des parents? 8. Si cet enfant est vraiment musicien de grand talent, quel sera son sort dans ce monde où il n'y a pas de jardinier pour les hommes? 9. L'auteur regagne son wagon et réfléchit. Il ne plaint pas ces gens. Ce qui le tourmente c'est le point de vue du jardinier qui néglige les plantes qui poussent dans son jardin. Pour un homme comme Saint-Exupéry qui veut cultiver le sens de la responsabilité chez les hommes, qui est le « jardinier »? 10. Comment comprenez-vous la dernière phrase de cette anecdote? Comment est-ce que cette phrase tourne toute l'histoire en métaphore?

L'Hôte

(page 77 à page 84)

1. Quelles sont les observations que Daru fait sur ses deux visiteurs? 2. Quel malheur a frappé les habitants de la région pendant ces derniers mois? Quel rôle a joué Daru dans la lutte contre cette misère? 3. Pourquoi Balducci est-il venu chez Daru? En répondant à cette question, rappelez-vous que les instituteurs sont des fonctionnaires. 4. Que sait-on du crime qu'a commis l'Arabe? 5. Quelle est la réaction de Daru à ce que Balducci lui apprend sur son prisonnier? 6. Avant le départ de Balducci, comment remarque-t-on la naissance d'un sentiment de fraternité de la part de Daru pour le meurtrier? 7. Avant le départ de Balducci, quels signes de révolte contre l'ordre que représente le gendarme peut-on remarquer chez Daru?

(page 84 à page 91)

8. Après le départ de Balducci, l'instituteur pense à ce haut plateau qui entoure son école. Décrivez-le. Dans ce désert, quelle est la vie des hommes depuis des siècles? Quel sentiment lie Daru et son hôte au désert? 9. Comment décririez-vous le sentiment qui se révèle peu à peu dans les quelques petites phrases que l'Arabe adresse à Daru? 10. Pourquoi Daru se sent-il gêné par la présence de l'Arabe endormi? 11. Pendant que l'Arabe fait sa toilette, Daru réfléchit à lui et à Balducci. Quelles sont ses réflexions? 12. Par quels gestes devinez-vous les sentiments de Daru quand il donne les provisions à l'Arabe? Et plus tard quand il l'a laissé au bord de la colline? 13. Quels incidents ont porté Daru à la décision de libérer le prisonnier arabe? Par quels principes ou quels sentiments est-ce qu'il justifie son acte à ses propres yeux? 14. Qu'est-ce qui a empêché Balducci d'arriver à la même conclusion que son jeune ami sur ce qu'on doit faire avec le prisonnier? 15. Comment expliquez-vous que l'Arabe ne sait pas profiter du geste généreux de Daru? 16. Ces gens qui habitent le plateau algérien se trouvent dans un milieu aussi hostile sur le plan social que sur le plan naturel. Le gendarme fait face à cette hostilité en suivant à la lettre la loi. L'instituteur le fait en accordant le plus de respect possible à la dignité des autres. De quelles façons est-ce que les divers Arabes dans ce conte font face à leurs adversaires naturels et sociaux? 17. Le désir d'être un homme juste attire Daru dans un piège où il se trouve la victime d'une guerre entre deux systèmes de justice. Caractérisez les deux systèmes. 18. Qu'est-ce que c'est que l'ironie? La fin de ce conte est-elle ironique?

Huis clos

(page 99 à page 108)

1. Dans les indications scéniques, quel est le seul objet que nous signale l'auteur dans cette chambre (où il y a, pourtant, trois canapés)? 2. Quelle est la première question directe que pose Garcin sur cette chambre? 3. Selon le garçon d'étage, à quel moment est-ce que les clients, inévitablement, demandent leur brosse à dents? 4. De

quoi cette brosse à dents est-elle un symbole grossier? 5. Pas de brosse à dents et pas de glaces. Pas moyen de réparer le masque que nous portons dans la vie. Pas de lit, non plus. Pourquoi n'y a-t-il pas de lit ici, et pourquoi ce manque est-il pénible? 6. Qu'est-ce qui explique le regard indiscret et grossier du garçon? 7. De quoi le sommeil a-t-il été une « compensation » pour Garcin jusqu'à ce moment? 8. D'après le garçon, qu'est-ce qu'il y a au dehors de cette chambre? 9. Quelles mesures la « direction » a-t-elle prises pour que les clients soient obligés de voir tout ce qui se passe dans la chambre? 10. Le bronze ne bouge pas. La sonnette ne sonne pas. Il n'y a pas d'interrupteur pour éteindre la lumière. Après avoir vérifié que tout est fixe dans cette chambre, que fait Garcin presque automatiquement? 11. Quelle méprise fait Inès sur l'identité de Garcin? 12. Comment Inès a-t-elle appris à reconnaître la mine d'un bourreau? 13. D'après Garcin, pourquoi n'est-il pas qualifié pour jouer le rôle du bourreau? 14. Quel conseil est-ce que Garcin se permet pour qu'ils puissent s'accommoder l'un de l'autre? 15. Inès reproche à Garcin son tic. Quel est ce tic et comment est-ce qu'Inès l'interprète? 16. Selon Garcin, on a peur quand on se sent *avant*. *Avant* quel danger se sent-il en ce moment? 17. Que fait Garcin pour cacher son tic? 18. Quel est l'effet de ce geste sur Estelle quand elle arrive? 19. Quelle est la première réaction d'Estelle quand elle aperçoit Garcin? 20. Qu'est-ce qu'il y a dans les manières d'Estelle qui indique une bourgeoise aisée?

(page 109 à page 120)

21. Après les présentations, Estelle commence à s'imaginer qu'elle voit les gens qui assistent à ses propres funérailles sur terre. Comment explique-t-elle que sa meilleure amie ne pleure pas? 22. De quoi Estelle est-elle morte? Inès? Garcin? 23. Que propose Estelle pour éviter de prononcer un mot cru en parlant de leur état? 24. Garcin s'imagine voir sa femme qui ne sait pas encore qu'il est « absent. » Quel portrait fait-il de sa femme? 25. Pour Garcin c'est un travail dur de mettre sa vie en ordre. Il y pense et il a chaud. Pourquoi n'ôte-t-il pas son veston? 26. Quand Inès s'imagine voir la vie qu'elle a quittée là-bas, qu'aperçoit-elle? 27. Estelle s'étonne de se trouver dans cette compagnie si peu en accord avec ses goûts habituels. Quelle

explication offre-t-elle de cette réunion forcée? 28. Pourquoi Estelle ne peut-elle pas, comme d'habitude, faire le contraire de ce qu'on attend d'elle? 29. Quand Inès propose que chacun confesse pourquoi il est là, quelle est la première explication que donne Estelle de sa présence parmi eux? 30. Estelle se présente comme une jeune femme qui s'est sacrifiée à un vieillard. Comment se présente Garcin? 31. Selon Inès, qui refuse de jouer la comédie du mensonge, quelle est la vérité crue sur cette chambre et quelle est la raison pour laquelle ils s'y trouvent? 32. Qui est-ce qui manque dans cet étrange enfer? 33. Comment est-ce qu'Inès explique le manque de ce personnage essentiel? 34. Qui va le remplacer? 35. Que suggère Garcin pour qu'ils se protègent les uns des autres? 36. Quel est le sujet de la chanson que chante Inès pendant leur long silence? 37. Pourquoi Estelle a-t-elle absolument besoin d'une glace? 38. Quand Inès offre de lui servir de miroir, Estelle tombe dans un piège. Expliquez ce piège. Comment est-ce qu'Inès essaie d'apprivoiser sa prisonnière? 39. Sans rien dire, Garcin gagne une partie où il ne joue pas. Qu'a-t-il gagné? 40. Pourquoi est-ce qu'Estelle appelle Garcin un mufle? Selon Garcin, que faut-il faire maintenant pour éviter de se faire plus de mal, les uns aux autres?

(page 120 à page 133)

41. La présence même de cet homme tourmente Inès et elle refuse de le laisser se plonger tranquillement en lui-même comme un bouddha. Que fait Garcin pour se venger de cette interruption? 42. Garcin propose qu'ils fassent l'effort, tous les trois, de dire la vérité sur leur passé. Si l'on croit son histoire, quel a été son crime sur terre? 43. De quelles trois morts Inès est-elle responsable? 44. Pourquoi Garcin demande-t-il si Florence était blonde? 45. Estelle ne veut pas avouer son crime, mais les autres la tourmentent jusqu'à ce qu'elle se confesse. Pourquoi son amant s'est-il tué? 46. Pourquoi les sanglots d'Estelle sont-ils secs? 47. Pourquoi est-il permis maintenant à Garcin d'ôter son veston? 48. Quand Inès cesse de voir ce qui se passe sur terre, Garcin lui suggère qu'avec un peu de bonne volonté ils pourraient déjouer les ruses de « la direction » de cet enfer. Pourquoi Inès est-elle incapable de l'aider? 49. Quand Estelle s'imagine voir ses amis sur terre, voilà le jeune Pierre qui danse avec Olga. Qui est Pierre? 50. Qu'est-ce qu'Olga dit à ce garçon au sujet de son

« eau vive »? 51. Quel changement y a-t-il dans l'attitude d'Estelle envers Pierre maintenant qu'il est au courant de son crime? 52. Comment l'auteur dramatise-t-il le fait que les vivants cessent peu à peu de s'intéresser à « la femme de cristal »? 53. Pour se voir dans les yeux d'un homme, Estelle n'a que Garcin maintenant. Que fait-elle pour le persuader de tourner les yeux vers elle? 54. Quand Garcin refuse de servir de miroir à la vanité d'Estelle, Inès s'impose de nouveau. Que fait Estelle à ce moment pour montrer son dégoût d'Inès? 55. Quel changement a eu lieu dans les manières d'Estelle qui montre que sous la bourgeoise il y a une femme vulgaire?

(page 133 à page 145)

56. Quand Garcin prend Estelle par les épaules et commence à l'embrasser, Inès l'accuse d'avoir rompu le pacte. Quel pacte? 57. Qu'est-ce qui distrait Garcin pendant qu'il embrasse Estelle? 58. Sur terre six mois se sont écoulés. Quelle saison est-ce? Comment est-ce que Garcin le sait? 59. En se retournant vers Estelle, qu'est-ce que Garcin lui demande d'accorder? 60. Quelle justification lui donne-t-il d'avoir pris le train pour la capitale du Mexique? 61. Comment Estelle comprend-elle cet acte? 62. Selon Inès, comment Garcin veut-il que l'on comprenne cet acte? 63. Selon Inès, quelles autres raisons y avait-il pour l'acte de Garcin? 64. Est-ce que Garcin est sûr d'avoir fait cet acte pour témoigner contre la guerre? 65. Quelle explication donne Garcin de la défaillance qu'il a eue quand on l'a mis contre un mur pour le fusiller? 66. Quelle image de Garcin ont Gomez et les anciens copains six mois après sa mort? 67. De quoi la femme de Garcin est-elle morte? 68. Estelle dit qu'elle veut bien croire que Garcin s'est comporté en héros, et Garcin annonce triomphalement qu'ils vont tous deux sortir de l'enfer. Pourquoi est-ce qu'Inès éclate de rire en entendant ces beaux sentiments? 69. Pour Sartre l'amour est souvent le mensonge à deux. De quels mensonges seraient fait un amour entre Garcin et Estelle? Pourquoi leur sera-t-il impossible de croire à ces mensonges dans la situation où ils se trouvent? 70. Garcin tambourine contre la porte et réclame des tortures physiques pour remplacer « cette souffrance de tête. » La porte s'ouvre. Pourquoi ne s'évade-t-il pas? 71. Quand Estelle essaie de pousser Inès dans le couloir, pourquoi est-ce que Garcin l'oblige à lâcher prise? 72. Quand Garcin de-

mande à Inès si on peut juger une vie sur un seul acte, que répond-elle? 73. Que veut dire Garcin quand il se plaint d'être mort trop tôt? 74. Pour l'éternité ces trois êtres vont essayer de se persuader, les uns les autres, de porter des jugements faux sur leur nature. Quel jugement Garcin veut-il qu'Inès porte sur lui? Quel jugement Inès veut-elle obtenir d'Estelle? Quel jugement Estelle veut-elle obtenir de Garcin? 75. Que symbolise le bronze que caresse Garcin sur la cheminée à la fin de la pièce? 76. Pourquoi Inès rit-elle quand Estelle essaie de la tuer avec le coupe-papier? 77. Quel est le sens profond de la dernière réplique de la pièce?

Élévation (page 152 à page 153)

1. Dans la première strophe de ce poème, comment est-ce que Baudelaire se sert de la répétition des mots pour évoquer la sensation de vol? 2. Quel effet le poète tire-t-il des sons en *é* et *ère* à la fin de cette première strophe? 3. La deuxième strophe nous donne la fin d'une longue phrase commencée dans la première. Nous apprenons que c'est l'esprit qui vole. Quelles différentes sortes de mouvement le poète évoque-t-il pour caractériser cette indicible et mâle volupté? 4. Par quels moyens est-ce que le poète nous donne une sensation d'altitude et de manque de poids dans la troisième strophe? 5. Comment la quatrième strophe reprend-elle le contraste entre terre et ciel, pesanteur et légèreté, solidité et liquidité, etc.? 6. Dans la dernière strophe le poète nous dit que ce vol est une métaphore pour l'essor de la pensée au-dessus de la vie. D'après le poète, quel avantage a-t-on à regarder la vie du point de vue céleste? 7. Ce nouveau langage est celui des choses qui ne parlent pas. Qu'est-ce qu'il y a de mystique dans cette idée?

Chanson de la plus haute tour (page 156)

1. La forme du verbe « s'éprendre » dans le deuxième vers nous surprend. Quelle forme du verbe s'attend-on à voir dans cette phrase? Comment est-ce que la forme employée par le poète souligne le ton magique de son appel? 2. Quelles voyelles et quelles consonnes

dans les vers 1 à 8 évoquent le son de ce que l'auteur va identifier comme le bourdon des mouches? 3. Le poète se compare à une prairie livrée à l'oubli. Selon les vers 3 à 8, quelles sont trois façons de perdre conscience de soi? 4. Que serait une « prairie grandie »? 5. De quoi cette prairie est-elle fleurie? Comment ses « fleurs » évoquent-elles des associations d'ordre religieux?

Aube (page 158)

1. Comment est-ce que le premier verset nous offre un contraste entre le concret et l'abstrait? Auquel des deux se rattache la beauté que le poète va poursuivre? 2. Dressez une liste des « objets » qui peuplent le paysage décrit dans le deuxième verset. 3. De quelle façon est-ce que le poète évoque le son des cascades dans le troisième verset? 4. Quelles couleurs sont évoquées dans la description du wasserfall? 5. Comment est-ce que le poète nous fait sentir le caractère évasif de la déesse avant de décrire la poursuite? 6. Où va-t-il en la poursuivant? 7. Où est-ce qu'il l'attrape? 8. Que savez-vous du sens mythologique du laurier? 9. Comment le poète s'identifie-t-il à la fin de cette aventure? Que signifie le changement de style quand il cesse de parler à la première personne? 10. Quelle correspondance voyez-vous entre « l'aube d'été » du début et l'image de la dernière phrase du poème? Comment cette dernière phrase change-t-elle le sens de la première?

Parabole d'Animus et d'Anima (page 161 à page 162)

1. Depuis combien de temps Animus et Anima sont-ils mariés? 2. Quelle a été la position d'Anima dans ce ménage pendant les premiers jours de leur mariage? 3. D'où vient la fortune qui fait vivre ce ménage? 4. Quel jugement fait Animus sur l'intelligence de sa femme? 5. Quelle est cette « véritable nature » qu'a révélée Animus peu après leur lune de miel? 6. Quel est le grand talent d'Animus? 7. De quelle manière est-ce qu'Animus traite sa femme? 8. Que fait Anima pendant que son mari est au café avec ses amis? 9. Quelle est la vengeance d'Anima sur son mari? 10. Quel truc Animus

invente-t-il pour entendre la chanson céleste de sa femme? 11. Si Animus était poète, quel genre de littérature ferait-il pour laisser croire à sa femme qu'il ne l'écoute pas? 12. Quand Animus réussit à faire des bruits qui assurent sa femme qu'il ne fait pas attention à elle, elle chante. A qui est-ce qu'elle s'adresse dans son chant?

Le Retour de l'enfant prodigue

(page 168 à page 174)

Préface

1. Quelle attitude envers cette œuvre l'auteur exprime-t-il dans la préface?

L'Enfant prodigue

2. Que cherchait l'enfant prodigue hors de la maison de sa famille? 3. Quelles raisons l'enfant prodigue se donne-t-il pour rentrer à la maison? 4. Quel membre de la famille n'est pas content du retour de l'enfant prodigue? Pourquoi pas?

La Réprimande du père

5. Au début de cette section, l'auteur nous dit qu'il s'identifie avec le prodigue. Mais l'auteur hésite à retourner à la Maison comme l'a fait le jeune homme de la parabole. Quand Gide fait parler le prodigue, il nous suggère les raisons de sa propre hésitation. Quelles sont ces raisons? 6. Selon le père, quels avantages offre la vie dans la Maison? 7. Quelle distinction l'enfant prodigue fait-il entre la Maison et le Père? 8. Quelle explication l'enfant prodigue donne-t-il de son départ? De son retour? Le père est-il satisfait de ces raisons?

(page 174 à page 181)

La Réprimande du frère aîné

9. Dans la maison du Père, quelles responsabilités assume le frère aîné? Etant donné le contexte religieux de la parabole, de quoi le fils

aîné serait-il un symbole? 10. Comment le fils aîné conçoit-il la bonne vie? Est-ce que Gide admet une valeur dans cette conception? 11. Quelles sont les nouvelles explications de son évasion que le prodigue donne à son frère?

La Mère

12. Quels sont les rapports entre le fils prodigue et sa mère? 13. En parlant à sa mère, le prodigue découvre de nouvelles raisons pour son départ. Quelles sont-elles? 14. Pourquoi l'enfant prodigue parle-t-il à sa mère surtout de ses souffrances? 15. Pourquoi la mère veut-elle que le prodigue parle à son frère cadet?

(page 181 à page 187)

Dialogue avec le frère puîné

16. Quand le prodigue va dans la chambre de son jeune frère, comment celui-ci l'accueille-t-il? Comment expliquez-vous cette réception? 17. Sur la table de chevet du frère puîné il y a une grenade sauvage. Quelles sont les qualités particulières à ce fruit? Que pourrait symboliser ce fruit et la soif qu'il fait aimer? 18. Pourquoi l'enfant prodigue encourage-t-il son frère cadet à partir? Son propre retour était-il donc hypocrite? 19. Le fils puîné aura-t-il plus d'espoir de réussir? Comment le fait qu'il part sans héritage augmente-t-il ses chances?

Questions générales

20. Pour Gide la sincérité est une valeur capitale. Sous quelle forme ce problème paraît-il dans cette histoire? 21. Dégagez deux attitudes contraires envers la liberté de l'homme dans cette histoire. 22. De quelle image l'auteur se sert-il pour suggérer le but de la vie dans le dialogue entre le prodigue et ce frère cadet qui veut s'en aller à la recherche de l'Aventure? 23. Quel sens spécial est-ce que Gide prête aux mots suivants : *la ferveur, le dénûment*? 24. Comment Gide a-t-il changé l'action de la parabole biblique en racontant cette histoire? Quels changements crée-t-il dans les personnages? 25. Quel sens spécial Gide donne-t-il à l'histoire en écrivant cette version pour exprimer sa propre aspiration religieuse?

La Pesanteur et la grâce (page 189 à page 193)

L'Intelligence et la grâce

1. Selon Simone Weil, pourquoi l'intelligence ne doit-elle pas analyser le surnaturel? 2. Que veut dire Simone Weil quand elle nous conseille d'accumuler toutes les opinions, mais de « les composer verticalement »?

Celui qu'il faut aimer est absent

3. « Il faut être dans un désert. » De quelle image André Gide s'est-il servi dans *Le Retour de l'enfant prodigue* pour évoquer cette même notion? 4. Comment Simone Weil justifie-t-elle son idée que l'objet d'amour divin qui n'existe pas « n'est pas une fiction »?

L'Athéisme purificateur

5. Qu'est-ce que l'athéisme peut apporter à la foi? 6. Que pense Simone Weil de la religion en tant que consolation?

Distance entre le nécessaire et le bien

7. D'après Simone Weil, quel est le rapport entre la nécessité (le mécanisme du monde) et Dieu? 8. Qu'est-ce qu'un miracle? Pourquoi Simone Weil se méfie-t-elle de la notion ordinaire de miracle?

Lectures

9. Quelle conception Simone Weil a-t-elle de l'amour que tout homme doit à son prochain? 10. « On lit, mais . . . *on est lu* par autrui. » Quelle forme est-ce que Jean-Paul Sartre donnerait à cette formule? Rattachez cette idée à la pièce *Huis clos* de Sartre.

Metaxu

11. Comment le mur aide-t-il les prisonniers à communiquer l'un avec l'autre? 12. Comment Simone Weil se sert-elle de ce mur pour symboliser le rapport entre l'homme et Dieu?

Beauté

13. D'après Simone Weil quelle est la double nature de la beauté?

Mystique du travail

14. Quelle est la grandeur de l'homme? 15. Que produit l'homme par le travail? 16. Que recrée-t-il par la science? 17. Que recrée-t-il par l'art? 18. Que devrait résulter quand ces trois espèces de création marchent ensemble? Quel est le rapport entre le titre *Mystique du travail* et cette union?

Vocabulary

From this vocabulary have been omitted subject and object personal pronouns and words identical in form which have the same or a similar meaning in French and English, except when the meaning is obscured by the context. Proper names identical in French and English and needing no comment have also been omitted, as well as contractions such as *au* and *du*. Various expressions are termed *slang* which dictionaries more accurately label "popular," "familiar," and "argot" of various milieus.

Abbreviations

adj	adjectif	*m*	masculin
adv	adverbe	*n*	nom
art	article	*p*	page
cond	conditionnel	*pl*	pluriel
conj	conjonction	*p p*	participe passé
déf	défini	*part prés*	participe présent
e.g.	par exemple		
f	féminin	*pers*	personne
fig	figuré	*prép*	préposition
fut	futur	*prés*	présent
i.e.	c'est-à-dire	*pron*	pronom
imp	imparfait	*p s*	passé simple
ind	indicatif	*rel*	relatif
inf	infinitif	*sing*	singulier
interj	interjection	*subj*	subjonctif
lit	litéral	*	*h* aspiré

à to, at; (occupied) in; (denoting characteristic) with; judging by; sufficient to, to the point of; (separation) from; (sometimes untranslated)

à la fois simultaneously, at the same time

à la mi-octobre in the middle of October

à un jour de marche d'ici at one day's walk from here

aux murs nus with bare walls

fourneau à butagaz bottled gas stove

il resta . . . à regarder le ciel he remained...looking at the sky

abandon : à l'abandon uncontrolled

abandonner to give up, leave; abandon, desert

s'abandonner to let oneself go, give way

abdiquer to abdicate

abîmer to ruin, destroy

aboi *m* bark (of dog)

aux abois at bay

aboiement *m* barking

abondance *f* abundance, plenty

abord *m* approach

d'abord first, at first, first of all

aboyer to bark

abreuver to water

abri *m* shelter

à l'abri sheltered, protected

abriter to shelter, protect

abrutir to stupefy with fatigue

absolument absolutely

absorbé absorbed, occupied

absoudre (absolvant, absous, j'absous, —) to absolve

abstrait *adj* abstract; *n m* abstract

absurde *adj* absurd; *n m* absurdity

académicien *m* member of the Académie Française (official body composed of 40 distinguished men of letters)

accabler to overwhelm

accommoder to make comfortable

s'accommoder l'un de l'autre to put up with one another

accompagnement *m* accompaniment

accompagner to accompany, go with

accomplir to do, accomplish

accord *m* agreement

être d'accord to agree

accorder to grant, confer

accrocher to hook, catch

s'accrocher à to cling to

s'accroupir to squat

accueillir (accueillant, accueilli, accueille, accueillis) to welcome, receive

accumuler to accumulate; gather, pile up

acharné intense, fierce, strenuous

achat *m* purchase

s'acheminer to make one's way, proceed

acheter to buy
achever to finish, complete; succeed; go on speaking
acquiescement *m* acquiescence, consent
âcreté *f* acridity, tartness
acte *m* act
Adam Adam
pomme d'Adam Adam's apple
adieu *m* farewell, good-by
administration *f* administration, government, local government
admirer to admire
adorée *f* adored woman
adorer to adore, worship
adosser to place back to back
s'adosser à to lean one's back against
adresser to address, direct one's attention
s'adresser à to speak to
advenir (advenant, advenu, adviens, advins) to happen, occur
adversaire *m* adversary
aération *f* ventilation
affaiblir to weaken
affaiblissement *m* weakening, decline
affaire *f* business, matter, affair, concern
avoir affaire à to deal with
se tirer d'affaire to extricate oneself, get along
affirmatif, affirmative affirmative
affreux, affreuse frightful, dreadful
affront *m* offense
faire un affront to slight, offend
affutiaux *m pl* *(slang)* clothes, glad rags
afin de in order to
afin que in order that, so that
agacer to irritate, get on someone's nerves
agaric *m* edible mushroom
agate *f* kind of quartz (formerly used to emphasize eyes of statues)
âge *m* age
avoir son âge to be his age, be as old as he
s'agenouiller to kneel
agilité *f* agility
agir to act
il s'agit de it is a question of; it is about
s'agiter to get excited, get restless, stir
agréable pleasing
agrégé (person) having highest diploma offered by the French universities
agripper to clutch, grip, grab
s'agripper à to clutch at, cling to
ahurir to dumbfound, flabbergast
aide *f* help
aider to help, aid
aigreur *f* bitterness, sourness
aiguille *f* needle
aile *f* wing
ailleurs elsewhere
d'ailleurs moreover, besides, what is more
partout ailleurs anywhere else
aimable lovable, likable
aimant *m* magnet
aimer to love, like
aimer bien to like
aîné elder, eldest
ainsi thus, so, that way; in this manner (way)
ainsi que (just) as
air *m* air, manner, look, appearance; atmosphere; melody
avoir l'air to look, seem

avoir l'air de to look like, give the impression of
avoir un air inquiet to look anxious
aise *f* ease
à ton aise go ahead!
être à l'aise to be comfortable
mettre à son aise to put someone at ease
tout à son aise completely as she liked
aisé well-to-do
aisément easily
ait *(prés subj* **avoir,** to have)
ajouter to add
s'alarmer to become alarmed, worry
alentours *m pl* surroundings, vicinity
alerter to warn, alert
alimenter to feed
allée *f* path between a double row of trees
aller (allant, allé, vais, allai) to go; suit
allez-y get going
allons! come now!
s'en aller to go, go away
allonger to stretch out
allumer to light, kindle, turn on the light
allure *f* pace, carriage
à toute allure at a swift pace
alors then, at that time, consequently; *(slang)* well, so what? and then what?
alors que while
ou alors or else
alouette *f* lark; *(slang)* sweetie
miroir aux alouettes hunter's device for attracting small game birds
alun *m* alum (astringent substance)
amant *m* lover
amas *m* pile, heap
amasser to pile up, accumulate
ambulatoire ambulatory
âme *f* soul, person
amène agreeable
amener to lead
s'amener *(slang)* to arrive, show up
ami *m* **(amie** *f***)** friend
mon ami my friend; my dear
amiral *m* admiral
amitié *f* friendship
amorce *f* bait, appeal; something that attracts by flattering
amour *m* love
ampoule *f* (light) bulb
amusant amusing
amuser to amuse, entertain
s'amuser to enjoy oneself
an *m* year
il avait dix ans he was ten years old
il y a deux ans two years ago
analogue *m* that which is analogous or parallel
anarchie *f* anarchy, confusion
ancien *adj* ancient, old; former; *n m* the old
anéantir to annihilate
s'anéantir to disappear, vanish
anémone *f* anemone, wind flower
ânerie *f* foolishness
ânesse *f* she-ass
ange *m* angel
angle *m* angle, sharp corner
angoisse *f* anxiety, anguish
anguleux, anguleuse angular
anima *(Latin)* soul
animal animal-like
animer to impel, animate, stimulate
animus *(Latin)* mind

anneau *m* ring
année *f* year
anneler to ring, ridge, line
annoncer to announce
antiquaire *m* antique dealer
antique ancient
antre *m* den, lair
anxiété *f* anxiety
apercevoir (apercevant, aperçu, aperçois, aperçus) to perceive; see; catch sight of
apeuré frightened
aplati flattened
Apollon *m* Apollo (god of the arts)
apparaître (apparaissant, apparu, apparais, apparus) to appear
appartement *m* apartment
appartenir (appartenant, appartenu, appartiens, appartins) to belong to
appeler to call
  s'appeler to be called
appentis *m* lean-to
appétit *m* appetite
applaudissement *m* applause
appliqué diligent, concentrated
apporter to bring, carry (to)
appréhender to grasp, come to know
apprendre (apprenant, appris, apprends, appris) to learn; teach; tell
apprêt *m* preparation
apprêter to prepare, make ready
  s'apprêter to get ready
appris (*p p* **apprendre,** to learn)
apprivoiser to tame, domesticate
approcher to draw near, bring near
  s'approcher de to approach
approuver to approve
  approuver de la tête to nod approval
appuyer to press, lean on; push
après after; afterwards, later
  après? so what? and then what?
  d'après according to
après-midi *m et f* afternoon
arabe *m* Arabic (language)
arbre *m* tree
arc *m* bow
  arc à Diane bow of Diana (goddess of hunting)
arcade *f* arch
archange *m* archangel
ardent burning, passionate
ardeur *f* extreme heat; excessive liveliness
argent *m* money
argenté silvery
argile *f* clay
argument *m* argument, line of reasoning
aridité *f* aridness
arme *f* weapon
armée *f* army
armoire *f* wardrobe, clothespress
armure *f* armor
arqué bowed
arracher to tear, tear away, uproot
  s'arracher à to tear oneself away from
arranger to arrange
  qui n'arrangeaient rien who were doing nothing to improve matters
  s'arranger to set things right
arrêter to stop, halt
  s'arrêter to stop
arrière : en arrière back
arrivée *f* arrival
arriver to arrive; succeed, happen; come, reach
  elle arrive juste à the best she can do is
artère *f* artery
artillerie *f* artillery

artiste *m et f* artist
ascenseur *m* elevator
ascension *f* ascent
aspiration *f* breath, inhaling
aspirer to suck in
assassiner to assassinate
asseoir (asseyant, assis, assieds, assis) to seat
  s'asseoir to sit down, take one's seat
assez enough, sufficiently; fairly
assis *(p p* **asseoir**) seated, sitting
assister à to attend, be present at, witness
assomant overwhelming
assortir to match
assouvir to assuage, satisfy
assurer to assure
astuce *f* clever trick
athée *m* atheist
atmosphère *f* air
atrophier to atrophy, wither away from lack of use
s'attacher to take hold, attach oneself to
attaquer to attack, begin
atteindre (atteignant, atteint, atteins, atteignis) to reach
atteint *(p p* **atteindre**) struck by, affected
attenant adjoining
attendre to wait for, await; expect
  s'attendre à to expect
attendrir to move, touch the heart
  s'attendrir to be touched emotionally, be moved
attente *f* waiting, expectation
attentif, attentive attentive
atterrir to land (aviation)
attirer to draw; draw out; attract
attiser to stir up coals of a fire, quicken, fan
attraction *f* attraction, influence
attraper to catch
aube *f* dawn
aucun not any, no; no one, none
  ne . . . aucun no; no one, none
au-dessus above
aujourd'hui today
auparavant beforehand, before
auprès de near to, close to
  auprès de moi at my side
auquel (à + lequel) to which; at which; to whom
aussi too, also; so, consequently
  aussi bien que as well as
  aussi . . . que as . . . as
aussitôt immediately, at once, right away, on the spot
austérité *f* austerity
autant as much, so much; so many, as many
  autant que as much (many) as; so long as
  d'autant que more especially as
  tout autant quite as much, quite as many
autel *m* altar
auteur *m* author
automne *m* autumn, fall
autoriser to authorize, permit
autour de around, surrounding
autre *adj et pron* other, another; different; other person, other thing
  de temps à autre from time to time
  il en avait vu d'autres he had seen worse in his time
autrefois formerly
autrement otherwise
autrui *m* other people, others
avance *f* advance
  d'avance in advance
avancer to advance, go forward, protrude

s'avancer to advance, go forward, come forward
avant before (of time), previously, earlier
avant de, avant que before
avantage *m* advantage
avec with
avenir *m* future
avertissement *m* warning
aveugle *m et f* blind person
aveuglette : à l'aveuglette like a blind person
avidité *f* greediness, eagerness
avoir (ayant, eu, ai, eus) to have
avoir à to have to
avoir affaire à to deal with, have to do with
avoir beau + *inf* to do something in vain, to no purpose
avoir besoin de to need
avoir chaud to be hot
avoir de la peine to have difficulty
avoir dix ans to be ten years old
avoir du mal à to have difficulty in
avoir faim to be hungry
avoir froid to be cold
avoir honte to be ashamed
avoir l'air de to appear to be
avoir le toupet de *(slang)* to have the nerve to
avoir peur to be afraid
avoir raison to be right
avoir soif to be thirsty
avoir sommeil to be sleepy
avoir son âge to be his age, be as old as he
avoir tort to be wrong, be mistaken
avoir un air to look
il y a there is, there are
il y a longtemps a long time ago
j'ai beau me sermonner I lecture myself in vain
qu'avez-vous? qu'est - ce que vous avez? what is the matter with you?
avouer to admit, confess
s'avouer to admit to oneself, confess to oneself
avril *m* April
ayez *(prés subj* **avoir,** to have)

Baccarat city in Vosges region of France which is trade name for fine crystal
Bach Johann Sebastian Bach, the composer
bagage *m* luggage
bague *f* ring
baiser to kiss
baisser to bow, lower
balancer to balance, see-saw
balcon *m* balcony
balle *f* bullet
ballotter to toss about; send from pillar to post
bancal *m* bowlegged man
bandelette *f* little band (of cloth)
banquette *f* small bench
baptême *m* baptism
baratter to churn
barbe *f* beard
barbelé barbed
fil de fer barbelé barbed wire
baronne *f* baroness
barreau *m* bar
barrière *f* fence, wall
bas, basse low
tout bas in a low voice
bas *m* bottom, lower part
bas *m* stocking
bas sans tickets unrationed stockings

basané sunburnt, tanned
bassin *m* pool
bâtiment *m* building; ship
bâtir to build
battement *m* fluttering
batterie *f*: **batterie de cuisine** kitchen utensils
battre (battant, battu, bats, battis) to beat; bang, close with a noise
battre les paupières to blink (one's eyes)
se battre to fight
bavardage *m* chatter
bavarder to jabber, chatter
bayadère *f* (Indian) dancing girl
béatifier to beatify (second stage in the process of canonization)
beau (before a vowel: **bel), belle** beautiful, handsome; *(slang)* fine
avoir beau to do something in vain
j'ai beau me sermonner I lecture myself to no avail
il y a beau temps it's been a long time
la vie en beau life seen as beautiful
beaucoup much, very much; many, very many
beauté *f* beauty
bec de gaz *m* gas jet
beige beige (color)
bel (beau) beautiful
belette *f* weasel
Bellac provincial town near Limoges (and birthplace of Jean Giraudoux)
bénéfice *m* benefit
bénir to bless
bercer to rock, cradle; soothe
besogne *f* task
besoin *m* need
avoir besoin de to need
bétail *m* cattle
bête *adj* stupid; *n f* beast, animal
bêtise *f* stupid notion, piece of folly, blunder, nonsense
biaiser to proceed obliquely, act obliquely
bien *m* goods, property, riches; good (as opposed to evil), virtue
bien well, very, very well; clearly, indeed, really; much, quite
bien de + *art déf* many
bien entendu of course
bien que although
eh bien! well then!
tant bien que mal somehow (or other)
bien-aimé *m* beloved
bienheureuse *f* one of the blessed
bientôt soon
bilan *m* sum, balance, final estimate
biscotte *f* rusk; army biscuit
bismuth *m* bismuth (medicine to alleviate diarrhea)
blafard pale, wan
blanc, blanche white
blé *m* wheat
blême pale, colorless
blesser to wound
blessure *f* wound
bleu blue
blonde *f* blond girl
bobèche *f* drip glass, disk slipped over candle to catch dripping wax
boire (buvant, bu, bois, bus) to drink
bois *m* wood
bois blanc board of pine or fir
boiteux, boiteuse limping
bol *m* bowl
bon, bonne good; well, O.K.
pour de bon for keeps
bondir to leap; pounce on

bonheur *m* happiness
bonjour hello, good morning
bonté *f* goodness
bord *m* edge
bordeaux wine red
border to tuck in (of a bed)
bordure *f* border
borné narrow-minded
bosse *f* bump, knob
bossu *m* hunchback
bouche *f* mouth
boucher *m* butcher
boucherie *f* butcher shop
boucler to buckle; fasten, lock up; *(slang)* shut up
bouddha *m* Buddha
boudeur, boudeuse pouting
boue *f* mud
bouffon *m* clown
  c'est bouffon it's a farce
bouger to move, budge, stir
bouilloire *f* teakettle
bouillotte *f* metal hot-water bottle
Boulanger French general who planned an abortive coup d'état in the 1880's
bouleversement *m* upheaval
bouleverser to overturn; overwhelm, upset
boulot *m* *(slang)* work, task
bourdon *m* buzzing
bourg *m* town
bourgeois *adj* middle-class, usually implying conventional taste and morals; *n m* man of the middle class
  bourgeoise aisée upper-middle-class woman
bourreau *m* executioner
bout *m* end, limit
  au bout de at the end of, after
  jusqu'au bout to the bitter end
bouteille *f* bottle
bouton *m* button
boutonnière *f* flower worn on a coat lapel
branche *f* branch
branler to shake
bras *m* arm
  bras de chemise shirtsleeves
brave brave, with spirit
bravo! hurrah!
brebis *f* sheep
bref in short
brevet *m* patent
bride *f* bridle
brillant brilliant, shining, shiny
briller to shine, gleam; flourish
briquet *m* cigarette lighter
briser to break; *(fig)* tire, weary
brodequin *m* wooden casing for the leg (medieval torture instrument)
broder to embroider; elaborate
broncher to stumble
brosse *f* brush
  brosse à dents tooth brush
brosser to brush
  se brosser les dents to brush one's teeth
brouiller to quarrel
broussaille *f* *(usually pl)* thicket, bramble, briar
brouter to graze, browse
bruit *m* noise, sound
brûlant burning
brûler to burn
brûlure *f* burn
brume *f* haze
brumeux, brumeuse foggy
brusquement abruptly, sharply, suddenly
brut raw
  à l'état brut in the raw state, unprocessed
brutalement brutally

bruyamment noisily
bûcher *m* stake
buée *f* steam, mist
buisson *m* bush
bureau *m* desk; office, box-office (theater)
Burgrave *m* burgomaster (chief magistrate of a medieval German town)
buste *m* bust
but *m* end, goal
butagaz *m* bottled gas
buté obstinate, stubborn, closed
buvant *(part prés* **boire,** to drink)

ça (= cela) that; (as for) that
ça va that's enough, O.K.
ça y est that's it
çà *adv* here
çà et là here and there
cacher to hide
cachot *m* dungeon cell
cadet, cadette younger, youngest
café *m* coffee; café, bar
café-concert *m* music-hall, cabaret
cage *f* cage
cage d'escalier stairwell
caillou (*pl* **cailloux)** *m* gravel, small stone, pebble
calcaire calcareous, chalky
calciner to burn to ashes
calculer to calculate
calme *m* calm
calmer to calm
se calmer to calm down
calotte *f* cap; dome (of sky); little box on the ears
camarade *m* fellow
cambrure *f* arch (of foot)
camélia *m* camelia (flower)
camionnette *f* delivery truck
campagne *f* countryside; campaign
faire une campagne to make war, fight
canapé *m* couch
canine *f* canine (one of the four pointed teeth next to the incisors)
canne *f* cane
canoniser to canonize
cantique *m* hymn (especially of thanksgiving)
caprice *m* whim
capricieux, capricieuse capricious
captif, captive captive
car *conj* for
caractéristique *f* characteristic
caresse *f* caress, demonstration of affection by words or action
caresser to fondle
carouge husk, pod
carré square, square-shouldered
carrière *f* career
carton *m* cardboard
cas *m* case
en tout cas in any case
caser *(slang)* to lodge, park
caserne *f* army barracks
casser to break
cauchemar *m* nightmare
cause *f* cause, reason
cause célèbre famous case, famous trial
à cause de because of
causer to talk, converse, chat
causeuse *f* sofa for two people
cavalier *m* rider, man on horseback
ce *(before a vowel or mute* h: **cet), cette;** *pl* **ces** this, that, these, those
ce *pron* he, she, it; they; that, this; these, those
ce que *(object)*, **ce qui** *(subject)* what; which; that which; the fact that

ce que c'est que what is
ceci this
ceindre to gird on
ceindre ses reins gird up one's loins (Biblical expression)
cela *(=* **ça***)* that
célèbre famous
céleste celestial
celle (*f de* **celui)** the one, that one; she
cellule *f* cell
celui, celle, ceux, celles the one, the ones, that, those, this, these, the latter
celui-ci, etc. this one, the latter
celui-là, etc. that one, the former
cendre *f* ash, ashes
cent *m* one hundred
centaine *f* group of a hundred
centimètre *m* centimeter (about two-fifths of an inch)
cependant *conj* however, yet, still, nevertheless; *adv* meanwhile
cercle *m* circle, club
cérémonie *f* ceremony
cerfeuil *m* chervil (herb popularly used for soup)
certainement certainly, surely
certes most certainly, indeed
cerveau *m* brain, head
cesse *f* ceasing, cessation
sans cesse ceaselessly
cesser to cease, stop
ceux (*pl de* **celui)** those (ones)
chacal *m* jackal
chacun each (one), everybody
chagrin *adj* regretful, gloomy; *n m* grief
chagriner to cause grief
chair *f* flesh
chaise *f* chair
chaleur *f* heat; warmth
chambre *f* room; bedroom; hotel room
chambrée *f* group, term for people (usually soldiers) who meet or sleep in the same room
champ *m* field
chance *f* luck, bit of luck
chancelant unsteady
chanceler to totter
chanceux, chanceuse risky, dependant on chance
chandail *m* sweater
changer to change, convert
changer d'air to change air, place, environment
changer de figure to change appearance
les changer de place to change their places
se changer to change one's clothes; to be changed
chanson *f* song
chanter to sing, *(slang)* scream
chapeau *m* hat
chaque each, every
charbon *m* coal
charger to weigh down
charité *f* charity
charmant lovely, charming
charme *m* charm
charmer to charm
charnel, charnelle carnal, of the flesh
charogne *f* carrion
chasse *f* hunt, hunting
châsse *f* small box or casket for keeping or exhibiting a relic; reliquary, shrine
chasser to chase away; pursue
chassieux rheumy (eyes), caked with dried yellow matter
chasteté *f* chastity
chat *m* cat

châtaignier *m* chestnut tree
château *m* castle; big house in the country
châtelain *m* owner of a château
chaud warm, hot
avoir chaud to be hot (of persons)
faire chaud to be hot (of weather)
chauffer to heat, warm
chausser to put on (shoes, etc.)
chausses *f pl* hose, breeches (costume of periods before the French Revolution)
chaussette *f* sock
chaut (*ind prés* **chaloir,** to matter)
peu me chaut no matter
chavirer to upset, shipwreck
chef *m* boss, chief
chef-d'œuvre *m* masterpiece
chemin *m* path, way, road, route
chemin de fer railway, railroad
cheminée *f* fireplace, mantelpiece
cheminer to go along, walk
chemise *f* shirt
bras de chemise shirtsleeves
cher, chère dear, precious, darling; expensive; dearly, at great cost
chercher to look for; search (for), seek, seek out
chéri *m* darling
cheval *m* horse
à cheval on horseback
chevet *m* head (of a bed)
lampe de chevet bed lamp
cheveux *m pl* hair
chèvre *f* goat
chevreau *m* kid
chevroter to speak in a tremulous voice
chez at the house of; in; among
chez moi at my home; in my opinion
chicaner to wrangle
chien *m* dog
chienne *f* bitch
chinois *adj* Chinese
ombre chinoise shadow puppet
Chinois *m* Chinese (man)
chloroforme *m* chloroform
choc *m* shock
chocolat *m* chocolate
choisir to choose, select
choix *m* choice
choquant shocking
chose *f* thing; matter; affair; question
chou *m* cabbage
bête comme chou really stupid
chrétien, chrétienne Christian
christianisme *m* Christianity
chromo *m* colored lithograph
chrysalide *f* chrysalis
chuchoter to whisper
cicatrisation *f* formation of scar-tissue
ci-dessus cited above
ciel *m* **(***pl* **cieux)** sky; heaven
cigare *m* cigar
cil *m* eyelash
cime *f* summit, top
cimenté cemented
cinq five
cinquante fifty
circonstance *f* circumstance
de circonstance (composed) for the occasion
circulaire *f* circular letter (administrative memorandum)
cité *f* city; group of buildings forming a housing unit
citer to quote, cite
citronnelle *f* citronella (an oil whose odor repels mosquitoes)
clair *adj* clear; plain; bright; light; *adv* clearly; plainly

clairement clearly
classe *f* class; classroom
classeuse *f* filing clerk
classique classic
clef *f* key
clochard *m* bum, tramp
clocher *m* bell tower
cloison *f* partition, interior wall
cloisonné *m* a kind of enamel work where the enamel is set between bent wire fillets **(cloisons)**
cloporte *m* wood-louse, a bug which lives in damp cracks and crannies; *(fig)* anything shut in or boxed up
clos closed, enclosed
  à huis clos behind closed doors
clou *m* nail
clouer to nail shut
cochon *m* pig
cœur *m* heart; courage; feeling, affection
coffrer *(slang)* to lock up
cogner to punch, hit; hammer
coiffé de wearing (on the head)
coiffure *f* hairdress
coin *m* corner
coincer to wedge; *(slang)* to jam
  il y a quelque chose de coincé dans le mécanisme there is something jammed in the mechanism
colère *f* anger, fit of passion
  se mettre en colère to get angry
colle *f* glue
collet *m* collar
colline *f* hill
colonne *f* column
combien (de) how, how many, how much
combinaison *f* contrivance, calculation
combiner to put together; think up
comble *adj* full (of people); *n m* highest point
comédie *f* comedy, act
comme *adv* as (a); like; how; as if
  comme pour as if to
comme *conj et prép* as, like
  comme cela like that; in this way
commencer to commence, begin
comment how; what? what!
commissariat *m* police station
commode simple, easy, convenient
commun common, joint, in common
communauté *f* community
commune *f* commune (smallest French political division, governed by a mayor)
  commune mixte a mixed Arab and European municipality (a technical term for a kind of administration)
  communiquer to communicate
compagne *f* female companion
compagnie *f* company, (theater) troupe
compagnon *m* companion
comparer to compare
complaisamment obligingly
complaisance *f* obliging nature
complet *m* suit
complètement completely
compliquer to complicate
se comporter to behave
composer to compose, make up
comprendre (comprenant, compris, comprends, compris) to understand, comprehend; comprise, include
compris (*p p* **comprendre,** to understand)
compromis *m* compromise
compte *m* count, account

se rendre compte de to realize, appreciate
compter to count, account; intend, expect
concerner to concern, regard
concevoir (concevant, conçu, conçois, conçus) to conceive, imagine
concierge *m et f* doorkeeper, caretaker of hotel or apartment house
concourir to contribute, cooperate
concret *m* concrete
condamner to condemn, sentence
condenser to condense
condition *f* : **condition humaine** man's plight
conduire (conduisant, conduit, conduis, conduisis) to lead, conduct; take
confiance *f* confidence
confier to entrust
confins *m pl* confines, limits
confondre to confuse, mingle, mix up
confort *m* comfort, ease, well-being
confus mixed, jumbled
congédier to send away, order to leave
se congeler to congeal, freeze
conjuré *m* conspirator
connaissance *f* acquaintance
faire connaissance to introduce
connaître (connaissant, connu, connais, connus) to know; be acquainted with
conquérant *m* conqueror
conquête *f* conquest
conscience *f* consciousness
conscient conscious
conseil *m* counsel, advice; council room; board of directors
salle de conseil directors' room
conseiller to advise, counsel
consentir to consent, agree
conséquence *f* consequence
conservation *f* preservation
conserver to keep
consigne *f* charge, orders
consoler to console, comfort
constamment constantly
constellation *f* constellation
constituer to constitute, form, compose
construction *f* contruction, building
construire to build, construct
consumer to consume
conte *m* tale
contempler to contemplate, look at thoughtfully; view
contenir (contenant, contenu, contiens, contins) to contain, hold
content happy, content, satisfied
conter to tell, relate
continuer to continue; proceed, go on
contour *m* shape, outline
contracter to contract, acquire
contradictiores *m pl* contradictory things
contraindre (contraignant, contraint, contrains, contraignis) to constrain, oblige, compel
contrainte *f* constraint, coercion
contraire opposite, contrary
au contraire quite the contrary
contre against; close to; on
contrée *f* country
contrefort *m* spur (of a mountain chain)
contrôleur *m* supervisor; man who assigns reserved seats in a theater
convaincre (convaincant, convaincu, convaincs, convainquis) to convince

convenable suitable, appropriate
convenir (convenant, convenu, conviens, convins) to agree, suit
se convertir to be converted
conviction *f* conviction
convier to invite
convive *m et f* guest, table companion
coopératif, coopérative cooperative
copain *m* *(slang)* buddy, pal, close friend
copeau *m* shaving (of wood), sliver
coq *m* cock, rooster
coquet, coquette coy; cute; eager to please
coquettement coquettishly
coquetterie *f* flirtatiousness
corail *m* coral
corbeille *f* basket
  corbeille à papier waste basket
corde *f* rope, cord
cordelette *f* small cord, light rope
corporel, corporelle bodily, physical
corps *m* body; corpse, mortal remains
Corse *m et f* Corsican
corselet *m* part of the thorax of certain insects
corvée *f* *(slang)* unpleasant task or duty
  quelle corvée what a thankless task!
côte *f* rib
côté *m* side; direction; way
  à côté to the next (room)
  à côté de beside
  de ce côté on this side
  de l'autre côté on the other side, along side of
coton *m* cotton
cou *m* neck
couche *f* layer
coucher to spend the night, sleep, lie
  chambre à coucher bedroom
  se coucher to lie down
coude *m* elbow
couler to flow, run
couleur *f* color
couloir *m* corridor
coup *m* blow; stroke; ring (of bell); shot, report (of a gun); trick
  coup de fusil gun shot
  coup de serpe blow (stroke) with a billhook
  coup de tête nod
  coup d'œil glance
  mauvais coup evil act
  porter un coup to stab
  tirer un coup to shoot
  tout d'un coup all at once, all of a sudden
coupable guilty, at fault
coupe-papier *m* letter opener
couper to cut
  couper le courant to cut off the electric current
couperosé *m* person suffering from acne
coupure *f* interruption, break
cour *f* courtyard
courageux, courageuse courageous
courant *adj* everyday, ordinary
  être au courant de to be informed about
courant *m* electric current
courir (courant, couru, cours, courus) to run; run after; hasten
couronne *f* crown
courroucé angry
cours *m* course
  au cours de during
  suivre un cours to take a course

court short
courtepointe *f* counterpane, tufted bedspread
courtois courteous
cousin *m* cousin
couteau *m* knife
coutume *f* custom
couvert (*p p* **couvrir,** to cover)
couvert *m* cover, place setting (for a meal)
couverture *f* blanket, covering
couvrir (couvrant, couvert, couvre, couvris) to cover, cover up
cracher to spit
craie *f* chalk, piece of chalk
craignant (*part prés* **craindre,** to fear)
craindre (craignant, craint, crains, craignis) to fear
crainte *f* fear
cramponner to hook
se cramponner to hang on to, clutch
crâne *m* skull
crapaud *m* toad; *(fig)* hideous person; flaw in a diamond
crasse *f* filth; *(slang)* stinginess
créateur, créatrice creative; *n m* creator
créature *f* creature, created person
crédit *m* credit
faire crédit to give credit
créer to create; *(theatrical)* to produce for the first time
crêpe *f* crepe, thin black cloth worn in mourning
crépir to cover (wall) with rough plaster
crétin *m* idiot
creuser to dig, hollow, dig out
creux *m* hollow, hollow place
crever to burst; puncture; wear out; destroy; *(slang)* die
cri *m* shout, cry, note
pousser un cri to scream
crier to call, cry, cry out, shout
crin *m* horsehair; upholstery cloth made of horsehair
crise *f* sudden attack of illness; fit
cristal *m* crystal; glass
crochet *m* hook
croire (croyant, cru, crois, crus) to believe, think; expect; imagine
croire à to believe in, have faith in
croisé *m* crusader
croisée *f* casement window
croiser to cross
croître (croissant, crû, croîs, crûs) to grow
croix *f* cross
croupir to stagnate
cru *adj* raw, gross
cru (*p p* **croire,** to believe)
cruel, cruelle cruel
crut (*p s* **croire,** to believe)
cueillir (cueillant, cueilli, cueille, cueillis) to pick, gather
cuir *m* leather
cuirasse *f* cuirass, armor protecting chest and back
cuire (cuisant, cuit, cuis, cuisis) to cook, bake
cuisine *f* kitchen; cooking
faire la cuisine to cook
cuisse *f* thigh
cultiver to cultivate; educate
culture *f* culture; cultivation, tillage
curé *m* curate, priest
curieusement curiously
curieux, curieuse curious; odd, peculiar
curiosité *f* curiosity

dactylographe *m et f* typist
dame *f* lady

dame! *(slang)* wow! gosh!
damner to damn
dancing *m* dance hall
dangereux, dangereuse dangerous
dans in, into; within; during, throughout
danser to dance
datte *f* date (fruit)
de of, from, by; on; for; with; on account of; out of; *(after superlative)* in; in the direction of
débarras *m* riddance
se débarrasser de to get rid of
débat *m* debate, discussion
se débattre to struggle
débile weak, feeble
déboire *m* bitter aftertaste, bitter disappointment
déborder to overflow
débouché *m* opening, entrance
déboucher to come out on
debout standing, upright, on end
débrouiller to unscramble; *(slang)* to extricate oneself by unorthodox means
début *m* beginning
au début at the beginning, at first
décacheter to unseal, open (a letter)
décès *m* death
décevant deceptive, delusive, fallacious, disappointing
déchaîner to unchain, let loose
se déchaîner to break loose
déchiffrer to decipher
déchirant heart-rending
déchirer to tear apart
de-ci, de-là here and there
décidément decidedly, really and truly, definitely
décider to decide
se décider (à) to make up one's mind
décision *f* decision, resolution
déclarer to declare, state
décoloré discolored, faded, bleached
décor *m* setting
découvert (*p p* **découvrir,** to discover, uncover); clear (of sky)
découverte *f* discovery
découvrir (découvrant, découvert, découvre, découvris) to uncover, leave uncovered, expose; discover, detect
décréter to decree
décrire (décrivant, décrit, décris, décrivis) to describe
dédaigner to disdain
dedans in it, inside
dédier to dedicate
déesse *f* goddess
défaillance *f* slip, weakness
défaillant weakening
défaillir (défaillant, défailli, défaille, défaillis) to grow weak; feel weak
défaire (défaisant, défait, défais, défis) to undo
défaut *m* fault
à défaut de in the event of failure of, for lack of
au défaut de la colline in the dip of the hill
faire défaut to be among the missing
défavorable unfavorable
défendre to defend, protect; forbid
défense *f* defense
défier to defy
dégager to extricate; bring out
se dégager to break away
dégingandé loosely strung together

dégoûter to disgust, sicken; inspire dislike in
dehors outside, out
au dehors outside
déjà already; even
déjeuner *m* lunch
petit déjeuner breakfast
déjeuner to lunch
déjouer to thwart, foil, undo
delà beyond
au delà (de) beyond
par delà beyond
délaisser to abandon, forsake
délaver to wash (the color) out
délicieux, délicieuse delightful, delicious
délier to untie, unbind
délirant delirious
demain tomorrow
demande *f* request
demander to ask, inquire, ask for
se demander to wonder
démanger to itch
démarche *f* step, measure, proceeding
déménageur *m* mover, moving man
démenti *m* denial
demeurant : au demeurant after all
demeure *f* dwelling, house
demeurer to remain, stay; live
demi half
à demi *adv* half
à demi voix in a low voice
démon *m* demon
dénoncer to denounce, inform against; betray; proclaim
dénouer to untie
dense dense, heavy, solid
dent *f* tooth
dénûment *m* destitution, extreme poverty; bareness, stripping away
départ *m* departure
département *m* department (territorial and administrative subdivision whose chief administrative officer is the **préfet,** or prefect)
dépendre to depend
dépens *m pl* cost, expense
ne l'apprends pas à tes dépens don't learn it to your own detriment
dépenser to spend
dépit *m* spite
dépiter to vex
déplaire (déplaisant, déplu, déplais, déplus) to displease
depuis since; from; for; after; ago, past
depuis quand *adv* how long
depuis que *conj* since
déranger to disturb, disorder, interfere
dérision *f* ridicule
tourner en dérision to make something look ridiculous
dérisoire laughable, ridiculous
dernier, dernière last
se dérober to give way
derrière *prép* after, behind
par derrière from behind
derrière *m* rear end
dès from; since, as early as
dès ce soir this very night
dès que as soon as, from the time of
désaltérer quench (the thirst)
descendre to go down; descend; get down; go downstairs
désépris no longer in love, disenchanted
désert *adj* deserted, barren, empty; *n m* desert, wilderness
déserter to desert

désespérant distressing, disheartening
désespoir *m* despair
se déshabiller to undress
désigner to point to, indicate
désintéressé disinterested, unselfish
désir *m* desire, wish
désirer to wish, want, desire
désœuvrement *m* idleness, want of occupation
désordre *m* disorder, confusion
désormais henceforth
despotique despotic, arbitrary
se dessécher to become dry, become exhausted
dessein *m* plan
desserrer to loosen
desservir to clear the table
dessin *m* design, shape, outline
dessiner to draw, design
  se dessiner to stand out in relief
dessus above, over, on it
  au-dessus (de) above, on, over
  ci-dessus cited above
  là-dessus about it (the forementioned thing)
  par dessus over, beyond
dessus *m* that which is on the top of something else
destin *m* destiny, fate
destinée *f* fate
destiner to destine
détacher to remove the spots (from clothing)
détail *m* detail, small matter
détenir (détenant, détenu, détiens, détins) to hold, manage with frugality
détente *f* relaxation
détester to hate, despise
détourner to turn away, turn aside, avert
détraqué out of order
détresse *f* distress, affliction
deuil *m* mourning
  faire le deuil to go into mourning
deux two
  tous (les) deux both
deuxième second
dévaler to drop off, descend (rapidly)
devant *prép et adv* before, in front of, ahead
devenir (devenant, devenu, deviens, devins) to become, become of
déverser to pour
deviner to guess, understand
dévoiler to unveil
devoir *m* duty
devoir (devant, dû, dois, dus) to owe; be obliged to, have to
  il doit he must, he is supposed to, he is likely to
  il devrait he ought to
dévorer to consume
dévot pious, religious
dévoué devoted
diable *m* devil
diacre *m* deacon
diamant *m* diamond
dictée *f* dictation
dictionnaire *m* dictionary
dieu *m* god, God
différence *f* difference, dissimilarity
différent different
difficile difficult, hard; hard to please
difficulté *f* difficulty
digérer to digest
digne worthy
dignité *f* dignity
dilapider to squander, waste
dilemme *m* dilemma

dimension *f* size; measurement
diminution *f* diminishing, decrease, reduction
dîner *m* dinner
dîner to dine
diplôme *m* diploma
dire (disant, dit, dis, dis) to say, tell
  à vrai dire to tell the truth, in truth
  c'est-à-dire that is to say
  sans mot dire without saying a word
  vouloir dire to mean
directement directly
direction *f* tendency, aim; administration
Directoire French government (1795–1799) which has given its name to a style of furniture
diriger to direct, administer
  se diriger vers to go toward
discordant inharmonious
disparaître (disparaissant, disparu, disparais, disparus) to disappear
disponible available, uncommitted
disposer to spread, arrange, place
  disposer de to have at one's command
  je dispose d'une minute I have only one minute free
disputer to dispute, quarrel about
dissemblance *f* dissimilarity, unlikeness
disséminer to scatter
dissimuler to disguise
  se dissimuler to hide oneself
dissiper to dissipate; spend
dissolvant *m* polish remover
distant distant, remote
distendre to distend, stretch out
distiller to distill
distinctif, distinctive distinctive, distinguishing
distinguer to make out, distinguish
  se distinguer to be distinct, be different
distrait distracted; vacant
distraitement inattentively
distribuer to distribute
distribution *f* (theater) cast
dit *(p p* **dire,** to say, recite)
dithyrambique with extravagant praise
divan *m* couch
divers diverse, varied
divin divine
division *f* dividing wall, partition
dix ten
dix-huit eighteen
dix-huitième *m* eighteenth arrondissement, a section of Paris; eighteenth century
dix-neuf nineteen
docile docile, tame
dodeliner to rock gently; nod
doigt *m* finger
domaine *m* domain; realm
dôme *m* dome, cupola
dominer to rule, govern
don *m* gift
donateur *m* donor
donc therefore, consequently, then indeed, so; now, now then
donner to give
  donner de la lumière to make some light, turn on the light
  donner sur le midi to face south
dont whose; of whom, of which; from whom, from which; with which, with whom
doré gilded, golden
dormir (dormant, dormi, dors, dormis) to sleep
dors *(prés* **dormir,** to sleep)
dos *m* back

dossier *m* file, record
dot *f* dowry
douane *f* customs
doubler to double
doucement gently, softly; sweetly; quietly
douceur *f* gentleness
douillet, douillette soft
  sommeil douillet pleasant sleep
douleur *f* pain, suffering
doute *m* doubt, uncertainty
  sans doute doubtless
douter to doubt
  je m'en doute I expect as much
  se douter de to suspect
doux, douce sweet; gentle; soft
douzaine *f* dozen
douze twelve
drame *m* *(fig)* catastrophe
dresser to set up, raise; prepare
  se dresser to stand up, get up
droit *adj* straight
droit *m* right, privilege
droite *f* right, right side
  de droite on the right
drôle queer, funny, odd, strange
  quelle drôle de chose what an odd thing
dû *(p p* **devoir,** to have to, ought)
dur *adj* hard, harsh, severe; stubborn; *n m (slang)* a tough guy
  le plus dur the hardest part
durant during
durement harshly, severely, hard
durer to last

Éaque Aeacus, king of Egina and son of Jupiter, known in Roman mythology for his justice. He is supposed to have become one of three judges in Hades
eau *f* water
s'ébrouer to snort
écart *m* spread
écarter to get rid of
  s'écarter to draw aside, move away
échafaud *m* gallows, scaffold for guillotine
échange *m* exchange
échanger to exchange, change
échapper to escape, flee
s'écheveler to become disheveled
échine *f* spine
écho *m* echo
échouer to fail
éclair *m* flash; flash of lightning
éclairer to light, illuminate; enlighten
éclat *m* burst (of sound or light)
  action d'éclat splendid achievement, brilliant action
éclatant bursting; loud; dazzling; illustrious
éclater to burst, explode; shatter, break in pieces; break out
école *f* school
économe economical, thrifty
économie *f* economy, saving
économique economic
écorce *f* bark (of a tree)
écouler to flow, pass
  s'écouler to flow by, pass by
écouter to listen, listen to, listen for; mind, pay attention to
écraser to crush
écrire (écrivant, écrit, écris, écrivis) to write
  machine à écrire typewriter
écriteau *m* notice, sign
écriture writing, handwriting; penmanship
s'effarer to get frightened, get flurried
effet *m* effect; fact

effets personnels personal possessions
en effet in fact, indeed, really
effleurer to touch lightly
s'efforcer to endeavor, strive
effroyable frightful
égal equal, same
ça m'est égal it's all the same to me
égaliser to equalize
égard *m* regard; respect
à l'égard de in respect to
à son égard in respect to him (it, her)
s'egayer to make merry
église *f* church
eh why!
eh bien well!
eh quoi what!
éhonté *adj et n* shameless (creature)
élaborer to work into shape
élan *m* burst of energy or feeling
s'élancer to bound, rush
s'élancer vers to hurl oneself toward
s'élargir to stretch, spread out
Électre daughter of Agamemnon and Clytemnestra
électrique electric
élégant elegant
élève *m et f* pupil
élever to raise, build; set up, erect; educate, bring up
s'élever to rise; be raised, be erected
élire (élisant, élu, élis, élus) to elect, choose
éloge *m* eulogy, praise
éloigner to set at a distance
s'éloigner to go away
élu *(p p* **élire,** to elect)
une des élues one of God's elect
emballer to wrap up
s'emballer *(slang)* to be overjoyed
embaumement *m* embalming
embellir to beautify
embêtement *m* *(slang)* trouble, worry, bother
emblée: d'emblée directly, right away, straight off
emboutir to stamp or hammer metal into sheets
embrasser to kiss, embrace
embrouiller to tangle, entangle; *(fig)* confuse
éminence *f* eminence, height
emmener to take; escort, bring
s'émouvoir (émouvant, ému, émeus, émus) to feel emotion
empêcher to hinder, prevent, stop
empester to stink
emphysémateux *m* one suffering from emphysema (a swelling from gas in a body tissue)
emplir to fill
s'emplir to fill, be filled
emploi *m* employment, occupation, job
employé *m* employee
employer to use
s'employer to busy oneself, employ oneself
emporter to carry away, take away, carry off
l'emporter *(fig)* to take the prize
empressement *m* haste
emprisonner to imprison
emprunté embarrassed
ému *(p p* **émouvoir,** to move, stir emotionally)
en *prép* in, of; made of; in the fashion of; at; like (a); *(avec part prés)* while, by, or untranslated

en *pron et adv* of it, of them; about it, about them; from it, from them; on account of it, on account of them; some, any
s'encastrer to fit in
encens *m* incense
enchanté magical
encombre *m* hindrance; accident
encombrer to obstruct; cram
encore still; yet; again; also; even; more
  encore une fois once more, over again
  pas encore not yet
encourager to encourage
encre *f* ink
endormi asleep, sleeping
endormir to put to sleep
  s'endormir to go to sleep
endroit *m* place; spot
énergie *f* energy
enfant *m et f* child, offspring; son; baby
enfantillage *m* childishness
enfer *m* hell
enfermer to enclose, shut in, include
  s'enfermer to be shut in
enfiler to slip on, get into (a coat)
enfin finally, at last; after all; in short, in a word; indeed; well, and so
enfoncé deep set
enfoncer to plunge, thrust; stuff
  s'enfoncer to take a dive; bury oneself
enfouir to plunge, bury
s'enfuir (enfuyant, enfui, enfuis enfuis) to flee, run away
engager to compel, oblige
  s'engager to commit oneself
engin *m* machine; device, contrivance
engraisser to enrich; fertilize, manure; fatten
enjamber to step over, straddle
s'enliser to sink into, be stuck in a morass
ennemi *m* enemy
ennui *m* annoyance; boredom, spiritual vacuum
ennuyer to annoy, bother; bore
  s'ennuyer to be bored
ennuyeux, ennuyeuse annoying
énorme large, enormous
enquête *f* inquest
s'enrhumer to catch cold
s'ensanglanter to become bloody, bleed
enseigne *f* sign, placard
  loger à la même enseigne to lodge in the same hotel; *(fig)* to be in the same boat
enseigner to teach
ensemble *adv* together; *n m* total effect
ensuite then; next, afterwards
entamer to begin
entasser to pile up
entendre to hear; understand; mean; intend
  bien entendu of course, certainly
  entendu O.K., agreed
entérite *f* enteritis, inflammation of the intestines
enterrer to bury
s'entêter to insist stubbornly
entier, entière entire, whole, complete; completely, entirely
  le monde entier everyone
entièrement entirely
entonnoir *m* : **entonnoir de cuir** leather funnel for forcing liquids down a victim's throat
entourage *m* entourage, attendants
entourer to surround; wrap

entrailles *f pl* entrails, bowels
entraînement *m* training
entraîner to train, practice
entre between, among; above
entrebâiller to open slightly
entrefaite *f*: **sur ces entrefaites** thereupon
entreprise *f* undertaking, venture
entrer (dans) to come in, enter, go in
entretien *m* conversation, talk
entrevoir to glimpse, foresee vaguely
énumérer to enumerate
envers toward
envie *f* desire, a strong desire
  avoir envie de to want to, feel like, have a mind to
  ça me donne envie de that makes me want to . . .
environ about, approximately
environs *m pl* area surrounding a designated spot
envoi *m* act of sending something
s'envoler to fly away
envoyer (envoyant, envoyé, envoie, envoyai) to send
épais, épaisse thick, heavy
épargner to spare
épars scattered
épater *(slang)* to flabbergast
épaule *f* shoulder
  hausser les épaules to shrug one's shoulders
épave *f* parts of a shipwreck that have become driftwood; floating wreck
épier to spy
épieu *m* hunting spear
épinard *m* spinach
éponge *f* sponge
époque *f* period, time, epoch
épouser to marry
épouvantable appalling, horrifying, shocking
s'éprendre (de) to fall in love with
éprouver to feel, experience; undergo
épuiser to exhaust
équerre *f* square, instrument for drawing right angles
équilibre *m* equilibrium, balance
ergoter to cavil, quibble
errer to wander, stray
erreur *f* error, mistake
escalier *m* stairway
  cage d'escalier stairwell
esclavage *m* slavery
esclave *adj et n* slave; well-known statue by Michelangelo
espace *m* space, expanse
espèce *f* kind, sort, species
espérance *f* hope
espérer to hope, hope for
espoir *m* hope
esprit *m* spirit; mind; wit
  Esprit Holy Ghost
  esprit de mystification genius for mystification
essayer to try, attempt
essentiel *m* the important thing
essor *m* flight
essoufflé out of breath
est *m* east
estrade *f* platform
estuaire *m* estuary, mouth (of a river)
et and
  et . . . et both . . . and
étable *f* stable
  étable des porcs pigsty
établir to set up, establish
étage *m* floor, floor above ground level
  garçon d'étage bellboy
étagère *f* set of shelves

étaler to display (as for sale)
s'étaler to spread out, sprawl
étang *m* pond
état *m* state
état brut raw state
état-major *m* headquarters, staff
plume état-major a brand name of pens (as Waterman)
été *m* summer
éteindre (éteignant, éteint, éteins, éteignis) to put out, extinguish, turn off (lights)
s'étendre to stretch out, stretch
étendu stretched out, lying; diluted
étendue *f* expanse
éternel, éternelle eternal
éternellement eternally
éternité *f* eternity
éther *m* ether
étoffe *f* cloth
étoile *f* star
étoilé star-studded
étonnant astonishing, surprising
étonnement *m* astonishment
étonner to astonish, surprise
s'étonner to feel astonished
étouffer to muffle, stifle
étrange strange, odd, queer
étrangement strangely
être *m* being, person
être (étant, été, suis, fus) to be, exist; *(as auxiliary)* have
être au point to be just right
être de passage to be in transit
c'est que the fact is that, the point is that
il est there is, there are
n'est-ce pas que...? isn't so that...?
qu'est-ce que c'est que cela? what's that?
étreindre (étreignant, étreint, étreins, étreignis) to embrace
étreinte *f* embrace, clasp; grasp
étroit narrow
étudier to study
eux they, them, to them
eux-mêmes themselves
s'évader to escape, make one's escape, run away
évangéliser to convert by preaching the gospel
évasif, évasive evasive
évasion *f* escape
éveiller to waken, awake
s'éveiller to wake up, be aroused
événement *m* event; occurrence
éventer to fan
évêque *m* bishop
évidemment obviously
éviter to avoid
évoquer to evoke
exagérer to exaggerate
s'exagérer to exaggerate
examen *m* examination
examiner to examine, inspect
exaspérer to exasperate, provoke
exceptionnel, exeptionnelle exceptional, not usual
excuser to pardon, excuse
s'excuser to beg one's pardon
exécuter to carry out, execute
exemple *m* example
par exemple for example
exercer to exercise, perform
s'exercer to practice
exercice *m* exercise, movement
exhaler to emit, exhale
exiger to require, demand
exiler to exile
exister to exist
expérience *f* experiment
explication *f* explanation
expliquer to explain; explain away
s'expliquer to express oneself
exploiter to exploit

explorer to explore
exprimer to express
extérieur *m* outside
  de l'extérieur on the outside
extraire (extrayant, extrait, extrais, —) to extract
extraordinairement extraordinarily

face *f* face
  en face in the face; squarely
  en face de facing; opposite
  face à facing
  faire face à to face, cope with
fâcher to anger
  se fâcher to get angry
facile easy
facilité *f* facility
façon *f* way, fashion, manner
  de façon à in such a way as
faculté *f* faculty
faible *adj* weak, feeble, slight, frail; *n m* weakness, kindness or affection which is based on weakness
faiblement feebly, weakly
faiblesse *f* weakness, indulgence, slip
faillir (faillant, failli, —, faillis) to fail, err, sin
faim *f* hunger
  avoir faim to be hungry
faire (faisant, fait, fais, fis) to do, make, give; have, cause to; take, require; say
  faire attention à to pay attention to
  faire connaissance to introduce
  faire crédit to give credit
  faire de la peine to grieve
  faire de l'œil à quelqu'un to make eyes at someone
  faire des mines to make faces
  faire face à to face, cope with
  faire faire to have someone do something, have something done
  faire la cuisine to cook
  faire la grasse matinée to sleep late
  faire le deuil to go into mourning
  faire mal to hurt
  faire mine de to look as if
  faire peur à quelqu'un to frighten someone
  faire sa toilette to wash
  faire signe to make a gesture
  faire un tour to take a short walk
  faire une campagne to make war, fight
  faire vivre to support
  il fait chaud it is hot (of weather)
  il fait froid it is cold (of weather)
  il fait grand jour it is broad daylight
  il fait grand soleil the sun shines brightly
  il fait jour it is daylight
  laisser faire to let things drift, refrain from interference, let go, relax
  ne savait que faire did not know what to do
  se faire to become
fait (*p p* **faire,** to do)
fait *m* fact; deed; event, matter
  au fait in fact
  en fait in fact, in truth
  tout à fait exactly, completely, entirely, very
faîte *m* ridge (of roof)
falloir (—, fallu, il faut, il fallut) to be necessary; have to; need, require, take
  il faut que vous... you must...

familier, familière familiar
famille *f* family
se faner to become faded, to fade, drop
fange *f* mire, mud, dirt
fantaisie *f* fancy
fantoche *m* puppet, dummy
fantôme *m* phantom, ghost, specter
farce *f* practical joke, trick
farine *f* flour
farouche wild, savage, fierce
fasciner to fascinate
fatigue *f* fatigue, weariness, strain
fatigué weary, tired
fatiguer to tire, weary, fatigue
faute *f* fault, mistake, moral error
  faute de for lack of
  faute de frappe typing error
fauteuil *m* armchair
faux, fausse false, fake
faveur *f* favor
favoriser to favor, give advantages to
fêlé cracked
féliciter to congratulate
féminin *m* a thing or word of feminine gender
femme *f* wife; woman
fendre to cleave, split
fenêtre *f* window
fer *m* iron; warrior's sword
  chemin de fer railway, railroad
  fil de fer wire
ferme *adj* fast, tight
ferme *f* farm
fermer to close, shut, lock
fermier *m* farmer
ferveur *f* fervor
fesse *f* buttock
festin *m* feast
feu *m* fire, flame; light
fiançailles *f pl* betrothal, engagement
  bague de fiançailles engagement ring
ficeler to tie with string
fichez-moi *(slang)* give me
fidèle faithful, exact
fier, fière proud
fièvre *f* fever
fiévreux, fiévreuse feverish
figure *f* face; figure; form, appearance
fil *m* thread
  fil de fer wire
filer *(slang)* to be off, beat it
filet *m* fillet (of beef)
fille *f* daughter, girl
fils *m* son; *(slang)* young friend
fin *f* end; purpose
  à la fin in the end, at last
finalement finally
finir to finish, end, conclude
  finir par pleurer to end up by weeping, finally weep
  en finir to get it over with, cut short
  pour finir at the end
firmament *m* heaven
fixement fixedly, steadfastly
fixer to fix, set; focus (eyes), stare
flamber to burn with flame
flamme *f* flame
flanc *m* side
flancher to wince
flanquer *(slang)* to toss
flaque *f* puddle
flatter to flatter; pat; please
flèche *f* arrow
fléchir to bend, give way, bow
fleur *f* flower
  en fleurs in bloom
fleurir to flower, bloom
fleuve *m* large river (flowing into the sea)
florentin of the city of Florence

flotter to float
foi *f* faith, belief, trust
fois *f* time
  à la fois at once, at the same time
  d'autres fois in former times
  une fois once
  une fois de plus once more, once again
folie *f* madness, folly; mad jest
follement wildly, foolishly
foncé dark
foncier, foncière of land
  biens fonciers landed property
fonction *f* function
fonctionnaire *m* civil servant; clerk
fonctionner to function
fond *m* depths, back, bottom, far end; foundation; main part
  au fond at the (very) bottom; at heart; on the whole; basically, really
  dans le fond at the bottom
fondre to melt
fonte *f* act of melting
force *f* strength
  à force de because of, as a result of
  à toute force at any price
forcément necessarily
forcer to force, compel, oblige
forêt *f* forest
forger to forge, invent
forme *f* form, shape
former to form, mold, train
formidable *(slang)* extraordinary
fort strong, vigorous; hard; loud; very
fortuit fortuitous, chance
fortuné *m* person who is fortunate, priviliged, lucky
fou, folle foolish, mad, senseless, crazy
foudre *f* thunderbolt
fouet *m* whip
fouiller to rummage, fumble
foule *f* crowd, throng
four *m* oven, kiln
fourchette *f* fork
fourneau *m* (cooking) stove
fournir to furnish, supply, provide
fourrager, fourragère fit for fodder
fourrer to thrust, put in
fourrure *f* fur piece
fox *m* fox terrier
foyer *m* hearth
fracasser to smash
fragile fragile, breakable
frais, fraîche fresh
  de frais recently
frais *m pl* expenses, cost
  se mettre en frais to make a special effort
franc, franche genuine, frank
franc *m* franc (money)
français *m* French (language)
franchir to cross, pass over; get through, go beyond
franchise *f* frankness, honesty
frapper to strike; impress; bang, hit, knock
  faute de frappe typing error
fraternité *f* brotherhood
fréquenter to frequent, associate with
frère *m* brother
friable friable, crumbling easily
frison *m* tuft of curly hair
frissonner to shudder, shiver
froid cold, chill
  avoir froid to be cold
froissement *m* rustling
froisser to rumple, wrinkle
frôler to touch lightly

fromage *m* cheese
front *m* forehead, head, brow
frontière *f* frontier, limit, border
frotter to rub
fuir (fuyant, fui, fuis, fuis) to flee, run away, fly, escape, avoid
fumer to smoke
fumer to fertilize with manure
furent (*p s* **être,** to be)
fureur *f* fury
furieusement furiously
furieux, furieuse furious
furtif, furtive furtive, stealthy
fuseler to shape like a spindle
fusil *m* gun
  coup de fusil gun shot
fusiller to shoot
fut (*p s* **être,** to be)
  ce fut it was
fût (*imp subj* **être,** to be)
  ne fût-ce que be it only

gabegie *f* trickery
gâcher to spoil
gage *m* pledge; token
gagner to win, obtain; reach
  l'irritation gagnait Daru Daru was getting irritated
gaiement gayly
gaieté *f* gaiety, liveliness
galet *m* pebble
galette *f* flat cake
ganter to glove (i.e., to cover as tightly as the glove covers the hand)
garant *m* one who vouches for or makes a guarantee
garçon *m* boy; child; fellow; waiter, bellboy
garde *f* care
  prendre garde to take care, be careful; beware
garder to keep; preserve; hold, have; guard, herd, retain
garrot *m* cudgel used for tightening cords in torture by strangulation
gars *m* *(slang)* fellow, chap
gâter to spoil, rot
gauche *adj* left; clumsy, awkward
gauche *f* left side (direction)
Gaulois *m* Gaul (inhabitant of France at time of the Romans)
gaz *m* gas
gémir to groan
gendarme *m* state policeman, constable
gêne *f* social discomfort
gêner to make uneasy or uncomfortable; bother; be in the way; be ill at ease; embarrass, annoy
  ne vous gênez pas make yourself at home
général general
  en général generally
  secrétaire général first secretary, or person in charge of official correspondence
généralement generally, in general
généreux, généreuse generous
Gênes Genoa (Italian port)
génie *m* genius
genou *m* knee; **(***pl* **genoux)** knees, lap
  se mettre à genoux to kneel
genre *m* kind, sort, species; fashion, style
gens *m pl* people, persons
gentil, gentille nice; kind, gentle
géomètre *m* geometrician
géranium *m* geranium plant
geste *m* gesture; movement
glace *f* ice; mirror
  armoire à glace wardrobe with a mirror
  glace de poche pocket mirror

glacé freezing
glaise *f* clay
gland *m* acorn
glisser to slip, slide
gloire *f* glory
glorieux, glorieuse glorious
glycine *f* wisteria
godillot *m* hobnailed boot
goitreux *m* person suffering from goiter
gondoler to rise at both ends like the prow and stern of a gondola
gonfler to swell
gorge *f* throat, neck
gorgée *f* swallow
gorille *m* gorilla
gothique Gothic
goujat *m* churl, cad, scoundrel
gourmand gluttonous
goût *m* taste; inclination; liking
grâce *f* gracefulness, elegance, charm
  grâce à thanks to
graillon *m* stale kitchen smell
graine *f* seed
graisse *f* grease
grand big; older; great; wide; important
grandeur *f* size, bigness; greatness
grandir to grow, increase
graphite *m* graphite, black lead
gras, grasse fat, fatted
  faire la grasse matinée to sleep late
gratter to scratch, scrape
grave serious, grave, solemn
gravement seriously, gravely
graver to engrave; carve
gravir to climb
gravité *f* seriousness, gravity
gravure *f* engraving
greffe *m* registry; clerk's office (as in a court)
grège raw (applied to undyed wool)
grégorien, grégorienne in manner of plain chant, nonmetrical melody of medieval church music
grègues *f pl* breeches (medieval costume)
grêle *f* hail, hailstorm
grelotter to shiver
grenade *f* pomegranate
grenouille *f* frog
griffe *f* claw
gril *m* grill, grate (for torture over a fire)
grille *f* grill, iron gate
griller to grill (cook)
grimacer to grimace, make a wry face
grimper to climb, crawl up
grogner to grumble, growl
gros, grosse heavy, big, large; fat; coarse, rough
grossier, grossière crude, vulgar
groupe *m* group
guère hardly, scarcely; not much (many)
  ne . . . guère hardly . . . at all, scarcely
guéridon *m* round table with one central leg
guérir to cure; recover from a sickness
guerre *f* war
guetter to watch for, be on the lookout for, lie in wait for
gueule *f* mouth of carnivorous animal; *(slang)* mug
gueux *m* beggar, scoundrel
guider to guide
guise *f* manner of behaving, manner, fashion
  à ta guise as you like, as you please, in your own way

An asterisk * indicates an *aspirate h*; all others are mute.

habile clever
habiller to dress, clothe
habiter to live (in), inhabite, lodge
habitude *f* habit, custom, practice
habituellement habitually
s'habituer (à) to become used to
***haillon** *m* rag, tatter
***haillonneux** ragged, tattered
***haine** *f* hatred
***haïr** to hate
haleine *f* breath
***halle** *f* covered market place
***halo** *m* halo, radiance
***hanche** *f* hip
***hardes** *f pl* old clothes
***hargne** *f* grumpiness
harmonieux, harmonieuse harmonious
***hasard** *m* chance, hazard, accident; luck
  par hasard by chance, accidentally
***hasardeux, hasardeuse** risky
***hausser** to raise
  hausser les épaules to shrug the shoulders
***haut** *adj* high, tall; loud; superior
  à haute voix aloud
***haut** *adv* aloud, loudly, loud; high (up)
  en haut above
  là-haut up there
  le prendre de haut to talk big, show arrogance
  tout haut aloud
***haut** *m* upper part, height
***hauteur** *f* height
***hé!** hey!
hebdomadaire weekly
***hein?** huh?
hélas! alas!
Henri II King of France (1519–1559); a style of Renaissance furniture
***hérissé** bristling
héritage *m* inheritance, patrimony
héritier *m* heir
Hermès Hermes (or Mercury), god with winged feet
***hernie** *f* hernia; bulge
héroïsme *m* heroism
***héros** *m* hero
hésiter to hesitate
heure *f* hour
  à deux heures at two o'clock
  à la bonne heure fine! for gosh sakes!
  de bonne heure early
  demi-heure *f* half an hour
  tout à l'heure presently, in a little while; a little while ago, just now
heureusement luckily, fortunately
  heureusement que it's a good thing that
heureux, heureuse happy, content, glad; fortunate
  heureuse carrière successful career
***heurter** to knock against, hit
***hideux, hideuse** hideous
hier yesterday
Hindou *m* Hindu
histoire *f* story; history; affair; quarrel, fuss
historique historical
hiver *m* winter
homme *m* man, mankind
  homme de lettres writer
***Hongrie** *f* Hungary
***hongrois** Hungarian
  à la hongroise in the Hungarian manner
honneur *f* honor; credit

ce n'est pas à son honneur it does her no credit
***honte** *f* shame
avoir honte to be ashamed
horreur *f* horror
horriblement horribly, very much
***hors** out, beyond
hors de outside of, beside, beyond; out of
hospitalité *f* hospitality
hostilité *f* hostility
hôte *m* guest
hôtel *m* hotel
hôtel des ventes auction house
***hou là!** oh! (a cry of surprise)
huile *f* oil
huilé oiled, very smooth
huis *m* door
à huis clos behind closed doors
huissier *m* doorman (usually in uniform)
humain *adj* human; *n m* human being, man
humanité *f* humanity
humble humble, meek
humblement humbly
humecter to moisten
humeur *f* disposition, mood, temperament, humor
***hurler** to howl
hystérique hysterical

ibis *m* ibis, exotic bird of upper Egypt
ici here; now
d'ici El Ameur from here to El Ameur
par ici this way
idée *f* idea, notion
identifier to identify
idiot *adj* idiotic, stupid; *n m* idiot
ignoble unworthy, disgusting, unprincipled, scurrilous
ignorante *f* an illiterate woman
ignorer not to know, be ignorant of; be unacquainted with
illico immediately
illusoire illusory
image *f* image
à l'image de in the image of
imaginer to imagine, think, conceive, fancy
imbécile *adj* imbecilic, idiotic, stupid
imbécile *m* idiot, stupid person
imiter to imitate
immensité *f* vastness
immobile motionless
s'impatienter to become impatient
imperceptiblement imperceptibly
impérieusement imperiously
impérsonnalité *f* impersonal atmosphere
impiété *f* impiety, blasphemy
implacable implacable, inexorable
impondérable unthinkable, insubstantial
importance *f* importance, consequence
important sizable, considerable, important
importer to matter, be important
n'importe laquelle any one whatsoever, no matter which one
peu importe! what does it matter!
qu'importe what does it matter
que t'importe what difference does it make to you, what does it matter to you, what do you care if
importuner to disturb, bother, importune

imposer to impose, force (upon), inflict
en imposer à quelqu'un to impose on someone
imposture *f* imposture, swindle
impressionner to impress
impropre unsuited
improviste : à l'improviste unexpectedly, without being planned
impulsion *f* drive, impulse, motive
inaltérable unchangeable
inaperçu unnoticed
incapable unfit, incompetent, incapable
incertain uncertain, unsure
incessant ceaseless
incliner to bow, bend; slant, tilt
s'incliner to bow, bend forward
incolore colorless
inconfort *m* lack of comfort
inconfortable uncomfortable
inconnu unknown person or thing
inconscience *f* unconsciousness
inconvenant unseemly, improper
indécent improper, obscene
indécis irresolute, uncertain
indicible unspeakable
indigne unworthy, undeserving
indiquer to point out
indiscipline *f* lack of discipline
indiscrétion *f* indiscretion, imprudence
individu *m* individual, person
indolent indolent, inactive
indompté unsubdued, untamed
indulgent lenient, forbearing, indulgent
inédit unpublished; new
inestimable priceless
infaillible infallible, never failing
infanterie *f* infantry
infanticide *m* one who kills a child
infiniment infinitely, exceedingly
infliger to inflict
ingénieux, ingénieuse ingenious, clever
ingrat ungrateful, hostile
initiale *f* initial
injurier to insult
inlassable unwearying
inoffensif, inoffensive harmless, inoffensive
inonder to flood
inquiet, inquiète anxious, uneasy
inquiéter to worry, disturb, disquiet, upset
s'inquiéter to be worried, be anxious, worry
inquiétude *f* anxiety
insatiable insatiable, incapable of being satisfied
s'inscrire to sign up, register
insensé *m* crazy man
insensible unfeeling
insomnie *f* insomnia, sleeplessness
insoutenable unbearable
inspecteur *m* inspector
inspirer to inspire
installer to place; install, move in
s'installer to establish oneself; settle; to install oneself
instant *m* moment, instant
à l'instant immediately
instantané *m* instantaneous
instituteur *m* teacher (in an elementary school)
instruction *f* education
insu : à notre insu without our knowledge
insubordonné insubordinate, unruly
insulter to insult
insupportable unbearable

intarissable never-ceasing
intendant *m* supervisor
interdire (interdisant, interdit, interdis, interdis) to forbid
interdit speechless, dumfounded
intéressant interesting
intéresser to interest, concern
s'intéresser à to be interested in, be concerned with
intérieur inner, inside; *n m* home
interpeller to call, call on; interrogate
interprète *m* interpreter
interrogation *f* questioning, interrogation
interroger to question, interrogate
interrompre to interrupt
interrupteur *m* light switch
intervenir (intervenant, intervenu, interviens, intervins) to intervene; interpose
intimider to intimidate, frighten
intimité *f* close relationship
inutile useless, vain
inventeur *m* inventor
investir to invest with; garb in
invisible *m* invisible person
inviter to invite
ironique ironic
ironiquement ironically
irréel unreal
irrésistible irresistible
irrésistiblement irresistibly
irriter to annoy, anger, vex
isoler to isolate, set apart
italien, italienne Italian
ivoire *m* ivory
ivraie *f* tare (weed found in grain field)
ivre drunk, intoxicated
ivresse *f* intoxication; frenzy, rapture
jaillir to gush, spout, spurt out
jaloux, jalouse jealous
jamais ever; never *(when separate from the verb)*
ne... jamais never
jambe *f* leg
Japonais *m* Japanese
jaquette *f* morning coat, frock coat
jardin *m* garden
jardinier *m* gardener
jasmin *m* jasmine
jaune yellow
jeter to throw, toss, cast, throw off
jeter un regard to glance
se jeter to throw oneself, cast oneself
jeu *m* game
jouer un jeu to put on an act
jeudi *m* Thursday
jeune young
jeûner to fast, hunger
jeunesse *f* youth, youthfulness
joie *f* joy, delight, gladness
joindre (joignant, joint, joins, joignis) to join, unite; attach, add
joli pretty, pleasing, nice
joue *f* cheek
jouer to play, act, toy; play (music); move freely (mechanism); gamble
jouer une partie to play a game, a hand
joueur *m* gambler
jouissance *f* enjoyment, pleasure, delight
jour *m* day, daylight
faire jour to be daylight
faire grand jour to be broad daylight
journal *m* (*pl* **journaux**) newspaper; newspaper office
journée *f* day
Jouvet Louis Jouvet (1887–1951),

actor-director, who produced Giraudoux's plays
joyeux, joyeuse joyous
jucher to perch
juge *m* judge
juger to judge; think, suppose
juin *m* June
jupon *m* petticoat
jurer to swear; promise
jusqu'à up to, until; down to; as (so) far as; even to; as much as
juste *adj* just, right; exact, true
juste *adv* just; exactly

kilomètre *m* kilometer (approximately 5/8 of a mile)

là *adv* there; in that; then; to (on) this point
là-bas over there, back there, yonder, down there, out there
là-dessus about it (the forementioned thing), thereupon
là-haut up there
par là that way, in that direction
là! *interj* there now!
labeur *m* work, toil
labourer to till, cultivate
lac *m* lake
lâche *adj* cowardly, weak-willed, yellow; *n m* coward
lâchement cowardly
lâcher to let go, release; *(slang)* abandon (one's allies)
lâcher prise to let go
lâcheté *f* cowardice
laid *adj* ugly; *n m* ugly man
laideur *f* ugliness
laine *f* wool
laisser to leave; let, allow, permit; leave alone; let go, release
laisser faire to let things drift, refrain from interference; let go, relax
laisser tranquille to leave alone
lait *m* milk
laiton *m* brass
lame *f* blade
se lamenter to bewail
lampadaire *m* floor lamp
lampe *f* lamp
lampe de chevet bed light
lancer to throw, hurl; send forth
langage *m* language
langue *f* tongue
lapin *m* rabbit
large broad, wide, sweeping
de long en large back and forth, up and down
larme *f* tear
las, lasse weary, tired
lasser to tire, wear out
latin Latin
laurier *m* laurel tree
lavabo *m* washroom
se laver to wash oneself, bathe
lecteur *m* reader
lecture *f* reading
légende *f* legend
léger, légère light, slight
à la légère lightly
légèrement slightly
légitime legitimate
légume *m* vegetable
lendemain *m* next day, day after
Le Nôtre celebrated French landscape architect (1613–1700)
lent slow
lentement slowly
lequel, laquelle, lesquels, lesquelles who, whom; which, that
léser to wrong, injure, hurt

lettre *f* letter
leur *pron* to (for) them
le leur theirs
lever to raise
se lever to get up, rise; get out of bed; lighten, improve (of weather)
lèvre *f* lip
libérer to free
libre free; available
lien *m* bond, tie, connection
lier to tie, bind
lieu *m* place, spot
au lieu de in place of, instead of
mauvais lieu vice den
se liguer to conspire
lime *f* file
lime à ongles nail file
Limousin *m* province of France; inhabitant of the province
limpide clear, limpid
liqueur *f* liquid, elixir
liquide *m* liquid
lire (lisant, lu, lis, lus) to read
lisse smooth
lit *m* bed
lit de camp camp bed, cot
se mettre au lit to go to bed
littéraire literary
littéralement literally
livre *m* book
livrer to hand over, surrender, deliver
logement *m* lodgings, dwelling place
loger to lodge; place, put
loi *f* law
loin far away, far, distant, remote
au loin in the distance, afar
de loin en loin at long intervals
long, longue long
à la longue in the long run, after a time
de long en large up and down, back and forth
de tout son long lying at full length
longtemps a long time, a long while, for a long time, long
longuement at some length, long
longueur *f* length
loquet *m* latch
lorgnon *m* eyeglasses
lorsque when
lot *m* share, portion, lot
chacun son lot to each his own portion
louange *f* praise
louer to rent
lourd heavy, clumsy
lu (*p p* **lire,** to read)
lui-même himself (intensive)
lumière *f* light
donner de la lumière to make some light, turn on the light
lumineux, lumineuse flooded with light
lundi *m* Monday
lune *f* moon
lune de miel honeymoon
lustre *m* chandelier
luth *m* lute
lutte *f* struggle
lutter to struggle
luxe *m* luxury, splendor
de luxe sumptuous

M. (Monsieur) Mr., sir
machinalement mechanically
machine *f* machine
machine à écrire typewriter
machine à emboutir stamp press
machine à piocher digging machine

mâchoire *f* jawbone
maculer to stain, spot
madame *f* (*pl* **mesdames**) Madam; Mrs.; lady
mademoiselle *f* Miss
magasin *m* store
grand magasin department store
magique magical
magnifique magnificent, splendid
magot *m* tailless monkey; ugly man
maigre thin; meager; scraggy; sorry
maigrelet a bit skinny
maigrir to become thin
main *f* hand
poignée de main handshake
maint many (a)
maintenant now
maintenir (maintenant, maintenu, maintiens, maintins) to hold, keep, sustain
mais but; why
mais non why no
mais oui why yes; of course
maison *f* house
à la maison at home
maître *m* master; teacher
maîtresse *f* mistress
majesté *f* majesty
mal *adv* badly, wrong; bad, ill; badly off
pas mal not bad (i.e., pretty good)
pas mal de pretty much (many)
tant bien que mal somehow or other
tomber mal to fall into difficulties
mal *m* (*pl* **maux**) harm, evil, hurt
faire du mal to hurt
faire mal à to hurt
malade sick, ill
maladie *f* illness, sickness, disease
mâle masculine, male
malentendu *m* misunderstanding
malgré in spite of, despite
malgré que despite the fact that
malhabile unskillful, awkward
malheur *m* misfortune, disaster
malheureux, malheureuse unhappy; miserable
malicieux, malicieuse malicious, spiteful
malle *f* trunk
malmener to abuse, maltreat
malsain unhealthy; unwholesome
manche *f* sleeve
manège *m* stratagem, trick
manger to eat
manière *f* manner, way
manifester to make known, demonstrate
manœuvrer to maneuver; operate, handle
manquer to miss; fail; lack, be missing
il leur avait manqué they had missed it (or him)
il a manqué de tomber he almost fell
manteau *m* coat, cape
marbre *m* marble
marche *f* walking; movement; pace; step (of stairway)
en marche in movement
se mettre en marche to start out, set off
marcher to walk; function
mardi *m* Tuesday
marécage *m* swamp
mari *m* husband
marque *f* mark, sign; brand, trademark
marquer to mark; brand
Marsac village in Auvergne
martyr *m*, **martyre** *f* martyr
martyre *m* martyrdom

martyriser to martyr
masse *f* mass, heap, pile
massif, massive massive, bulky
matin *m* morning
  le matin in the morning
matinée *f* morning
  faire la grasse matinée to sleep late
maudire (maudissant, maudit, maudis, maudis) to curse
maussade grumpy, sulky
maussaderie *f* grumpiness
mauvais bad, wicked, evil
  mauvais coup evil act
  mauvaise posture awkward position
mauve mauve, pinkish-lavender
méandre *m* meander or winding (of stream)
mécanique mechanical
mécanisme *m* mechanism
méchanceté *f* wickedness, perverseness
méchant disagreeable, spiteful; bad, mean, evil
mécompte *m* disappointment; miscalculation
méconnaissable unrecognizable
médecin *m* doctor, physician
médecine *f* medicine
médiocre mediocre
médire (médisant, médit, médis, médis) to slander
méfiant mistrustful, suspicious
se méfier de to mistrust
mégot *m* cigarette butt
meilleur better, best
mêler to mix, mingle; confuse, confound
  se mêler de to interfere or get involved in
membre *m* member
même *adj* same; self; very
  à même in direct contact with, right in
  à même les couvertures in the blankets (i.e., without sheets)
  de même in the same fashion, likewise
  en même temps at the same time
  lui-même himself
  quand même just the same
  tout de même the same way, just the same
même *adv* even; moreover; also, likewise
menacer to menace, threaten
ménage *m* household, couple
ménager, ménagère *adj* household, domestic
ménagerie *f* menagerie
mendiant *m* beggar
mener to take; lead, conduct
mensonge *m* lie, falsehood
menteur, menteuse *adj* lying, fibbing; false; *n m* liar
menthe *f* mint
  thé à la menthe mint tea
mentir to lie
menton *m* chin
méprendre to mistake
  à s'y méprendre might almost be mistaken for
  se méprendre to be mistaken
méprise *f* mistake
mépriser to scorn
mer *f* sea, ocean
mercenaire *m* hired servant
merci thanks; thank you; no, thank you (in answer to an offer)
mère *f* mother
mérite *m* merit
mériter to merit, deserve
merveilleux, merveilleuse marvelous

mesure *f* measure, proportion; rhythm; moderation
à mesure que as
en mesure de ready to
outre mesure excessively
mesurer to measure
metaxu Greek word for transformation
méthode *f* method
métier *m* trade; vocation; job
mets *m* dish; viand; food
mettre (mettant, mis, mets, mis) to put, place, lay; put on; devote, employ; expend, use
mettre à l'aise to put someone at ease
mettre au jour to bring to light
mettre aux voix to put to a vote
mettre en ordre to straighten up
mettre la table to set the table
mettre le feu à to set fire to
se mettre à to begin, set about
se mettre à genoux to kneel
se mettre au lit to go to bed
se mettre en colère to get angry
se mettre en marche to start off, set off
meuble *m* piece of furniture
meubles *m pl* furniture
meurs *(pres* **mourir,** to die)
meurtrir to bruise
mi half, demi
mi-pente halfway up the slope
à mi-voix softly, in a weak voice
miasme *m* miasma, harmful gas supposedly exuded by decaying matter
midi *m* south; noon
miel *m* honey
lune de miel honeymoon
mien, mienne mine
le mien, la mienne mine
miette *f* crumb, bit, piece
mieux *adv adj n* better; best; more; comfortable; rather
il vaut mieux it is better
tant mieux so much the better
milieu *m* middle; midst, medium; environment, setting
au milieu de in the midst of, in the middle of, among, amid
militaire *m* soldier
mille *m* thousand
millier *m* (about a) thousand
million *m* million (francs)
Milo Melos, Greek island where celebrated statue of Venus was found in 1820
minauderie *f* pretty face made when flirting
mince thin, slender
mine *f* face, countenance, mien; appearance
faire mine de to look as if
faire des mines to make faces
mineur *m* miner
Minos husband of Pasiphaë, father of Phedra, became one of the judges in Hades
minuscule tiny, small, minute
minute *f* minute
à la minute at a moment's notice
miraculeux, miraculeuse miraculous
miroir *m* mirror
miroiter to sparkle with reflected light
mis *(p p* **mettre,** to put)
miser to place a bet (gambling)
misérablement miserably, wretchedly
misère *f* wretchedness, extreme poverty, misery
mite *f* moth
mixte mixed

commune mixte a mixed Arab and European municipality (technical term for a kind of administration)
mobilisé mobilized
modèle *m* model, pattern
modeste *adj* modest, simple; *n m* modest (person)
modestie *f* modesty
modifier to modify
modiste *f* milliner
moelle *f* marrow
moi-même myself (intensive)
moindre less
le (la) moindre least, smallest
moine *m* monk
moins less
moins de less, least; not so (much)
à moins que unless
au moins at least
du moins at any rate, at least
mois *m* month
moite moist, sticky
moitié *f* half
à moitié half
mollement softly; flabbily
moment *m* moment, instant; occasion, time; point
au moment de at the moment when
au moment où when, at the moment when
du moment que since
monde *m* world; people, society
le monde entier everybody
tout le monde everybody
monsieur *m* (*pl* **messieurs)** Mr., sir; gentleman
monstre *m* monster
montagne *f* mountain
montagneux, montagneuse mountainous
monter to come up, rise, mount, go up, climb up; go upstairs; carry up, lift up
montrer to show; point out, indicate
se montrer to show, show oneself
moquer to mock, joke
je m'en moque I don't care
se moquer de to make fun of, laugh at; *(slang)* not to give a hang for
moquette *f* moquette (luxurious rug material)
moraliste *m* moralist
morceau *m* piece, portion, bit, morcel
mordre to bite
morigéner to lecture, take to task
morsure *f* bite
mort *f* death
mort *m* dead; dead man, corpse
mort *(p p* **mourir,** to die)
mot *m* word
sans mot dire without saying a word
mou, molle soft, flabby; (of teeth) sensitive, on edge
mouche *f* fly
mouchoir *m* handkerchief
moue *f* pout
moule *m* mold (for casting)
mourir (mourant, mort, meurs, mourus) to die, perish
se mourir to die away
moustache *f* mustache
moustique *m* mosquito
mouton *m* sheep
mouvoir (mouvant, mu, meus, mus) to move
moyen, moyenne *adj* medium-sized
moyen *m* means

au moyen de by means of
Mozart the eighteenth-century Austrian composer
muet, muette dumb, mute, silent
mufle *m* *(slang)* cad
mulâtresse *f* mulatto
mur *m* wall
mûr ripe
muraille *f* wall
murmurer to murmur
musclé well-muscled
musée *m* museum
pièce de musée museum piece
musicien *m* musician
musique *f* music
mystère *m* mystery; secret
mystérieux, mystérieuse mysterious
mystificateur *m* hoaxer
mystification act of mystifying, hoax
mystique *f* body of beliefs formed around an idea or a feeling
mythologique mythological

nageur *m* swimmer
naïf, naïve naïve; childlike, childish; unsuspecting
naître (naissant, né, nais, nacquis) to be born
Narcisse Narcissus (mythical Greek youth who fell in love with his own image)
narine *f* nostril
naseau *m* nostril
nature *f* nature; kind, character
grandeur nature life size
naturel, naturelle natural
parler avec beaucoup de naturel to talk quite naturally
naturellement naturally
nausée *f* nausea
navire *m* ship
ne no, not; (often untranslated after **plus, moins, autrement, à moins que,** etc. . .)
ne. . .guère hardly, not much
ne. . .jamais never
ne. . .ni neither. . .nor
ne. . .pas not; no
ne. . .personne nobody
ne. . .point not at all
ne. . .que only, nothing but; (before *inf*) not. . .what
ne. . .rien nothing
né *(p p* **naître,** to be born)
néant *m* nothingness
nécessaire necessary
négroïde Negroid
neige *f* snow
neiger to snow
neigeux, neigeuse snowy
nerveux, nerveuse nervous; vigorous, energetic
nettement clearly
nettoyer to clean up; clear, sweep
neuf, neuve brand-new, fresh
nez *m* nose
ni nor; not even
ni. . .ni neither. . .nor
niais *m* numbskull, ninny, stupid fool
nid *m* nest
nièce *f* niece
nier to deny
nigaud numbskull
niveau *n* level
noir *adj* black; *n m* dark
nom *m* name
au nom de in the name of
nombre *m* number; quantity
nombreux, nombreuse numerous, many
nombril *m* navel
nominer to name, call; appoint

non no, not
  non plus not either, neither
non-inventeur *m* noninventor
nord *m* north; northern part of France
note *f* note; musical note
nouer to knot
  se nouer to become knotted
nourrir to nourish
  se nourrir to feed on, live on
nourriture *f* food, victuals
nouveau (nouvel), nouvelle new; fresh
  à nouveau anew, afresh
  de nouveau again, anew
nouvelle *f* (piece of) news
noyer to drown
nu naked, bare
nuage *m* cloud
nudité *f* nakedness
nuire (nuisant, nui, nuis, nuisis) to harm
nuit *f* night
  la nuit at night
nul, nulle not one, no; nobody
nuque *f* nape (of neck)

obéissance *f* obedience
objet *m* object, thing
obliger to compel, oblige
obscur obscure, indistinct
obscurcir to obscure, cloud, dim
obsèques *f pl* funeral rites
observer to observe, watch; notice
obtenir (obtenant, obtenu, obtiens, obtins) to obtain, gain
occasion *f* occasion, chance
occupé busy, occupied
occuper to occupy
  s'occuper de to busy oneself (with); be concerned with, take care of, pay attention to
odeur *f* odor, smell
œil *m* (*pl* **yeux)** eye; look
  coup d'œil glance
  faire de l'œil à quelqu'un to make eyes at someone
œuf *m* egg
œuvre *f* work
office *m* office
offrir (offrant, offert, offre, offris) to offer
ogresse *f* ogress
oiseau *m* bird
oisif, oisive idle
oisiveté *f* idleness
ombilic *m* navel
ombre *f* shadow, shade; darkness
  ombre chinoise shadow puppet
oncle *m* uncle
onde *f* wave, billow
ongle *m* fingernail
onyx *m* agate in black and white layers, used for art objects
onze eleven
onzième eleventh
opérer to operate, effect
opinément manifestly
or *conj* now, and so
or *m* gold; gold (color)
orbe *m* globe, sphere, orb
ordinaire ordinary, customary, common
  d'ordinaire ordinarily
ordonner to order, arrange, set to rights; command
ordre *m* order, command
ordure *f* rubbish, garbage
oreille *f* ear
  prêter l'oreille to listen
orfèvre *m* goldsmith
organe *m* organ, part of body
orgueil *m* pride, arrogance
orgueilleux, orgueilleuse proud

Oriental *m* (*pl* **Orientaux)** Oriental
orner to decorate
orphelin orphan
orteil *m* big toe
os *m* bone
oser to dare
ôter to take away, remove, take off
ou or
ou... ou either... or
ou bien or else, or
où where; when; in which
d'où from where, whence
oubli *m* forgetfulness, oblivion
oublier to forget
oui yes
outre beyond
outrepasser to exceed, go beyond
ouvert (*p p* **ouvrir,** to open)
grand ouvert wide open
ouvrier *m* worker
ouvrir (ouvrant, ouvert, ouvre, ouvris) to open; face
s'ouvrir to open

pacte *m* pact, agreement
page *m* page boy
païen, païenne pagan
paillasson *m* doormat
paillette *f* spangle
pain *m* bread
paître (paissant, —, pais, —) to pasture; feed
paix *f* peace, tranquillity
pal *m* spike, torture instrument
palais *m* palace
pâlir to grow pale, turn pale
se pâmer to swoon, faint
panique *f* panic
panthère *f* panther
chasse à la panthère panther hunt
pantoufle *f* house slipper
papier *m* paper
papillon *m* butterfly
paquet *m* package, bundle
par by; through; in; on; by means of; during
par delà beyond
parabole *f* parable, allegory
parade *f* parrying, parry
paradis *m* paradise
paragraphe *m* paragraph
paraître (paraissant, paru, parais, parus) to appear; make an appearance; seem
paralyser to paralyze
parapher to initial; add a flourish to a signature
parbleu! by God!
parce que because
par-dessus above, beyond
pareil, pareille like, similar; equal; same; such
parent *m* parent; relative
paresse *f* indolence, sloth, laziness
paresseux *m* lazy person
parfait perfect
c'est parfait that's fine
parfaitement perfectly, completely
parfois sometimes, occasionally, now and then
pari *m* bet, wager
parier to bet
parisien, parisienne *adj* Parisian
parler to speak; talk
parmi among, amid; with
parole *f* word, spoken word
part *f* part, portion, share
de ta part on your part
quelque part somewhere
partager to share, divide
participer to partake, share
participer de to partake of the nature of

particulièrement particularly, specially
partie *f* game, hand
 jouer une partie play a hand, a game
partir (partant, parti, pars, partis) to leave, depart, set out
 à partir de from, starting from
partout everywhere, anywhere
 partout ailleurs anywhere else
parut (*p s* **paraître,** to appear)
parvenir (à) (parvenant, parvenu, parviens, parvins) to succeed (in); reach, arrive (at)
pas *adv* not, no
 pas de... none of..., no...
 pas du tout not at all
 pas un... not a single
pas *m* footstep, step, pace
 au pas at a walk
 revenir sur ses pas retrace one's steps
passage *m* passage
 au passage en route
 être de passage to be in transit
passer to pass (by, through *or* over); go (by *or* through), cross, follow along, walk by; draw across; spend (of time)
 se passer to happen, occur, take place
pasteur *m* pastor
patauger to fumble for words
patienter to be patient
patriarcal patriarchal
patrie *f* father land, homeland
patrouiller to patrol
patte *f* *(slang)* hand
pâturage *m* grazing land
paupière *f* eyelid
 battre les paupières to blink
pauvre *(before noun)* poor, wretched; *(after noun)* poor, needy
se pavaner to strut, walk proudly
payer to pay, pay for
 se payer treat oneself
pays *m* country, region, countryside
paysage *m* landscape
peau *f* skin, hide
péché *m* sin
pécher to sin
pécheur *m* sinner
pédantesque pedantic
peindre (peignant, peint, peins, peignis) to paint, depict
peine *f* trouble; anxiety; pain; effort; difficulty; penalty
 à peine scarcely, hardly
 avoir de la peine to have difficulty
 ce n'est pas la peine it's not worthwhile, don't bother about it
 faire de la peine to hurt
peiner to pain; labor hard, toil
peintre *m* painter
peinture *f* paint, painting
péllicule *f* flake of dried skin, dandruff; film
pencher to lean (over), bend
 se pencher to lean, bend
pendant *adj* hanging
pendant *m:* **faire pendant** to match
pendant *adv* during; for
 pendant que while
pendre to hang
pendule *f* clock
pénétrer to go in
pénible distressing, painful
péniblement painfully, laboriously
pénombre *m* half-shadow
pensée *f* thought
penser *m* *(poetry)* thought
penser to think; intend

penser à to think of (about)
penser de to have an opinion of
penseur *m* thinker
pente *f* slope
à mi-pente halfway up the slope
pépin *m* pip, seed
perçant shrill, piercing
percevoir (percevant, perçu, perçois, perçus) to perceive
perdre to lose; waste
perdu lost; remote, out of the way
père *m* father
péril *m* danger, risk
perle *f* pearl
permettre (permettant, permis, permets, permis) to permit, enable, allow
perpendiculairement perpendicularly, straight down
perron *m* steps before a house
persan Persian
personnage *m* character (in a play)
personne *f* person, body; *m* anybody, nobody
personne...ne no one, nobody, not anybody
moins que personne less than anyone else
personnel, personnelle personal
personnellement personally
perspective *f* prospect
pesant heavy
pesanteur *f* weight
peser to weigh
peser sur to lie heavy upon
pet *m* breaking of wind, (*vulgar*) fart
petit *adj* little, small, slight; *n m et f* little one; young fellow, little girl; *(slang)* my dear
pétrir to knead
peu *adv et n* little, a little, somewhat, not very
peu à peu bit by bit, gradually
peu de little, few, a few
à peu près about, approximately
un peu a little, somewhat
peuple *m* people
peupler to people, populate
peur *f* fear
avoir peur to be afraid
faire peur (à) to frighten
peut-être perhaps, maybe
phantasme *m* vision, illusion
phénomène *m* phenomenon
phrase *f* sentence
physionomie *f* face
physique physical
pic *m* peak
à pic perpendicular
pièce *f* room; (theater) play
pièce de musée museum piece
pied *m* foot
pied tourné twisted ankle
à pied on foot
de pied ferme without budging an inch
piège *m* trap
pierre *f* stone, rock
pierreries *f pl* precious stones, gems
piété *f* piety
pieusement piously
pieuvre *f* octopus
pieux, pieuse pious
pigeon : lampe pigeon small kerosene lamp
piller to pillage
pincer to pinch; *(slang)* catch, arrest
pincettes *f pl* tweezers; tongs
pinçon *m* pinch
piocher to dig
machine à piocher digging machine
pire worst
pis worse

tant pis so much the worse; so what?
Pise Pisa (town in Italy)
piste *f* track
pistil *m* pistil, female organ of flower which receives the pollen
pitié *f* pity, compassion
place *f* place, spot; job
prendre place to take one's place
sur place in place, without moving; on the spot
plafond *m* ceiling
plaie *f* wound
plaindre (plaignant, plaint, plains, plaignis) to pity
se plaindre to complain
plaine *f* plain
plainte *f* wail, lament
plaire to please, suit
s'il vous plaît please
plaît-il? I beg your pardon? what did you say?
se plaire à to enjoy
plaisanterie *f* joke, practical joke
plaisir *m* pleasure
planer to soar, hover, float
planté standing, placed
plaque *f* plate, sheet, thin layer
plat *adj* flat
à plat flat
à plat ventre position of person who crawls
plat *m* dish; plate of food
plein full, filled; plentiful
en plein in the middle of
en plein vent in the open air
pleur *m* tear
pleurer to weep (for); mourn; cry
pleuvoir to rain
pli *m* fold
plier to fold, bend
plomb *m* lead
plonger to dive, plunge; commence
pluie *f* rain
plume *f* pen, pen point
plus more; besides
plus de more than
de plus more, more than that
de plus en plus more and more
de plus en plus mal worse and worse
ne... plus no longer, no more, not any more
ne... plus personne no longer anybody
ne... plus que no longer anything but
(ni) moi non plus me neither, nor I either
une fois de plus once more, once again
plusieurs several, some
plutôt rather; sooner
pneumonie *f* pneumonia
poche *f* pocket
glace de poche pocket mirror
poêle *m* stove
poésie *f* poetry
poids *m* weight; *(fig)* importance
poignée *f* handful, fistful
poignée de main handshake
poignet *m* wrist
poil *m* hair
poing *m* fist
point *adv* not
ne... point not at all
point *m* point; stage, extent, degree
à ce point to the point of, to the extent that, to such a degree
à point ready, ripe
au point perfect, ready, just right
pointe *f* point; tip
poireau *m* leek (popularly used for soup)

poitrine *f* chest, bosom
poli polite, civil
politesse *f* politeness
Pologne *f* Poland
polonais Polish
polyglotte multilingual
pomme *f* apple
  pomme d'Adam Adam's apple
  pomme de terre potato
pommeau *m* knob
pomper to suck up, breathe in
populaire popular, working class
porc *m* pig, swine
porcher *m* swineherd
porte *f* gate, gateway; door
portée *f* reach, distance
  à portée de voix within shouting distance
portefeuille *m* billfold
porte-plume *m* pen holder
porter to carry, bear, take, bring; wear; raise, set
  porter un coup to stab
poser to set (down), place, put (forth), pose; (of questions) ask
posséder to possess, own
  posséder quelque chose en propre to have something of one's own
postal : envois postaux things sent by mail
poste *f* postal service
poste *m* job, position
postérieur rear
posture *f* attitude, situation
  être en mauvaise posture to be in an awkward position
potasse *f* potassium
potiche *f* (large) vase
poudre *f* powder; gunpowder
poudrer to powder
poule *f* hen
poupe *f* stern, poop
poupée *f* doll
pour for, (in order) to; toward; on account of, for the sake of; as; as for
  pour que in order that, so that
pourceau *m* (*pl* **pourceaux**) swine
pourpre purple
pourquoi why
pourrir to rot
poursuite *f* pursuit, chase
poursuivre (poursuivant, poursuivi, poursuis, poursuivis) to pursue, seek; continue
pourtant however, yet, still, nevertheless
pourvoir (à) (pourvoyant, pourvu, pourvois, pourvus) to provide (for), attend (to)
pourvu que provided (that)
pousser to push, impel, drive; grow; utter
  pousser un cri to scream
poussière *f* dust
pouvoir (pouvant, pu, peux, pus) can; may; to be able
  il se peut it is possible
prairie *f* meadow
préambule *m* preamble
précédent preceding, previous
précédemment before, previously
précéder to precede
précepte *m* precept
précieux, précieuse precious
précipiter to precipitate; hurl
  se précipiter to rush
précisément precisely, exactly
prédire (prédisant, prédit, prédis, prédis) to predict
préférer to prefer, like better
premier, première first
  au premier (étage) on the second floor
  de première first class

prendre (prenant, pris, prends, pris) to take (on) (hold of), get; catch; assume
prendre garde to take care, be careful, beware
prendre place to take one's place
le prendre de haut to talk big, take a lofty air
le feu prend the fire catches
si tu le prends sur ce ton if you take it that way
prénom *m* first name
préoccuper: se préoccuper de to attend to
près near, by; close
près de near (to), close (to); nearly, almost
à peu près about, approximately
tout près quite near
présent present
à présent at present, now
présentation *f* introduction
présenter to present, introduce
président *m* president; chairman
présider to preside over
presque almost, nearly; hardly, scarcely
pressant pressing, urgent, insistent
pressé in a hurry
pressentir (pressentant, pressenti, pressens, pressentis) to anticipate, have some idea of
presser to press, embrace; urge
prestige *m* fascination, prestige
prêt ready
prétendre to claim; mean; intend
prêter to lend; attribute
prêter attention to pay attention
prêter l'oreille to listen
prêtre *m* priest
preuve *f* proof; evidence
prévenir (prévenant, prévenu, préviens, prévins) to forewarn, inform, warn
prévoir (prévoyant, prévu, prévois, prévis) to foresee, anticipate
prévu (*p p* **prévoir,** to foresee)
prier to pray; beg
prière *f* prayer
principe *m* principle
printemps *m* springtime
pris (*p p* **prendre,** to take)
prise *f* hold
lâcher prise to let go
prisonnier *m* prisoner
prix *m* price, value, worth
problème *m* problem
procès *m* trial
prochain next, nearest; coming, approaching
proche near, nearby, close
prodigue prodigal
produire (produisant, produit, produis, produisis) to produce
proéminent protruding
proférer to present, offer
professeur *m* professor
professionnel, professionnelle professional
profit *m* profit, advantage
profiter to take advantage (of), avail oneself of
profond profound, deep
prolifération *f* prolific reproduction
promener to take for a walk
se promener to (take a) walk
promesse *f* promise
promettre (promettant, promis, promets, promis) to promise
promis (*p p* **promettre,** to promise)
prononcer to pronounce; utter
propice suitable

propos *m* remark
à propos to the point
proposer to propose, offer
propre own; clean, decent
posséder quelque chose en propre to have something of one's own
proprement cleanly
prostituée *f* prostitute
protéger to protect
prouver to prove
provenir (provenant, provenu, proviens, provins) to come from
Providence *f* God's wisdom
provision *f* supply
provocant provocative
provoquer to provoke, cause
prunelle *f* pupil of eye
puanteur *f* stench
publiciste *m* publicity man
puîné younger
puis then, next, afterwards
puiser to draw from
puisque since, as
puissant powerful
puissé-je (*subj prés* **pouvoir)** may I
puits *m* well
pulluler to multiply rapidly
punaise *f*: **punaise des bois** bug, tick
punition *f* punishment
pur pure; clean
purement purely
purifier to purify
pus (*p s* **pouvoir,** to be able)
pustuleux *m* pimply man

qu' *(elided form of* **que***)* which; that
quai *m* wharf; embankment (along river)
qualifier to qualify
qualité *f* quality; good trait
quand when; while; even if
quand même just the same
quantité *f* quantity; abundance; lot
quart *m* quarter
quartier *m* section (of city)
quatre four
quatre-vingts eighty
que *conj* that; than; how; as; (*with subj*) may, let
que de. . . ! how much. . . ! how many. . . !
ne. . . que only, nothing but
ne. . . que (*before inf*) not. . . what
que *pron* that; whom; which; what
ce que *(object)*, **ce qui** *(subject)* what; that which
qu'est-ce que. . . ? *(object)* what. . . ?
qu'est-ce qui. . . ? *(subject)* what. . . ?
quel, quelle what? who? which? what a . . . !
quelle corvée! what a nasty job!
quelque some; a few; any
quelque chose de grand something big
quelque part somewhere
quelquefois sometimes, occasionally
quelqu'un (*pl* **quelques-uns)** somebody; anybody
querelle *f* quarrel, argument
questionner to interrogate
quêter to seek, quest
qui who?
qui est-ce qui? who?
qui *pron rel* who, whom; which, that; the one who, he who
quille *f* ten-pin (bowling)
quinze fifteen

quinze jours two weeks
quitter to leave; take off, remove
il ne le quittait pas des yeux he didn't take his eyes off him
quoi what; which
avoir de quoi soutenir to have sufficient to support
de quoi manger anything (enough) to eat

raccourcir to shorten
race *f* race; tribe; people
raclement *m* scraping
raconter to say, tell, relate
qu'est-ce que tu racontes? what are you talking about?
raconteur *m* one who excels in storytelling
radis *m* radish
rafler to round up
rafraîchir to refresh
rafraîchissant refreshing
rage *f* violent anger
rageur, rageuse in a rage
raidillon *m* steep path
se raidir to stiffen
raisin *m* grape, grapes
raison *f* reason, judgment
raison d'être reason for, object of, justification for being
avoir raison to be right, be justified
raisonner to reason
râle *m* death rattle
ramasser to pick up
ramasseur *m* collector, scavenger
ramener to bring back, lead back
ramper to crawl, grovel
rapide *adj* quick, swift; *n m* express train
rapidité *f* rapidity, speed
rappeler to remind, remember, recall
se rappeler to remember, recollect
rapport *m* relation, correspondence, connection
rapporter to bring back, return
rapprocher to bring together, join
se rapprocher to come near again
râpure *f* gratings
raser to shave
se rassasier to eat one's fill
rassembler to collect; muster, gather up
se rasseoir to sit down again
rassurer to reassure
ratatiner to shrink, shrivel
rater to fail
rattacher to reattach
rauque hoarse
se raviser to change one's mind, think better of it
ravissant ravishing
ravissement *m* rapture, delight
ravitaillement *m* (food) supplies
ravitailler to supply, resupply with food
rayé striped
rayon *m* ray, beam; counter, shelf
réaliser to effect, realize
réalité *f* reality
en réalité really, actually, as a matter of fact
rebel, rebelle rebellious
rebord *m* sill, ledge
receler to receive stolen goods
récemment recently
recette *f* recipe
recevoir (recevant, reçu, reçois, reçus) to receive; be host to; take, get
réchauffer to warm (up)

se réchauffer to warm (oneself) up
recherche *f* search
rechercher to seek (after), search for
réciproquement conversely
récit *m* tale, narrative
réclamer to demand, call for, require
récolte *f* harvest
récolter to gather, harvest
recommencer to begin again
récompense *f* reward
reconnaissance *f* gratitude
reconnaître (reconnaissant, reconnu, reconnais, reconnus) to recognize, acknowledge
reconnu *(p p* **reconnaître,** to recognize)
reconstituer to reconstruct
se recoucher to go back to bed
recourir to resort to
recouvrir (recouvrant, recouvert, recouvre, recouvris) to cover up again
recréer to create anew
recroqueviller to curl up, shrivel
se recueillir (recueillant, recueilli, recueille, recueillis) to gather oneself together, to collect one's thoughts
recuit many times baked
recul *m* withdrawal, step backward
reculer to retire, step back
se reculer to back away
rédaction *f* editorial staff
rédactrice (*f de* **rédacteur)** editor
redevenir (redevenant, redevenu, redeviens, redevins) to become again
rédiger to draw up, edit
redire (redisant, redit, redis, redis) to repeat, say again
redouter to fear greatly
redresser to set right; straighten up, stand erect
se redresser to pull oneself together; sit up
réduire (réduisant, réduit, réduis, réduisis) to reduce, diminish, curtail
réduit *m* retreat, nook
réellement really
refermer to close again
refiler *(slang)* to give
réfléchir to reflect, think over, consider, meditate
reflet *m* reflection
refléter to reflect
réflexion *f* thought
refrain *m* refrain, chorus of song
refroidir to cool
refroidissement *m* cooling
se réfugier to flee
regagner to go back to, return to
regard *m* glance, look, gaze
regarder to look (at), watch; regard, concern
ça vous regarde that's your concern
il le regardait faire he watched him do it
regimber balk, rebel
région *f* region, area
régir to manage, administer
registre *m* register, appointment book
règle *f* rule
régler to resolve the question; regulate
régner to reign
regretter to be sorry (for), regret; miss
régulateur *m* regulator
régulier, régulière regular

rein *m:* **ceindre ses reins** to gird up one's loins
reine *f* queen
rejoindre (rejoignant, rejoint, rejoins, rejoignis) to join, meet again
se rejoindre to meet, be reunited
se réjouir to rejoice, be delighted
relatif, relative relative
relation *f* person with whom one is in touch, connection
relever to raise, pick up; raise again
se relever to get up again, rise again
relief *m* relief
à double relief exaggerating sense of depth (relief sculpture)
relier to join together
relire (relisant, relu, relis, relis) to reread
remarquer to notice
se remémorer to recollect
remercier to thank
remettre (remettant, remis, remets, remis) to put on again; postpone; hand back; put back
remis *(p p* **remettre,** to postpone)
remonter to go back through, come back up; rise; wind up (a mechanism)
remontrance *f* remonstrance, reproof
remords *m* remorse
remplacer to replace
remplir to fill up
remuer to stir, flutter; budge
rencogner to curl up (in corner)
rencontrer to meet, encounter; find
rendre to return, give back; give, render; offer, make
rendre service to do a favor
se rendre to go
se rendre compte de to appreciate; realize
renforcer to increase
renifler to sniff
renoncer (à) to renounce one's claim, give up, renounce
renseigner to inform
rentrer to go home; re-enter, go back in, return
renverser to knock over, upset
renvoyer to send back or away
se répandre to spread
reparaître (reparaissant, reparu, reparais, reparus) to reappear
repartir (repartant, reparti, repars, repartis) to set out again, start again
repas *m* meal
repasser to pass again
se repentir to repent
répertoire *m* repertory
répéter to repeat
répit *m* respite
réplique *f* line of dialogue, reply; speech in a play
répondre to answer, reply
repos *m* rest, peace, repose
reposer to rest, lie
se reposer to rest, repose; take a rest
repousser to push away, push back
reprendre (reprenant, repris, reprends, repris) to take back, get back; take again; start again, resume; continue, reply, speak again; revive (a play)
représenter (theater) to perform
réprimande *f* reprimand
repris *(p p* **reprendre,** to start again)
reproche *m* reproach

reprocher to reproach, blame
réserve *f* reservation
résider to reside in
résigner to resign, renounce; give in
résister to resist
résolu *(p p* **résoudre,** to resolve)
résolument resolutely
résonner to ring, resound
respiration *f* breathing, respiration
respirer to breathe
ressasser to repeat *ad nauseam*
ressemblance resemblance, similarity
ressembler (à) to resemble
  se ressembler to be very much alike
resserre *f* storage locker
resservir (resservant, resservi, ressers, resservis) to serve again
reste *m* rest, remainder
  du reste besides, moreover
rester to remain, stay; be left
restituer to restore
résultat *m* result
retenir (retenant, retenu, retiens, retins) to hold back, retain; restrain; keep
retentir to ring, sound
rétif, rétive restive
retirer to draw from, withdraw
retomber to fall back
retour *m* return
  être de retour to be back, returned, home
retourner to return, go back; turn over; turn around
  se retourner to turn (oneself) around
retraite *f* retirement
  vivement la retraite! may retirement come quickly!
retrouver to find (again)
réunion *f* meeting, gathering
réunir to bring together
réussir to succeed
réussite *f* success, happy result
rêve *m* dream
  en rêve in dreams
réveil *m* alarm clock; awakening
se réveiller to waken, wake up
révéler to reveal, disclose
revenir (revenant, revenu, reviens, revins) to go back, come back, return; recur
  revenir sur ce qu'on dit to change one's opinion
  revenir sur ses pas to retrace one's steps
  s'en revenir to come back
rêver to dream
rêverie *f* dreaming, musing
revêtir to clothe
rêveur, rêveuse *adj* given to daydreams
rêveur *m* dreamer
revins *(p p* **revenir,** to come back)
revoir (revoyant, revu, revois, revis) to see again; meet again
  au revoir good-bye
révolte *f* revolt
revolver *m* revolver
se rhabiller to get dressed again
Rhadamanthe Rhadamanthus, son of Jupiter, brother of Minos, was known for his justice and became one of three judges in Hades
ri *(p p* **rire,** to laugh)
richesse *f* wealth, riches
ricin *m* castor-oil plant
ride *f* wrinkle
rideau *m* curtain
ridicule ridiculous
rien nothing, not anything, anything
  rien que only

ne... rien nothing
pour rien for nothing; for no good reason
rigolade *f* laughing matter
rigoler to joke, turn matters into a joke
rigueur *f* harshness, severity
à la rigueur if need be
rimmel *m* eye make-up
rire (riant, ri, ris, ris) to laugh, jest
rire de to laugh at
rivière *f* necklace
rizière *f* rice paddy
robe *f* robe, dress
robinet *m* faucet, spigot, tap
ouvrir le robinet du gaz to turn on the gas
roche *f* rock
rocher *m* rock
rocheux, rocheuse rocky
rôder to prowl, roam, wander
Rodin, Auguste French sculptor (1840–1917)
roi *m* king
romain Roman
romance *f* song, ballad
romanesque romantic, sentimental
rompre to break
rond *m* ring
en rond in a circle
ronflement *m* snoring
ronfler to snore
rose pink, rosy
rose-thé *f* tea rose
rôti *m* roast
rotule *f* kneecap
Roubaix textile city in northern France
rouge *adj* red
rouge *m* rouge; lipstick
rouge à lèvres lipstick
rougeur *f* redness
rouille *f* rust
rouler to roll (up); wrap
roulis *m* roll (of boat)
rousse *f* red-headed woman
roussir to scorch
route *f* road, highway, way
la route de T... the road to T...
se tromper de route to take the wrong road
rouvert *(p p* **rouvrir,** to open again)
rouvrir (rouvrant, rouvert, rouvre, rouvris) to open again
royaume *m* kingdom
royauté *f* royalty, dominion
rude rough, harsh
rue *f* street
ruisseau stream; gutter
ruisseler to flow like a stream
ruisseler de sueur to perspire abundantly
ruse *f* ruse, trick, trap, stratagem
russe Russian

sable *m* sand
sabot *m* hoof
sac *m* sack; handbag
être dans le même sac to be in the same boat
sachet *m* little sack
sacré sacred, holy
sacrifier to sacrifice; give up
sacristain *m* sacristan, man who takes care of sacristy in a church
saint, sainte saint
Saint-Yrieix French town which takes its name from a saint born in Limousin
saisir to seize, grasp
se saisir de to seize, pick up
saisissable understandable
saison *f* season

salaud *m* *(strong slang)* dirty person, one not to be relied on
sale dirty, grayish; foul, low
saleté *f* dirty thing; filth
salle *f* room; hall
  salle à manger dining room
  salle de classe classroom
saluer to greet
salut *m* salvation; greetings, hello
salutation *f* greeting
sandale *f* sandal
sang *m* blood
sanglot *m* sob
sangloter to sob
sans without
  sans que without
santé *f* health
saoul drunk
sapin *m* fir tree
sarcophage *m* stone coffin
satanique satanic
saute *f* gust (of wind)
sauter to jump, leap
  sauter au cou wildly embrace
  faire sauter to blow up
sauterelle *f* grasshopper, locust
sauvage wild
sauver to save, rescue
  se sauver to run away, escape
saveur *f* savor, taste
savoir (sachant, su, sais, sus) to know how, know about; be able; be aware
scellé *m* (official) seal
scène *f* scene
scier to saw
seau *m* bucket
sébile *f* begging bowl
sec, sèche dry; thin
sèchement dryly, curtly
sécheresse *f* drought
seconde *f* second
secouer to shake
  secouer la tête to nod one's head
secours *m* aid, help, succor
  au secours! help!
secousse *f* jolt; shake; shock
secret, secrète secret
secrétaire secretary
séduire (séduisant, séduit, séduis, séduisis) to seduce
seigneur *m* lord
  Notre Seigneur Our Lord
séjour *m* stay, visit
selon according to
semailles *f pl* seeds; sowing
sembler to seem, appear
  il lui sembla it seemed to him; he seemed
semelle *f* sole (of shoe)
semence *f* seed
semer to sow
sens *m* sense; direction
sensibilité *f* sensitivity
sensible sensitive
sensitive *f* hypersensitive woman
sentier *m* path
sentir (sentant, senti, sens, sentis) to feel, perceive, sense, be conscious of; smell
  se sentir to feel, feel oneself
séparer to separate
septième *m* seventh
séraphin *m pl* celestial beings
serein serene, calm
sergent-major : plume sergent-major trade name for a brand of pen
série *f* series
sérieux, sérieuse serious, grave
sermonner to sermonize
serpe *f* billhook (heavy curved blade for pruning trees)
serrer to squeeze, hug, grasp tightly
  le cœur serré with a heavy heart
servage *m* servitude

servant *m* server; *(fig)* admirer
service *m* favor; service
  rendre service (à) to do a favor
servir (servant, servi, sers, servis) to serve; be of service or use
  servir de to serve as
  à quoi sert-il? what is it good for?
  qui lui servait which he used
serviteur *m* servant
seuil *m* threshold, doorsill
seul *adj* only; alone; sole, single; mere
  seul à seul quite alone
  tout seul all by himself
seul *m* the only one
seulement only, merely; even; at least
sévérité *f* severity
  avec sévérité severely
sexe *m* sex
Sforza, Galéas fifteenth-century Duke of Milan
si if; whether; supposing; yes (after a negative)
siècle *m* century
siège *m* siege
sien, sienne, le sien, la sienne his; hers; its
  les siens his people
sifflement *m* hiss, hissing; whistle
siffler to whistle; whizz
signaler to point out
signe *m* sign; gesture; mark
  faire signe to motion, beckon
signer to sign
silencieux, silencieuse silent
silhouette *f* silhouette, profile
sillon *m* furrow
sillonner to make a furrow
simili-carrelage *m* imitation square tiling
simple *m et f* simple person
simplement simply; merely
singe *m* monkey
sinon if not; except
sixième sixth
sleeping *m* sleeping car
sœur *f* sister
soi oneself; himself; herself
  soi-même oneself
soif *f* thirst
  avoir soif to be thirsty
soigner to care for, take care of, look after
soigneusement carefully
soin *m* care, attention
soir *m* evening
  le soir in the evening
soixante sixty
sol *m* ground; soil
soldat *m* soldier
soleil *m* sun, sunshine
  il fait grand soleil the sun shines brightly
solitaire solitary, alone
sombre dark, somber
somme *f* sum, total, addition
  en somme in short, in conclusion
sommeil *m* sleep
  avoir sommeil to be sleepy
sommeiller to sleep lightly
sommer to charge; call on
sommet *m* summit, top
somnambulique of a sleepwalker
son *m* sound
son *m* wheat husks, bran
sonder to examine in depth, sound
songe *m* dream
songer *(à)* to dream, reflect, think (about); intend
sonné *(slang)* crazy, nuts
sonner to ring (for); sound
sonnerie *f* ringing, buzzing
sonnette *f* bell, buzzer
sonore resounding

sordide sordid, disgusting, squalid
sort *m* fate, lot
sorte *f* sort, kind
de sorte que so that
en sorte que so that
sortie *f* way out, exit
jour de sortie day off
sortir (sortant, sorti, sors, sortis) to come out, go out, get out; issue
sot, sotte idiotic, foolish
sottise *f* stupid act
sou *m* $^1/_{20}$ of a franc; *(fig)* money
soucieux, soucieuse concerned, anxious; uneasy
soudain sudden; suddenly
soudainement suddenly, all of a sudden
soudure *f* soldering
faire la soudure to tide over (to the next harvest)
souffert *(p p* **souffrir,** to suffer)
souffle *m* breath, breathing
souffler to whisper; blow, breathe; prompt
souffrance *f* suffering
souffrir (souffrant, souffert, souffre, souffris) to suffer
soufre *m* sulfur
souiller to soil, dirty
soulager to relieve, alleviate
soulever to raise, lift
se soulever to rise in revolt
soulier *m* shoe
soumettre (soumettant, soumis, soumets, soumis) to bring into subjection
se soumettre to submit, yield to
soupçonner to suspect
soupçonneux, soupçonneuse distrustful
soupe *f* soup
souper *m* supper
soupir *m* sigh
source *f* spring
sourcil *m* eyebrow
sourcilier, sourcilière of the eyebrow
sourd deaf; *n m* deaf person
sourdine : en sourdine muted, softly
sourire *m* smile
sourire (souriant, souri, souris, souris) to smile
sournoisement slyly
sous under; beneath, below
soutenir (soutenant, soutenu, soutiens, soutins) to sustain, support, hold up
soutenir un siège to last out a siege
souvenir *m* memory, remembrance
se souvenir (de) (souvenant, souvenu, souviens, souvins) to remember
souvent often, frequently
soyez *(prés subj* **être,** to be)
spécialement specially
spécialisation *f* specialization
spécialiste *m* specialist
spécialité *f* specialty
spectacle *m* spectacle, show
sphère *f* sphere
Spinoza seventeenth-century Dutch philosopher
squelette *m* skeleton
sténographe *m* stenographer
strophe *f* stanza
stupeur *f* stupor
su *(p p* **savoir,** to know)
subalterne *m* subordinate
subir to undergo, sustain
subit sudden, unexpected
subitement suddenly
sublime lofty, exalted
subsistance *f* sustenance, subsistence

subtil subtle
subvention *f* subsidy
sucre *m* sugar
sucré sweet, sugary
sud *m* south
sueur *f* sweat, perspiration
suffire (suffisant, suffi, suffis, suffis) to suffice, satisfy, be enough
suffisamment sufficiently, enough
suffoquer to suffocate
Suisse *f* Switzerland
suite *f* that which follows, continuation; consequence
de suite in succession
tout de suite immediately, right away
suivant following
suivre (suivant, suivi, suis, suivis) to follow
suivre un cours to take a course
sujet *m* subject
à ton sujet about you
au sujet de concerning, about
superbe magnificent
superbement superbly
supérieur upper
superposer to superimpose
supplice *m* torment
supplier to beg, beseech
supporter to endure, stand, bear; bear up under; support
supposer to suppose; surmise
supprimer to suppress, do away with
suprême supreme
sur on; over; toward; with; across; from, out of; concerning; by
sûr *adj* sure, certain; safe
sûr *adv* surely, certainly
bien sûr certainly
suranné antiquated
surgir to appear; loom (up)
surnaturel, surnaturelle supernatural
surprendre (surprenant, surpris, surprends, surpris) to surprise; take unawares
sursaut *m* start
sursauter to start
surtout above all, especially, particularly
surveiller to watch over
survenir (survenant, survenu, surviens, survins) to arrive; appear
susciter to raise, create
suspens *m* suspense
symbole *m* symbol
sympathique congenial
symphoniquement symphonically
Szepeny Hungarian town

tabac *m* tobacco
table *f* table
table d'élève pupil's desk
tableau *m* picture
tableau noir blackboard
tache *f* stain, spot
tâche *f* task
tâcher (de) to try, strive
taille *f* height; size (of person); waist
taire (taisant, tu, tais, tus) to keep quiet, shut up
se taire to be (become, remain) silent
tambouriner to drum, hammer
tandis que while; whereas
tant so much (many); so; so much so
en tant que as, insofar as it is
tant bien que mal indifferently
tant mieux so much the better
tant pis so much the worse
tant que so (as) long as
tant soit peu ever so little

tante *f* aunt
taper to tap, strike
tapis *m* rug, carpet
taquin inclined to tease, teasing
taquiner to bother, torment, tease
tard late
tarder to delay
tas *m* pile, heap
tassement *m* compression
tâter to feel with the fingers
teint *m* tint, shade; color of skin, complexion
tel, telle such, such a
  tel que such as; just as
  tel qui such is he who
  un tel such a
tellement so; so much; in such a way
témoigner to bear witness, testify
témoin *m* witness
temps *m* time; weather
  de temps à autre from time to time
  de temps en temps from time to time
  en même temps at the same time
tenailles *f pl* pincers for drawing nails; tongs
tendre *adj* tender, sensitive, gentle
tendre to hold out; strain, stretch
  se tendre to become taut
tendrement tenderly, fondly
ténèbres *f pl* darkness, gloom
tenir (tenant, tenu, tiens, tins) to keep; hold (out); last; occupy
  tenir à to value, prize; insist on
  il n'y tient plus he can't hold back any longer
  savoir à quoi s'en tenir to know what one is dealing with
  s'en tenir à to be satisfied with
  se tenir to stand
  se tenir à to hang on, stick to
  tenez! an exclamation calling for a shift in attention
tentation *f* temptation
tentative *f* attempt
tenter to try; tempt
terminer to terminate
terne dull
terre *f* earth; ground; land
terreau *m* topsoil
terre-plein *m* open space, terrace
territoire *m* territory
tête *f* head
  coup de tête *(slang)* nod
téter to suckle, nurse
thé *m* tea
  thé à la menthe mint tea
théâtre *m* theater
théorie *f* theory
tibia *m* leg bone, tibia
tic *m* twitch
tic tac tick-tock
tiède lukewarm, tepid
  au tiède lukewarm
tien, tienne, le tien, la tienne thine; yours
tige *f* stem
timbre *m* buzzer, bell
timidement timidly
tirer to draw (in, out); pull (out), take out
  tirer un coup to shoot
  se tirer d'affaire to extricate oneself
  s'en tirer to make out, get along
tiroir *m* drawer
titre *m* title
toi *(familiar)* you, yourself, thou, thee
toilette *f:* **faire sa toilette** to wash
toit *m* roof
tomate *f* tomato
tombeau *m* tomb

tomber to fall
tomber mal to do something inopportune
laisser tomber to let fall, drop
ton *m* tone
si tu le prends sur ce ton if you take it that way
tonneau *m* barrel, keg
torche *f* (burning) torch
torréfier to roast, dry
tort *m* wrong, injustice; harm
avoir tort to be wrong
totalement totally
tôt soon; early
toujours always, ever; still, continually; all the same, just the same
toupet *m* wig
avoir le toupet (de) *(slang)* to have the nerve (to)
toupie *f* top (toy)
tour *m* turn; tour; trick
à son tour in turn
faire un tour to take a short walk
tourmente *f* storm, tempest
tourmenter to torment; trouble
tournant *m* turn, bend
tourner to turn, spin; fashion, shape
tourner en dérision to make look ridiculous
se tourner to turn around, turn
tousser to cough
tout, toute, tous, toutes *adj, pron* all; every; whole; everything; everybody
tout ce que, tout ce qui all that
tout le monde everybody
tous (les) deux both (of them)
du tout at all; not at all
le tout the whole; all
pas du tout not at all
tout *adv* quite, exactly, completely; very
tout à coup suddenly
tout à fait quite, entirely, altogether
tout à l'heure in a little while; a while ago
tout bas in a low voice
tout de même just the same
tout de suite immediately, at once
tout d'un coup suddenly, all at once
tout haut aloud
tout près quite near
trace *f* trace, mark
à la trace on the trail
tracer to trace, draw
traduction *f* translation
train *m* train; pace
en train de in the act of, busy at
traîner to drag (out); loiter, delay
trait *m* line, trait, feature
traiter to treat
traiter quelqu'un de to treat someone like
tramway *m* trolley car
tranquille calm, at ease, in peace; alone
tranquillement calmly, quietly
tranquilliser to calm down
transcrire to transcribe
se transmettre to be transmitted
transparence *f* transparency
transpirant sweaty
transpirer to sweat
transporter to carry
trappe *f* trap, trap door
travail *m* work
travailler to work, toil
travers *m* breadth
à travers across
de travers crooked, lopsided

regarder de travers to look askance, scowl
traverser to cross, traverse; walk through
trébucher to stumble, totter
tremper to drench, wet
trente thirty
trépaner to trepan (an operation in which part of the skull is removed)
très very
très bien very well, all right
trésor *m* treasure
tréteau *m* trestle; platform
tribunal *m* court
triomphant triumphant, exulting
triptyque *m* triptych; a painting in three panels
triste sad, dismal
tristesse *f* sadness, melancholy
trois three
troisième third
de troisième third class
trompe *f* proboscis (part of insect which sucks nectar)
tromper to deceive, be unfaithful
se tromper to make a mistake, be mistaken
se tromper de route to take the wrong road
trôner to sit in state
trop too, very; too much, too well
trop de too much, too many
trou *m* hole
trouble *adj* cloudy, muddy, dull
troubler to disturb
trouble-fête *m* killjoy
troupe *f* theater troupe; group
troupeau *m* herd
trouvaille *f* lucky discovery
trouver to find, judge, think (something) to be
se trouver to be, be located; happen to be; find oneself
truc *m* gimmick, trick, dodge
tuer to kill, slay
se turent (*p s* **se taire,** to become silent)
Turpin ninth-century archbishop of Rheims who figured in the medieval epic, "Song of Roland"
tussor *m* silk cloth
se tut (*p s* **se taire,** to become silent)
tutoyer to use the familiar form of address, **tu**
type *m* type, style; *(slang)* guy
tyrannique tyrannical, unjust

un one; a, an
l'un... l'autre one... the other
l'un l'autre one another, each other
ni l'un ni l'autre neither
unique sole, single; unrivaled
uniquement solely
unir to unite
univers *m* universe
usage *m* usage, habit; use
user to make use of; wear out
usine *f* factory
ustensile *m* utensil
usurpateur *m* usurper
utile useful

va-et-vient *m* coming and going
vache *f* cow
vague formless
vaillant valiant, courageous
vaincre (vainquant, vaincu, vaincs, vainquis) to vanquish, conquer, defeat

vaisseau *m* vessel
Valentino American movie idol of the 1920's
valise *f* suitcase
vallée *f* valley
valoir (valant, valu, vaux, valus) to be worth; be as good as; be equal to
valoir mieux to be preferable to, be better
il vaut mieux it is better, it would be better, you had better
vaniteux, vaniteuse vain, conceited
vanter to boast
vapeur *f* steam
vasistas *m* fanlight; ventilator (in window over door)
vaste vast, wide, immense, spacious
veau *m* calf
vécu (*p p* **vivre,** to live)
veille *f* state of being awake; night before
veiller to watch over, take care of
veilleuse *f* night lamp
veine *f* vein
velours *m* velvet
vénérable worthy of worship
vénérer to venerate
venger to avenge
se venger to be revenged, have one's revenge
venir (venant, venu, viens, vins) to come
venir de to have just
vent *m* wind
en plein vent in the open air
ventre *m* belly, stomach
à plat ventre in the position of a person who crawls
ventripotent potbellied
venu (*p p* **venir,** to come)
premier venu first person who comes along
Vénus goddess of love
ver *m* worm
verbe *m* verb; the Word (theology)
verger *m* orchard
véritable true, authentic
vérité *f* truth
vernir to varnish
verre *m* glass
verrouiller to bolt closed
verrue *f* wart
vers toward; around, about
Versailles palace of Louis XIV in the gardens of which are many fountains and pools of water
verser to pour; shed (a tear)
verset *n* short paragraph or "verse" as in the Bible or a prose poem
vert *adj* green; *n m* the green one
verticalement vertically
vertige *m* vertigo, dizziness
vertu *f* virtue
veste *f* coat, jacket
veston coat, jacket, suit coat
vêtement *m* clothing; *pl* clothes
vêtu (*p p* **vêtir,** to dress)
viande *f* meat
vibrer to vibrate, quiver
vice *m* vice, sin
victoire *f* victory
vide empty; *n m* void
vider to empty
vie *f* life, living, existence
la vie en beau life seen as beautiful
vieillard *m* old man
vieillir to age, grow old
Vienne Vienna
vierge *f* virgin
vieux (vieil), vieille old, ancient

vif, vive alive, living; fast; lively, sharp (of air)
vigoureux, vigoureuse energetic, strong
ville *f* city, town
vin *m* wine
vingtaine *f* about twenty
violemment violently
violet, violette violet (color)
vipère *f* viper
virginal virginal, pure
visage *m* face, countenance
visiblement visibly, obviously
visite *f* visit, call
  être en visite to be visiting
vite quickly, fast
vitrail *m* (*pl* **vitraux)** stained-glass window
vitre *f* pane (of glass)
vitrier *m* maker or seller of window glass
vitriol *m* vitriol (bitter poison)
vivant *adj* living, alive; *n m* living person
vivement quickly, sharply, vigorously
  vivement la retraite may retirement come quickly
vivre (vivant, vécu, vis, vécus) to live
vocation *f* vocation, calling
voici here is (are); there is (are); see here
  voici dix ans que it's been ten years since
  et voici que and at that moment
  le voici here he is
voie *f* way, road, track
voilà here is (are); there is (are); that is; there it is! look there! that's all
  la voilà there she is
voile *m* veil
voiler to veil; conceal
voir (voyant, vu, vois, vis) to see
  il en avait vu d'autres he had seen worse in his time
voisin neighboring; *n m* neighbor
voiture *f* car; railway car
voix *f* voice
  à haute voix aloud
vol *m* flight
voler to steal
volet *m* shutter, blind
voleur, voleuse thief
volonté *f* will; will power
volte-face *f* about-face, reversal
volupté *f* sensual delight
voluptueux, voluptueuse given to sensual delights
vomissure *f* vomit
Vosges mountain range marking west side of Rhine valley in France
vôtre, le vôtre, la vôtre yours, your own
vouloir (voulant, voulu, veux, voulus) to want, will; wish, desire; choose; expect
  vouloir dire to mean
  en vouloir à quelqu'un to hold a grudge against someone
  je voudrais I should like
  voulez-vous bien faire quelque chose would you please do something
voûté bent over; stooped
voyage *m* trip, journey
voyager to travel
voyageur *m* traveler, passenger
vrai true, real, genuine
  à vrai dire in truth
  pour de vrai really
vraiment really; truly
vraisemblance *f* probability, likelihood

vu (*p p* **voir,** to see)
vue *f* sight
  point de vue point of view

wagon *m* railway car
wasserfall *m* (*German*) waterfall

y there; here; in, at, to, about it *or* them
  il y a there is, there are; ago
yeux *pl* (*m s* **œil)** eyes

zèbre *m* *(slang)* fellow, guy
zic *(onomatopoeia)* zzt!